Matemática Financeira com Ênfase em Produtos Bancários

Armando José Tosi

Matemática Financeira com Ênfase em Produtos Bancários

Juros Simples e Compostos
Séries Uniformes
Desconto Comercial e Bancário
Taxas – Tipos e Terminologias do Mercado Financeiro (CDI, Selic, TR, TBF, TJLP, Over e Outras)
Sistemas de Amortização de Empréstimos (Price, SAC, Sacre etc.)
Métodos para Avaliação de Fluxos de Caixa
Cálculos de Produtos Bancários Ativos e Passivos
- *Hot Money* e Capital de Giro Prefixado e Pós-Fixado
- Desconto de Duplicatas, Notas Promissórias e Cheques Pré-Datados
- Cheque Especial e Contas Garantidas
- Certificados de Depósitos Bancários (CDB) Prefixados e Pós-Fixados
- Poupança, DRA e Fundos de Investimento
- Letras Hipotecárias e Letras de Crédito Imobiliário
- Operações de *Swap*
- Crédito Pessoal e Crédito Direto ao Consumidor
- *Leasing* Financeiro e *Vendor*

Utilização da Calculadora Financeira HP-12C
Inúmeros Exercícios e Exemplos Resolvidos

4ª Edição

SÃO PAULO
EDITORA ATLAS S.A. – 2015

© 2002 by Editora Atlas S.A.

1. ed. 2002; 2. ed. 2007; 3. ed. 2009; 4. ed. 2015

Capa: Roberto de Castro Polisel
Composição: Lino-Jato Editoração Gráfica

Dados Internacionais de Catalogação na Publicação (CIP)
(Câmara Brasileira do Livro, SP, Brasil)

Tosi, Armando José
Matemática financeira com ênfase em produtos bancários /
Armando José Tosi. – 4. ed. – São Paulo : Atlas, 2015.

Bibliografia.
ISBN 978-85-224-9892-5
ISBN 978-85-224-9893-2 (PDF)

1. Bancos – Matemática 2. Matemática financeira I. Título.

02-4203
CDD-650.01513

Índices para catálogo sistemático:

1. Matemática financeira : Produtos bancários :
Administração   650.01513
2. Produtos bancários : Matemática financeira :
Administração   650.01513

TODOS OS DIREITOS RESERVADOS – É proibida a reprodução total ou parcial, de qualquer forma ou por qualquer meio. A violação dos direitos de autor (Lei nº 9.610/98) é crime estabelecido pelo artigo 184 do Código Penal.

Depósito legal na Biblioteca Nacional conforme Lei nº 10.994, de 14 de dezembro de 2004.

Impresso no Brasil/*Printed in Brazil*

Editora Atlas S.A.
Rua Conselheiro Nébias, 1384
Campos Elísios
01203 904 São Paulo SP
011 3357 9144
atlas.com.br

Meu pai, sinto muita saudade do senhor, e mesmo após a sua partida, quero agradecer pelo seu esforço em me educar e ensinar a ser um homem de caráter como o senhor sempre foi.

A minha esposa Rosângela, a meus filhos Amanda e Danilo, a minha mãe Madalena e a minhas irmãs Sônia e Sueli, que têm feito minha
vida mais feliz a cada dia.

Sumário

Prefácio, xi

1 Conhecendo sua calculadora HP-12C passo a passo, 1
   1.1   Introdução, 1
   1.2   Como ligar e desligar a calculadora HP-12C, 2
   1.3   Características gerais da calculadora HP-12C, 2
   1.4   Como fixar o número de casas decimais após a vírgula, 3
   1.5   Como proceder para "limpar" a calculadora, 3
   1.6   Como trocar o sinal de um número, 4
   1.7   Trocar o ponto pela vírgula, 4
   1.8   Como armazenar e recuperar números das memórias, 5
   1.9   Verificando se a HP-12C está funcionando adequadamente, 7
   1.10 Operações aritméticas simples, 9
   1.11 Operações aritméticas em cadeia, 10
   1.12 Funcionamento da pilha automática de memória da HP-12C, 12
   1.13 Operações aritméticas – exercícios resolvidos, 14

2 Funções de calendário na HP-12C, 17
   2.1   Introdução, 17
   2.2   Função D.MY (dia, mês e ano), 17
   2.3   Função M.DY (mês, dia e ano), 17
   2.4   Função ΔDYS (variação de dias), 18
   2.5   Função *DATE* (cálculo de datas), 19
   2.6   Funções de datas – exercícios adicionais resolvidos, 21

3 Principais funções matemáticas, 23
- 3.1 Porcentagem, 23
- 3.2 Variação percentual, 28
- 3.3 Percentual do total, 35
- 3.4 Aumentos percentuais sucessivos, 36
- 3.5 Descontos percentuais sucessivos, 38
- 3.6 Potenciação, 40
- 3.7 Inverso de um número, 41
- 3.8 Radiciação, 42
- 3.9 Logaritmos, 43

4 Conceitos básicos de matemática financeira, 46
- 4.1 Objetivo principal da matemática financeira, 46
- 4.2 Conceito de juros, 46
- 4.3 Fatores necessários para calcular o valor dos juros, 47
- 4.4 Diferença entre juros simples e compostos, 48
- 4.5 Conceito de fluxo de caixa, 53

5 Regime de capitalização simples (juros simples), 56
- 5.1 Conceito, 56
- 5.2 Fórmulas utilizadas, 56
- 5.3 Exercícios resolvidos, 58
- 5.4 Saldo médio devedor/credor a juros simples (método hamburguês), 65

6 Regime de capitalização composta (juros compostos), 68
- 6.1 Conceito, 68
- 6.2 Fórmulas utilizadas, 69
- 6.3 Funções financeiras da HP-12C, 71
- 6.4 Exemplos de operações a juros compostos, 72
- 6.5 Exercícios adicionais resolvidos sobre juros compostos, 80

7 Taxas equivalentes a juros compostos, 84
- 7.1 Conceito, 84
- 7.2 Taxas equivalentes pela fórmula prática, 88
- 7.3 Programando a HP-12C para conversão de taxas compostas, 91
- 7.4 Exercícios adicionais resolvidos, 96

8 Desconto de títulos de crédito, 98
- 8.1 Conceito, 98
- 8.2 Classificação do desconto, 99
- 8.3 Desconto simples, 99
- 8.4 Desconto comercial e bancário, 99
- 8.5 Desconto composto, 118

9 **Taxas de juros – tipos e terminologias, 124**
    9.1   Introdução, 124
    9.2   Taxa linear e exponencial, 124
    9.3   Taxa equivalente, 124
    9.4   Taxa proporcional, 126
    9.5   Taxa prefixada, 126
    9.6   Taxa bruta e taxa líquida em aplicações financeiras, 128
    9.7   Taxa pós-fixada, 128
    9.8   Taxa de desconto ("antecipada"), 129
    9.9   Taxa nominal e efetiva, 129
    9.10 Taxa real, 135
    9.11 Taxa *Over*, 138
    9.12 Taxa CDI-*Over*, 139
    9.13 Taxa Básica Financeira (TBF), 142
    9.14 Taxa Referencial (TR), 144
    9.15 Taxa Selic *Over* e Selic Meta, 146
    9.16 Taxa de Juros de Longo Prazo (TJLP), 149
    9.17 Taxa de desvalorização da moeda, 149

10 **Séries uniformes a juros compostos, 153**
    10.1 Conceito, 153
    10.2 Prestações iguais com termos postecipados (primeira prestação paga/recebida um período após a contratação), 155
    10.3 Prestações iguais com termos antecipados (primeira prestação paga/recebida no ato da contratação), 166
    10.4 Séries uniformes – exercícios adicionais resolvidos, 175

11 **Sistemas de amortização de empréstimos, 182**
    11.1 Pagamento do principal e juros no final da operação, 182
    11.2 Sistema americano de amortização, 183
    11.3 Sistema de Amortização Constante (SAC), 184
    11.4 Sistema Price ou francês de amortização, 194
    11.5 Sistema de Amortização Misto (SAM), 206
    11.6 Sistema de Amortização Crescente (SACRE), 209
    11.7 Quadro comparativo entre os sistemas Price, Sac e Sacre, 213

12 **Métodos para análise de alternativas de investimentos, 215**
    12.1 Introdução, 215
    12.2 Método do valor presente líquido, 216
    12.3 Funções de fluxo de caixa da HP-12C, 218
    12.4 Método da taxa interna de retorno, 228
    12.5 Exercícios adicionais resolvidos, 237

13 Algumas modalidades de aplicações financeiras, 240
- 13.1 Caderneta de Poupança, 240
- 13.2 Depósito a Prazo de Reaplicação Automática (DRA), 247
- 13.3 Depósitos a prazo fixo (CDB/RDB, LC e Depósitos a Prazo com Garantia Especial do FGC – DPGE), 249
- 13.4 Letra hipotecária, 266
- 13.5 Letra de Crédito Imobiliário (LCI), 270
- 13.6 Fundos de investimento, 272

14 Algumas modalidades de empréstimos e financiamentos, 291
- 14.1 *Hot Money*, 291
- 14.2 Operação de empréstimo para capital de giro, 296
- 14.3 Empréstimos rotativos (cheque especial e conta garantida), 301
- 14.4 Crédito Direto ao Consumidor (CDC), 313
- 14.5 Crédito pessoal, 319
- 14.6 Operações de *leasing* financeiro, 324
- 14.7 Operações de *Vendor*, 333

Apêndice – Gabarito das principais fórmulas de matemática financeira, 343

Bibliografia, 347

Prefácio

Estou satisfeito em contar com sua participação neste programa de Matemática Financeira com ênfase em cálculos de produtos bancários e tenho certeza de que você apreciará os temas aqui desenvolvidos.

Este livro foi elaborado com o objetivo principal de apresentar ao leitor os conceitos que regem a Matemática Financeira e sua utilização na solução de diversos problemas que envolvem o atual mercado financeiro brasileiro.

Ele é o resultado de um trabalho intenso e persistente, enriquecido pela experiência de 27 anos na condução de cursos de Matemática Financeira com utilização de calculadoras HP e planilhas de cálculos, produtos e serviços bancários e introdução ao mercado financeiro, destinados a executivos e técnicos de instituições financeiras e empresas dos mais variados ramos de atividades, além da agradável convivência com o ensino superior.

Durante esse período, constatei a necessidade de elaborar uma obra que, a exemplo dos cursos desenvolvidos, contivesse informações práticas, objetivas, atualizadas e, principalmente, que fossem transmitidas de forma que o leitor pudesse aprender sem a ajuda de um instrutor.

Dentro desse enfoque, este livro apresenta a teoria de forma bastante simples e direta, seguindo uma sequência lógica quanto ao inter-relacionamento dos assuntos e respectivo grau de complexidade, amparado em inúmeros exemplos, casos práticos e problemas resolvidos, tanto por fórmulas como pela HP-12C.

Além disso, são apresentadas as principais características e cálculos envolvidos nas mais importantes modalidades de operações realizadas no mercado financeiro brasileiro, tanto em termos de investimentos (Caderneta de Poupança, Certificados de Depósitos Bancários prefixados e pós-fixados, Depósitos a Prazo de Reaplicação Automática, Letras Hipotecárias, Letras de Crédito Imobiliário,

Swap de taxas e Fundos de Investimento), como de empréstimos (*Hot Money*, Capital de Giro, Desconto de Cheques e Duplicatas, Crédito Pessoal, Crédito Direto ao Consumidor com e sem interveniência, *Leasing*, *Vendor* etc.).

Durante o desenvolvimento de todo o livro, foi utilizada como instrumento de apoio a calculadora financeira HP-12C, demonstrando-se passo a passo sua aplicação na solução dos problemas financeiros e tomada de decisões de negócios.

Como forma de maximizar os resultados desse trabalho, apresentamos a seguir algumas dicas que auxiliarão no decorrer da leitura deste texto:

- o treinamento foi elaborado de forma simples e sem mistério, e, se bem acompanhado com a leitura e a execução dos exercícios, possibilitará seu desenvolvimento pessoal e profissional;

- durante a leitura do material, você deverá utilizar-se de uma calculadora financeira HP-12C, uma vez que tal instrumento será indispensável para seu aprendizado;

- no decorrer da leitura, você encontrará informações técnicas a respeito do tema, bem como diversos exemplos e exercícios resolvidos que se aplicam, perfeitamente, às situações do mercado financeiro brasileiro; portanto, de utilização imediata em seu dia a dia;

- para cada capítulo do livro encontra-se disponível no *website* do autor uma relação de exercícios propostos com respostas. Para fazer o *download* dos arquivos acesse o *site* <www.tosi.com.br> e na área de *downloads* especiais informe o código de acesso ATLAS1.

- procure reservar um horário predeterminado para a realização de seus estudos, buscando, sempre que possível, relacionar os conceitos apresentados às situações e exemplos de sua realidade;

- adote a prática de ler duas vezes os assuntos apresentados. Na primeira leitura, marque os pontos que considera mais importantes e assinale os itens sobre os quais tem dúvida e, na segunda, tente eliminar as dúvidas, acompanhando detalhadamente a solução dos exemplos;

- cabe apontar que esse será um estudo dirigido e, portanto, sua validade dependerá diretamente de sua dedicação e força de vontade para alcançar resultados positivos.

Tenho certeza de que encontrarei, principalmente nos autodidatas, a ressonância dos resultados a que se propõe este livro, em face da praticidade, objetividade com que tal matéria é tratada.

Por fim, quero agradecer a todos os que me auxiliaram, direta ou indiretamente, para que este livro se tornasse realidade.

Sou particularmente grato aos amigos Ailton Brandão, da Editora Atlas, que sempre confiou em meu trabalho e a Paulo Freire de Mello, que, nos últimos anos, tem-me ajudado na condução de treinamentos no assunto. Por outro lado, peço ao leitor sua compreensão por faltas ou omissões e seu apoio para tornar esta obra cada vez melhor.

A MATEMÁTICA FINANCEIRA FAZ PARTE DE SEU DIA A DIA.

ESTUDÁ-LA DENTRO DESSA PERSPECTIVA LHE DARÁ UM CONHECIMENTO MAIS APROFUNDADO EM SEUS VÁRIOS ASPECTOS.

BOA SORTE!

O Autor

Armando José Tosi
e-mail: <tosi@tosi.com.br>
site: <www.tosi.com.br>

1
Conhecendo sua Calculadora HP-12C Passo a Passo

1.1 Introdução

Antes de iniciarmos o estudo da matemática financeira e suas aplicações práticas, vamos conhecer uma de nossas principais ferramentas de trabalho, a HP-12C.

A HP-12C possui um bom tempo de existência (mais de 33 anos), contudo, ainda é a mais utilizada no Brasil pelos profissionais e estudantes da área financeira, devido, entre outras razões, à facilidade de operação e portabilidade.

Hoje existem no mercado basicamente três modelos de calculadoras HP-12C, o modelo Gold (tradicional), o modelo Platinum e o modelo Prestige. No caso dos últimos dois modelos as vantagens são: flexibilidade para operar tanto no modo algébrico como RPN, a velocidade ampliada do processador, a capacidade expandida de memória e suas mais de 130 funções inclusas.

No decorrer das explicações faremos referência às funções da HP-12C tradicional, as quais também são válidas para os outros modelos (Platinum e Prestige).

Só para você ter uma ideia, a HP-12C, por meio de suas funções de calendário (DATE e ΔDYS), pode realizar cálculos de datas compreendidas no período de 15 de outubro de 1582 a 25 de novembro de 4046.

Agora que você sentiu o potencial da HP-12C, vamos conhecê-la mais de perto.

1.2 Como ligar e desligar a calculadora HP-12C

Para podermos começar a utilizar a calculadora HP-12C, devemos pressionar a tecla [ON]. Caso você queira desligá-la, basta pressionar essa tecla novamente.

Observação: Quando você liga a calculadora e no canto inferior esquerdo do visor aparece um asterisco piscando, significa que as baterias estão fracas e você deve trocá-las.

1.3 Características gerais da calculadora HP-12C

A HP-12C tradicional opera com o sistema de entrada de dados RPN (Notação Polonesa Reversa), onde são primeiro introduzidos os dados, separados pela tecla [ENTER], e depois as operações. Tal sistema possibilita a solução de cálculos extensos com muito mais rapidez e simplicidade.

Caso você esteja utilizando uma HP-12C modelo Platinum ou Prestige pressione a tecla [f] e logo após a tecla [CHS]. Isso fará aparecer no canto esquerdo da máquina a expressão RPN, indicando que a mesma está pronta para operar nesse sistema.

A calculadora HP-12C está equipada com um sistema de memória contínua que mantém os dados guardados, mesmo com a calculadora desligada.

Observe que uma mesma tecla da HP-12C pode ter até **três funções** diferentes, reconhecidas pelos caracteres impressos em branco (face superior da tecla), azul (face inferior da tecla) e dourado (acima da tecla).

Veja como utilizar as funções da HP-12C:

EXEMPLO:

A tecla ⬚ tem as seguintes funções:

IRR ⇨ Função dourada.

FV ⇨ Função branca (normal ou principal).

Nj ⇨ Função azul.

Para utilizarmos as funções alternativas, dourada ou azul, de determinada tecla, devemos pressionar antes a tecla de prefixo correspondente ⬚ (dourada) ou ⬚ (azul).

Observação: Caso você tenha pressionado uma das teclas de prefixo por engano, basta pressionar a tecla |ENTER| para cancelar o anúncio do visor.

1.4 Como fixar o número de casas decimais após a vírgula

Para fixar o número de casas decimais devemos pressionar a tecla de prefixo ⬚ e o número de casas decimais que desejamos após a vírgula.

Exemplo: pressione ⬚ ⬚ **para fixar quatro casas decimais após a vírgula.**

Nota: o visor da HP-12C comporta até 10 dígitos, portanto, dependendo da situação, você poderá visualizar até 9 casas decimais após a vírgula. Embora as respostas sejam apresentadas apenas com duas, três ou mais casas decimais, todos os cálculos da HP-12C são realizados sempre com sua capacidade interna total de dígitos e estão disponíveis para verificação, pressionando-se o número de casas decimais desejadas.

1.5 Como proceder para "limpar" a calculadora

Para limpar toda a calculadora HP-12C devemos pressionar ⬚ ⬚. Esse procedimento "limpa tudo" (exceto a memória de programação).

A tecla ⬚, ao ser pressionada, isoladamente, limpa apenas os dados contidos no visor da calculadora, sendo muito útil para correção de dados durante uma operação.

A seguir apresentamos um quadro demonstrativo das funções de limpeza da calculadora HP-12C.

Quadro de funções de limpeza da HP-12C:

Sequência	Pressione	Resultado
CLX	CLx	Apaga os valores contidos no visor.
f CLEAR Σ	f SST	Apaga todos os registradores estatísticos e da pilha operacional.
f CLEAR PRGM	f R↓	Apaga a memória de programação (quando no modo de introdução de programas PRGM).
f CLEAR FIN	f x≷y	Limpa os valores contidos nos registradores financeiros (n, i, PV, PMT, FV).
f CLEAR REG	f CLx	Limpa as memórias de armazenamento de dados, os registradores financeiros, estatísticos, a pilha operacional e o visor.

1.6 Como trocar o sinal de um número

A tecla CHS (*Change Sign*) é utilizada, após a introdução de um número, para trocar seu sinal.

EXEMPLOS:

 a) 1250 $\boxed{\text{CHS}}$ ⇨ –1.250,
 b) 1340 $\boxed{\text{ENTER}}$ $\boxed{\text{CHS}}$ ⇨ –1.340,00
 c) – 1300 $\boxed{\text{CHS}}$ ⇨ 1.300,

1.7 Trocar o ponto pela vírgula

Efetue a operação a seguir:

1252.32 $\boxed{\text{ENTER}}$

O valor apresentado, com duas casas decimais após a vírgula, poderá estar representado no visor da calculadora de duas formas:

 ⇨ 1.252,32 (formato utilizado no Brasil, onde as partes inteiras são separadas das decimais por vírgula);
 ⇨ 1,252.32 (formato utilizado nos Estados Unidos, onde as partes inteiras são separadas das decimais por ponto).

Para realizar a troca do ponto pela vírgula ou vice-versa, deve-se proceder da seguinte forma:

⇨ desligue a calculadora;

⇨ mantenha a tecla ▣ pressionada;

⇨ com a tecla ▣ pressionada ligue a calculadora ▣.

1.8 Como armazenar e recuperar números das memórias

A HP-12C guarda números em memórias denominadas registradores, distribuídos de acordo com suas funções (financeiros, armazenamento, estatísticos etc.). Destacamos a seguir os registradores de armazenamento.

O número de registradores de armazenamento é 20, e eles são alocados de R0 a R9 (Registradores de 0 a 9) e de R. 0 a R. 9 (Registradores de .0 a .9).

1.8.1 Como guardar número na memória

Digite o número a ser guardado e pressione a tecla ▣, seguida do registrador desejado.

EXEMPLOS:

▣ ▣ ▣ ▣   (o número 20 será guardado na memória de número 1).

▣ ▣ ▣ ▣ ▣   (o número 50 será guardado na memória .4).

Observação: o número de memórias disponíveis é influenciado pela quantidade de programas contidos na calculadora; contudo, sempre estarão disponíveis sete memórias para uso (de 0 a 6).

Para você saber o número de memórias disponíveis para uso pressione ▣ ▣. Se a calculadora não contiver nenhum programa, aparecerá a indicação **P-08 r-20** no visor. Tal indicação demonstra que a calculadora possui 8 passos de programação tomados (padrão da máquina) e estão livres para uso os 20 registradores (memórias) existentes.

Poderíamos ter a seguinte indicação: **P– 22 r-18**, ou seja, 22 passos de programação sendo usados e 18 registradores de armazenamento disponíveis para uso.

A HP-12C tradicional possui capacidade de 99 passos (linhas) de programação, sendo que cada memória, quando necessário, é convertida em sete novos passos de programação.

Exemplificando:

Capacidade máxima de programação: 99 passos.

Padrão interno da calculadora: 8 passos de programação (sem interferir na quantidade de memórias disponíveis).

Cada memória pode ser convertida em 7 passos de programação.

Número de memórias possíveis de serem convertidas em passos: 13, pois $13 \times 7 = 91$.

Total de memórias disponíveis a qualquer momento: 7 (0 a 6).

Os modelos Platinum e Prestige da HP-12C possuem capacidade de 400 passos de programação.

1.8.2 Como reclamar um número da memória

A tecla [RCL] serve para reclamar os valores armazenados nas memórias, trazendo-os para o visor.

Assim, ao pressionar [RCL] [1] em sua HP-12C, aparecerá o número 20, que havia sido armazenado na memória 1, e, pressionando [RCL] [.] [4], será trazido para o visor o número 50, que estava guardado na memória .4.

1.8.3 Como limpar as memórias

Para limpar uma única memória basta armazenar 0 em seu conteúdo.

Exemplo: [0] [STO] [1] (o conteúdo da memória 1 foi substituído por 0).

Para limpar todos os registradores (memórias) de uma só vez, devemos pressionar [f] [CL.x], ou seja, f CLEAR REG.

1.8.4 Operações aritméticas com as memórias

EXEMPLO:

– armazene o número 50 no registrador 4;
– some mais 30 no registrador 4;
– subtraia 20 do registrador 4;
– multiplique por 2 o valor contido no registrador 4;

Solução:

f CLX

50 STO   4

30 STO + 4

20 STO − 4

2   STO × 4

RCL 4

Resposta: 120,00

 Observação: os cálculos com registradores de armazenamento só são possíveis com as memórias de números 0 a 4.

1.9 Verificando se a HP-12C está funcionando adequadamente

Caso você queira verificar se a calculadora HP-12C está funcionando adequadamente, existem alguns testes que checam os circuitos eletrônicos da máquina. Vejamos:

1.9.1 Teste de circuito (para calculadoras com uma ou três baterias)

Passos:

⇨ desligue a calculadora;

⇨ com a calculadora desligada, mantenha pressionada a tecla ⊠;

⇨ com a tecla ⊠ pressionada ligue a calculadora ⓞⓝ.

Dessa forma será iniciado um teste completo dos circuitos eletrônicos da calculadora. Se a calculadora estiver funcionando corretamente, dentro de alguns segundos de processamento (*running*) o visor mostrará os dizeres –8,8,8,8,8,8, 8,8,8,8, e todos os indicadores de estado ativados (exceto o *, que indica bateria fraca).

Se o visor mostrar ERROR 9, apagar ou não apresentar o resultado correto, refaça o teste; caso persista o erro, a calculadora necessita de reparos.

1.9.2 Teste de teclado e visor
(para calculadoras com uma ou três baterias)

Passos:

⇨ desligue a calculadora;

⇨ com a calculadora desligada, mantenha pressionada a tecla ⊟ ;

⇨ com a tecla ⊟ pressionada ligue a calculadora ⊙ .

Quando a tecla ⊙ for solta, aparecerão no visor quatro traços. Para executar o teste, as teclas deverão ser pressionadas em ordem, da esquerda para a direita, ao longo de cada linha, começando da primeira linha superior e terminando na última inferior. Quando cada tecla é pressionada, diferentes posições dos traços aparecerão no visor. Se a calculadora estiver funcionando adequadamente e todas as teclas forem pressionadas na ordem correta, o visor apresentará o número 12 após o acionamento da última tecla (⊞). Observação: a tecla **ENTER** deverá ser pressionada tanto na terceira como na quarta linha.

Caso a calculadora apresente algum problema de funcionamento, ou se uma tecla for pressionada fora de ordem, o visor apresentará a mensagem ERROR 9, que indica que o teste deverá ser refeito ou que a calculadora apresenta algum problema técnico.

1.9.3 Teste de teclado e visor
(para calculadoras com duas baterias)

Passos:

⇨ Desligue a calculadora.

⇨ Mantenha pressionadas as teclas ⊙ e ENTER ; matenha ambas as teclas pressionadas para a próxima etapa.

⇨ Pressione a tecla ⊙ para que as teclas ⊙ ENTER e ⊙ sejam pressionadas simultaneamente.

⇨ Solte a tecla ⊙ .

⇨ Solte a tecla ⊙ , seguida pela tecla ENTER . A tela principal do teste exibirá: '1.L 2.C 3.H'.

- Pressione 1 para executar o teste do LCD (todos os segmentos do LCD se acenderão). Pressione qualquer tecla para sair.

- Pressione ⎡2⎤ para executar o teste de soma de verificação e exibir as mensagens de *copyright*. Pressione qualquer tecla para passar de uma tela para a próxima até que a tela principal de teste, '1.L 2.C 3.H1 seja exibida novamente.
- Pressione ⎡3⎤ para executar o teste do teclado. Pressione cada tecla até que todas as teclas tenham sido pressionadas pelo menos uma vez. O visor se apagará progressivamente com cada tecla pressionada. Quando todas as teclas tiverem sido pressionadas e o visor estiver limpo, pressione qualquer tecla para retornar à tela de teste.

Pressione ⎡ON⎤ para sair do sistema de teste. Isso também desligará a calculadora.

Se a calculadora detectar um erro em qualquer ponto, exibirá uma mensagem de erro.

1.10 Operações aritméticas simples

Observe, por meio do exemplo a seguir, como trabalhar com operações básicas na HP-12C.

EXEMPLO 1:

$544 \div 82 = ?$

Solução pela HP-12C:

Sequência	Pressione	Visor
Introduza o primeiro número.	544	544,
Pressione a tecla ENTER para separar o primeiro do segundo número.	ENTER	544,00
Introduza o segundo número.	82	82,
Pressione a operação desejada.	÷	6,63

EXEMPLO 2:

$$222 + 132 - 215 - 123 + 820 = \,?$$

Solução pela HP-12C:

Pressione	Visor	Significado
f CLX	0,00	Limpa a calculadora.
222 ENTER	222,00	Introduz o primeiro número.
132 +	354,00	Soma o segundo número ao primeiro.
215 –	139,00	Subtrai do resultado anterior o número 215.
123 –	16,00	Subtrai do resultado anterior o número 123.
820 +	836,00	Apresenta o resultado final da operação.

1.11 Operações aritméticas em cadeia

Os exemplos a seguir são um pouco mais complexos, contudo bastante importantes.

EXEMPLO 1:

$$(30 \times 4) + (60 \times 6) = \,?$$

Se você estivesse realizando esse exercício com lápis e papel, primeiramente resolveria os parênteses e em seguida somaria seus resultados.

$$(30 \times 4) + (60 \times 6) = 480$$
$$\quad\;\downarrow\qquad\quad\;\;\downarrow$$
$$\;\;120\;\;+\;\;360$$

Solução pela HP-12C:

Pressione	Visor	Significado
30 ENTER 4 ×	120,00	Resultado do primeiro parêntese.
60 ENTER 6 ×	360,00	Resultado do segundo parêntese.
+	480,00	Soma dos resultados dos dois parênteses.

Observe que após a solução do primeiro parêntese não é necessário teclar ENTER , uma vez que a HP-12C armazena automaticamente o resultado da primeira operação, por meio de suas memórias de pilha operacional.

EXEMPLO 2:

832,20 + 420 ÷ 83 = ?

Lembre-se:

As expressões numéricas obedecem à seguinte ordem das operações:

⇨ em **primeiro** lugar devem ser feitas as **potências e raízes**;
⇨ logo após devem ser realizadas as **multiplicações e divisões**, na ordem em que aparecerem;
⇨ e por último devem ser feitas as **adições e subtrações**, na ordem em que aparecerem.

Solução pela HP-12C:

Pressione	Visor	Significado
832.20 ENTER	832,20	Introduz o primeiro número.
420 ENTER 83 ÷	5,06	Calcula a divisão de 420 por 83.
+	837,26	Soma o valor de 5,06 do visor com 832,20 da memória e conclui a operação.

EXEMPLO 3:

$$\frac{[(8 \times 4) + (6 \times 2) \div (20 \div 2)]}{[3 + (8 \times 3)]} = ?$$

Note que, nesse exemplo, na parte superior da expressão, será dada prioridade para a divisão dos parênteses (6 × 2) ÷ (20 ÷ 2), para que, numa segunda etapa, seja feita a adição do outro parêntese (8 × 4).

Solução:

Pressione	Visor	Significado
8 ENTER 4 ×	32,00	Resultado da multiplicação do primeiro parêntese.
6 ENTER 2 ×	12,00	Resultado da multiplicação do segundo parêntese.
20 ENTER 2 ÷	10,00	Resultado da divisão do terceiro parêntese.
÷	1,20	Resultado da divisão do segundo pelo terceiro parêntese.
+	33,20	Resultado da parte superior da expressão.
3 ENTER	3,00	Introduz o primeiro número da parte de baixo da expressão.
8 ENTER 3 ×	24,00	Resultado da multiplicação do quarto parêntese.
+	27,00	Resultado da parte inferior da expressão.
÷	1,23	Resultado final da operação.

1.12 Funcionamento da pilha automática de memória da HP-12C

No decorrer deste capítulo tivemos a oportunidade de verificar a execução de operações aritméticas simples e em cadeia. Nesta parte iremos estudar qual o esquema de funcionamento da HP-12C e como ela se comporta quando da execução das operações.

A HP-12C possui quatro registradores especiais (memórias), que são usados para armazenamento de números durante os cálculos, simbolizados pelas letras X, Y, Z e T. Para entendermos como esses registradores funcionam, devemos visualizá-los na forma de uma "pilha de tijolos", ou seja, uns sobre os outros.

T
Z
Y
X

X ⇨ responsável pelo armazenamento dos números contidos no visor.

Observação: A tecla significa CLEAR X, ou seja, limpa os valores contidos no visor. Portanto, caso seja introduzido um número incorreto no visor durante a realização de determinado cálculo, basta pressionar essa tecla para limpá-lo e continuar a solução do problema a partir desse ponto.

Observe os exemplos a seguir.

EXEMPLO 1:

5 – 2 = 3

Tal problema é resolvido pela seguinte ordem de execução:

5 ENTER 2 –

E internamente, como se comporta a pilha operacional?

T	0	0	0	0	0
Z	0	0	0	0	0
Y	0	5	5	0	0
X	5	5	2	3	0
Teclas	5	ENTER	2	–	CLX
Função	Introduz o número 5 no visor.	Repete o número 5 em Y.	Substitui o número 5 em X por 2.	Completa a operação fazendo Y-X.	Limpa o visor.

Observe o comportamento da pilha operacional na realização de porcentagem a seguir:

EXEMPLO 2:

Acrescentar 5% ao valor de $ 200,00.

T	0	0	0	0	0
Z	0	0	0	0	0
Y	0	200	200	200	0
X	200	200	5	10	210
Teclas	200	ENTER	5	%	+

Veja a seguir uma operação aritmética em cadeia:

EXEMPLO 3:

(3 × 4) + (6 × 4) = ?

T	0	0	0	0	0	0	0	0	0
Z	0	0	0	0	0	12	12	0	0
Y	0	3	3	0	12	6	6	12	0
X	3	3	4	12	6	6	4	24	36
Teclas	3	ENTER	4	×	6	ENTER	4	×	+

Observe que os resultados intermediários ficam automaticamente armazenados e disponíveis na pilha operacional para serem utilizados quando necessários.

O conhecimento da pilha operacional lhe dará subsídios para o entendimento de algumas funções da HP-12C, principalmente as relacionadas à programação.

Observações:

⇨ a tecla ▣ permuta os valores contidos nos registradores X e Y da pilha operacional;

⇨ por outro lado, pressionando-se a tecla ▣ (*roll down* – girar para baixo), o conteúdo de cada um dos registradores da pilha operacional é copiado no registrador imediatamente inferior, fazendo com que o conteúdo que estava no registrador X vá para T;

⇨ ao serem pressionadas as teclas ▣ |ENTER| (último *x*), a calculadora trará para o visor o último número digitado no visor. Obs.: Esse procedimento só se aplica ao modelo HP-12C Gold (tradicional).

1.13 Operações aritméticas – exercícios resolvidos

Resolva:

a) 60 + 20 – 10 + 12 – 13 – 11 = ?

Solução pela HP-12C:

Pressione	Visor	Significado
60 ENTER	60,00	Introduz o primeiro número.
20 +	80,00	Soma o segundo número ao primeiro.
10 –	70,00	Subtrai 10 do valor anterior acumulado.
12 +	82,00	Soma 12 ao valor anterior acumulado.
13 –	69,00	Subtrai 13 do valor anterior acumulado.
11 –	58,00	Subtrai 11 do valor anterior acumulado.

b) 240 + 320 ÷ 4 = ?

Solução pela HP-12C:

Pressione	Visor	Significado
320 ENTER	320,00	Introduz o primeiro número.
4 ÷	80,00	Completa a divisão de 320 por 4.
240 +	320,00	Soma 240 ao resultado anterior.

c) (30 × 2) ÷ (40 ÷ 2) = ?

Solução pela HP-12C:

Pressione	Visor	Significado
30 ENTER 2 ×	60,00	Resultado do primeiro parêntese.
40 ENTER 2 ÷	20,00	Resultado do segundo parêntese.
÷	3,00	Resultado da divisão do primeiro pelo segundo parêntese.

d) $\dfrac{[(50 \times 2) \div (25 \times 3)]}{(45 \div 3)} = ?$

Solução pela HP-12C:

Pressione	Visor	Significado
50 ENTER 2 ×	100,00	Resultado do primeiro parêntese.
25 ENTER 3 ×	75,00	Resultado do segundo parêntese.
÷	1,33	Resultado da parte superior da equação.
45 ENTER 3 ÷	15,00	Resultado da parte inferior da equação.
÷	0,09	Resultado da divisão da parte superior pela parte inferior da equação.

e) $\dfrac{[(50 \times 2) \div (25 \times 3) + 38]}{[(28 \times 2) \div (24 \div 3)]} = ?$

Solução pela HP-12C:

Pressione	Visor	Significado
50 ENTER 2 ×	100,00	Resultado do primeiro parêntese.
25 ENTER 3 ×	75,00	Resultado do segundo parêntese.
÷ 38 +	39,33	Resultado da parte superior da equação.
28 ENTER 2 ×	56,00	Resultado do primeiro parêntese da parte inferior da equação.
24 ENTER 3 ÷	8,00	Resultado do segundo parêntese da parte inferior da equação.
÷	7,00	Resultado da parte inferior da equação.
÷	5,62	Resultado da divisão da parte superior pela parte inferior da equação.

f) $-183 + (143 - 17) = ?$

Solução:

Pressione	Visor	Significado
183 CHS ENTER	– 183,00	Introduz o primeiro número.
143 ENTER 17 –	126,00	Resultado dos parênteses.
+	– 57,00	Resultado final da operação.

2

Funções de Calendário na HP-12C

2.1 Introdução

- Vamos descobrir em que dia da semana você nasceu?
- Você sabe quantos dias já decorreram desde o dia de seu nascimento?
- Se você investir um dinheiro no dia 23-6-2015, por 721 dias corridos, qual a data de vencimento de tal aplicação?

A HP-12C possui quatro funções de calendário que permitem efetuar cálculos de vencimentos de operações e número de dias corridos entre datas.

2.2 Função D.MY (dia, mês e ano)

A função [g] [4 D.MY] estabelece o sistema de datas no formato dia (*day*), mês (*month*) e ano (*year*). Uma vez pressionada tal sequência de teclas, aparecerá no canto direito inferior do visor a indicação de estado D.MY.

2.3 Função M.DY (mês, dia e ano)

A instrução [g] [5 M.DY] estabelece o formato mês, dia e ano, utilizado nos Estados Unidos.

Observação: Caso não esteja aparecendo a indicação D.MY no visor da calculadora, ela estará posicionada no estado M.DY, que é seu padrão.

Para que não haja erros decorrentes de formatação de datas, sugere-se que seja sempre mantida no visor a indicação de estado **D.MY**. Tal indicação não afeta os resultados de quaisquer outros cálculos que forem realizados.

Como foi visto no início do Capítulo 1, a calculadora HP-12C trabalha com datas compreendidas entre 15 de outubro de 1582 e 25 de novembro de 4046.

2.4 Função ΔDYS (variação de dias)

Por meio da função [g] [EEX] podemos calcular a variação real de dias corridos entre duas datas.

EXEMPLO 1:

Em 31-07-2014, emprestei de uma instituição financeira determinada quantia, que paguei com juros em 30-10-2014. Qual o prazo desse empréstimo?

Solução pela HP-12C:

Pressione	Visor	Significado
g D.MY	0,00 D.MY	Estabelece o formato dia, mês e ano.
f 6	0,000000 D.MY	Fixa 6 casas decimais após a vírgula.
31.072014 ENTER	31,072014 D.MY	Introduz a data de contratação.*
30.102014	30,102014 D.MY	Introduz a data de vencimento.*
g ΔDYS	91,000000 D.MY	Calcula o prazo do empréstimo.

* Logo após a introdução do dia, não esquecer de pressionar a tecla [.].

EXEMPLO 2:

A Sra. Rosângela nasceu no dia 15-05-1965. Considerando-se que a data de hoje é 15-05-2015, quantos dias corridos ela já viveu?

Solução pela HP-12C:

Pressione	Visor	Significado
g D.MY	0,00 D.MY	Estabelece o formato dia, mês e ano.
f 6	0,000000 D.MY	Fixa 6 casas decimais após a vírgula.
15.051965 ENTER	15,051965 D.MY	Introduz a data de nascimento.
15.052015	15,052015 D.MY	Introduz a segunda data.
g ΔDYS	18.262,00000 D.MY	Calcula o número de dias corridos.

Resposta: A Sra. Rosângela viveu 18.262 dias corridos, desde sua data de nascimento até o dia 15-05-2015.

2.5 Função DATE (cálculo de datas)

Por meio da função [g] [CHS DATE], podemos calcular datas futuras ou passadas com base na quantidade de dias corridos desejados, retornando também o dia da semana a que se refere tal data.

EXEMPLO 1:

Apliquei, no dia 27-04-2015, determinada quantia em um Certificado de Depósito Bancário (CDB), por um prazo de 724 dias corridos. Qual a data do resgate?

Solução pela HP-12C:

Pressione	Visor	Significado
g D.MY	0,00 D.MY	Estabelece o formato dia, mês e ano.
f 6	0,000000 D.MY	Fixa 6 casas decimais após a vírgula.
27.042015 ENTER	27,042015 D.MY	Introduz a data da aplicação.
724	724, D.MY	Introduz o número de dias.
g DATE	20.04.2017 4 D.MY	Calcula a data de resgate.

Observação: O dígito que aparece na extrema direita do visor indica o respectivo dia da semana correspondente à data calculada, sendo:

Dígito	Dia da Semana
1 ⇨	Segunda-feira
2 ⇨	Terça-feira
3 ⇨	Quarta-feira
4 ⇨	Quinta-feira
5 ⇨	Sexta-feira
6 ⇨	Sábado
7 ⇨	Domingo

No exemplo 1, o dígito encontrado foi 4; portanto, o dia da semana da data de resgate foi uma quinta-feira.

EXEMPLO 2:

Se hoje, dia 9-04-2015, resgatei uma aplicação financeira que efetuei há 63 dias corridos, qual a data da aplicação?

Pressione	Visor	Significado
g D.MY	0,000000 D.MY	Estabelece o formato dia, mês e ano.
09.042015 ENTER	9,042015 D.MY	Introduz a data de resgate.
63 CHS*	– 63, D.MY	Introduz o número de dias anteriores à data de resgate.
g DATE	5.02.2015 4 D.MY	Calcula a data passada.

* Observe que a data procurada está no passado, por isso foi introduzido o prazo negativo, pressionando-se a tecla CHS depois do número de dias da operação.

Dessa forma, o dia 5-02-2015 ocorreu 63 dias corridos anteriores à data de 9-04-2015, e caiu numa quinta-feira (1).

Observe o exemplo 3, a seguir. Ele é bastante interessante.

EXEMPLO 3:

Minha irmã nasceu no dia 28 de fevereiro de 1986. Que dia da semana foi essa data?

Solução pela HP-12C

Pressione	Visor	Significado
g D.MY	0,000000 D.MY	Estabelece o formato dia, mês e ano.
28.021986 ENTER	28,021986 D.MY	Introduz a data a ser verificada.
0 g DATE	28.02.1986 5 D.MY	Calcula o dia da semana da data.

Resposta: Minha irmã nasceu numa sexta-feira.

2.6 Funções de datas – exercícios adicionais resolvidos

1. **Verifique qual o dia da semana correspondente às datas a seguir:**

a) Proclamação da República: 15 de novembro de 1889

Solução pela HP-12C:

Pressione	Visor	Significado
g D.MY	0,000000 D.MY	Estabelece o formato dia, mês e ano.
15.111889 ENTER	15,111889 D.MY	Introduz a data a ser verificada.
0 g DATE	15.11.1889 5 D.MY	Calcula o dia da semana da data.

Resposta: sexta-feira.

b) Independência do Brasil: 7 de setembro de 1822

Solução pela HP-12C:

Pressione	Visor	Significado
g D.MY	0,000000 D.MY	Estabelece o formato dia, mês e ano.
7.091822 ENTER	7,091822 D.MY	Introduz a data a ser verificada.
0 g DATE	7.09.1822 6 D.MY	Calcula o dia da semana da data.

Resposta: sábado.

c) A seleção brasileira de futebol vence a copa do mundo de 2002: 30 de junho de 2002

Solução pela HP-12C:

Pressione	Visor	Significado
g D.MY	0,000000 D.MY	Estabelece o formato dia, mês e ano.
30.062002 ENTER	30,062002 D.MY	Introduz a data a ser verificada.
0 g DATE	30.06.2002 7 D.MY	Calcula o dia da semana da data.

Resposta: domingo.

2. Resolva:

a) Um investidor aplicou determinada quantia no dia 20-01-2014, por um prazo de 72 dias corridos. Qual foi a data de resgate de tal aplicação e o respectivo dia da semana?

Solução pela HP-12C:

Pressione	Visor	Significado
g D.MY	0,000000 D.MY	Estabelece o formato dia, mês e ano.
20.012014 ENTER	20,012014 D.MY	Introduz a data da aplicação.
72 g DATE	2.04.2014 3 D.MY	Calcula a data de resgate.

Resposta: 2.04.2014 (quarta-feira).

b) Em 26-06-2014, emprestei de uma instituição financeira determinada quantia, que paguei com juros em 25-09-2014. Qual o prazo do empréstimo?

Solução pela HP-12C:

Pressione	Visor	Significado
g D.MY	0,00 D.MY	Estabelece o formato dia, mês e ano.
26.062014 ENTER	26,062014 D.MY	Introduz a data de contratação.
25.092014	25,092014 D.MY	Introduz a data de vencimento.
g ΔDYS	91,000000 D.MY	Prazo do empréstimo.

Resposta: o empréstimo foi contratado por 91 dias corridos.

3

Principais Funções Matemáticas

3.1 Porcentagem

Todos os dias ouvimos pessoas dizendo:

- obtive um desconto de 10% na compra de uma roupa;
- paguei 2% de multa pelo atraso de uma prestação;
- os fundos de renda fixa pagaram uma taxa de 1,20% ao mês;
- a taxa de juros do cheque especial do Banco Beta é de 9% ao mês.

O símbolo % significa "por cento", indicando que, de cada cem partes, utilizamos para o cálculo "x" partes.

EXEMPLO:

20%, ou seja, 20 partes de cada cem.

Vejamos as três formas de demonstrar a porcentagem de um número:

⇨ 3% = forma percentual;

⇨ $\dfrac{3}{100}$ = forma fracionária;

⇨ 0,03 = forma decimal ou unitária.

Para encontrarmos uma taxa na forma decimal, basta dividirmos a taxa percentual por 100; e o inverso para descobrirmos uma taxa na forma percentual partindo da taxa na forma decimal: devemos multiplicá-la por 100.

Lembre-se:

> Nas fórmulas de matemática financeira, a taxa de juros deverá sempre ser informada na forma decimal, ou seja, dividida por 100.

3.1.1 Cálculos de porcentagens pela HP-12C

Na HP-12C a tecla [%] é utilizada para calcular uma porcentagem X de um valor Y.

EXEMPLO 1:

Quanto é 23% de $ 3.000,00?

Solução pela HP-12C:

Pressione	Visor	Significado
3000　ENTER　23　%	690,00	Calcula 23% de $ 3.000,00.

Matematicamente, tal cálculo seria realizado da seguinte forma:

$$23\% \text{ de } \$\ 3.000,00 = 3.000,00 \times \frac{23}{100} = \$\ 690,00$$

EXEMPLO 2:

Uma prestação de $ 1.000,00 foi paga com atraso de 23 dias. Sabendo que a multa cobrada por dia de atraso foi de 0,3% (linear), pergunta-se:

⇨ Qual o valor da multa?
⇨ Qual o valor total da prestação (já incluída a parcela da multa pelo atraso)?

Solução pela HP-12C:

Pressione	Visor	Significado
1000 ENTER 0.3 %	3,00	Valor da multa por dia.
23 ×	69,00	Valor total da multa.
+	1.069,00	Valor total da prestação a ser paga.

Matematicamente, tal cálculo seria realizado da seguinte forma:

$$\text{Valor total da prestação} = 1000 \times \left(1 + \frac{0,3}{100} \times 23\right)$$

Valor total da prestação = $ 1.069,00

EXEMPLO 3:

Um produto anunciado por $ 230,00 está sendo vendido, para pagamento a vista, com desconto de 5%. Qual o valor a vista a ser pago pelo produto?

Solução pela HP-12C:

Pressione	Visor	Significado
230 ENTER 5 %	11,50	Calcula o valor do desconto.
−	218,50	Calcula o valor a vista.

Matematicamente, tal cálculo seria realizado da seguinte forma:

$$\text{Valor a vista} = 230 \times \left(1 - \frac{5}{100}\right)$$

Valor a vista = $ 218,50

EXEMPLO 4:

O Sr. Investidor aplicou a quantia de $ 100.000,00 num Fundo de Investimento de Renda Fixa pelo prazo de 18 dias corridos, resgatando a quantia bruta de $ 100.600,00. Sabendo que, conforme legislação em vigor, sobre o valor do rendimento ($ 600,00) haverá a incidência do Imposto sobre Operações Financeiras (IOF), conforme tabela regressiva a seguir, e logo após, sobre o saldo remanescente, será cobrado o Imposto de Renda, à alíquota de 22,5%, calcule o valor de resgate líquido de tal aplicação financeira.

TABELA REGRESSIVA DE IOF

Dias corridos	% a ser cobrado sobre o rendimento	Dias corridos	% a ser cobrado sobre o rendimento
01	96	16	46
02	93	17	43
03	90	18	40
04	86	19	36
05	83	20	33
06	80	21	30
07	76	22	26
08	73	23	23
09	70	24	20
10	66	25	16
11	63	26	13
12	60	27	10
13	56	28	6
14	53	29	3
15	50	30	0

Fonte: Decreto nº 6.306, de 14-12-2007.

Por meio de pesquisa nessa tabela identificamos que, para uma aplicação pelo período de 18 dias corridos, a alíquota de IOF será de 40%.

Solução pela HP-12C:

Pressione	Visor	Significado
600 ENTER 40 %	240,00	Calcula o valor do IOF.
−	360,00	Base de cálculo do Imposto de Renda.
22.5 %	81,00	Valor do Imposto de Renda.
−	279,00	Valor do rendimento líquido.
100000 +	100.279,00	Valor de resgate líquido.

Matematicamente, tal cálculo seria realizado da seguinte forma:

Valor do rendimento líquido = $600 \times \left(1 - \dfrac{40}{100}\right) \times \left(1 - \dfrac{22,5}{100}\right)$

Valor do rendimento líquido = $ 279,00

Valor de resgate líquido = $ 100.000,00 + $ 279,00 = $ 100.279,00

EXEMPLO 5:

A Sra. Poupadora da Silva aplicou a quantia de $ 10.000,00 em uma Caderneta de Poupança no dia 1º-04-2014, efetuando o resgate total no dia 1º-07-2014. Sabendo que essa aplicação financeira estava isenta de Imposto de Renda e que nesse período a Sra. Poupadora da Silva não efetuou saques, nem depósitos adicionais, qual o valor de resgate de tal aplicação?

Dados adicionais:

Rendimento percentual da Caderneta de Poupança:

Período	Rendimento total
1º-04-2014 a 1º-05-2014	0,5461%
1º-05-2014 a 1º-06-2014	0,5664%
1º-06-2014 a 1º-07-2014	0,5467%

Fonte: *Folha de S. Paulo*, 3 junho 2014.

Solução pela HP-12C:

Pressione	Visor	Significado
10000 ENTER 0.5461 % +	10.054,61	Saldo da poupança em 1º-05-2014.
0.5664 % +	10.111,56	Saldo da poupança em 1º-06-2014.
0.5467 % +	10.166,84	Saldo da poupança em 1º-07-2014.

Resposta: A Sra. Poupadora terá o direito de resgatar a quantia de $ 10.166,84 em 1º-07-2014.

Matematicamente, tal cálculo seria realizado da seguinte forma:

$$\text{Valor de resgate total} = 10.000 \times \left(1 + \frac{0,5461}{100}\right) \times \left(1 + \frac{0,5664}{100}\right) \times \left(1 + \frac{0,5467}{100}\right)$$

Valor de resgate total = $ 10.166,84

3.2 Variação percentual

É comum lermos ou ouvirmos expressões do tipo:

- meu dinheiro cresceu 5% em menos de um mês;
- as vendas da empresa Alfa cresceram 34% em um ano;
- as ações da Cia. Beta cresceram 120% em um semestre;
- o valor do dólar comercial decresceu 5% em dois meses.

Nesta seção iremos descobrir como calcular variações percentuais entre dois números, utilizando o processo matemático e a calculadora HP-12C.

Veja o exemplo a seguir:

EXEMPLO:

Qual a taxa cobrada no período em uma operação de empréstimo pessoal cujo principal liberado foi de $ 6.000,00, sendo que após 30 dias corridos o tomador deverá restituir à instituição financeira a quantia total de $ 6.720,00?

Matematicamente, esse exercício será resolvido por meio de dois métodos, a saber:

Método 1

Primeiramente devemos encontrar o valor total dos juros da operação, por meio da diferença entre o valor final pago e o valor do principal inicial emprestado; vejamos:

Valor dos juros = $ 6.720,00 − $ 6.000,00

Valor dos juros = $ 720,00

A taxa de juros cobrada no período será obtida por meio da divisão do valor dos juros pagos pelo principal inicial emprestado.

Taxa de juros do período = $\left(\dfrac{720}{6.000}\right) \times 100$

Taxa de juros do período = 12%

Método 2

Nesse outro método o problema será resolvido dividindo-se o valor final pago no empréstimo pelo valor inicial liberado. Logo após deve-se subtrair do resultado o número 1, que representa a base 100, ou seja, os 100% do capital inicial.

Taxa de juros do período = $\left(\dfrac{6.720}{6.000} - 1\right) \times 100$

Taxa de juros do período = 12%

3.2.1 Como calcular diferenças percentuais entre dois números na HP-12C

Por meio da tecla [Δ%] podemos calcular a variação percentual entre dois números, tomando-se por base de cálculo o primeiro valor introduzido na calculadora.

O cálculo de variação percentual é utilizado em diversas operações comerciais e financeiras, como, por exemplo: cálculo de margens de lucro, descontos comerciais, variações percentuais de indicadores econômicos e financeiros, variação de preços, taxas de juros em operações financeiras e outras.

EXEMPLO 1:

Comprei ações da Cia. Delta no dia 25-02-2015, pelo preço de $ 25,00 cada. No dia 25-03-2015, vendi-as pelo preço unitário de $ 38,00. Qual o ganho percentual registrado nesta operação no período?

Como vimos na seção 3.2, matematicamente tal exercício pode ser resolvido da seguinte forma:

Ganho percentual obtido no período = $\left(\dfrac{\text{Valor das ações em 25-03-2015}}{\text{Valor das ações em 25-02-2015}} - 1\right) \times 100$

Ganho percentual obtido no período = $\left(\dfrac{38}{25} - 1\right) \times 100$

Ganho percentual obtido no período = 52%

Solução pela HP-12C:

Pressione	Visor	Significado
25 ENTER	25,00	Introduz o valor de compra da ação.
38	38,	Introduz o valor de venda da ação.
Δ %	52,00	Ganho percentual obtido no período.

EXEMPLO 2:

O Sr. Amarelinho comprou 250 gramas de ouro no dia 1º-05-X1 pelo preço de $ 24,00 o grama. No dia 25-08-X1, a cotação do ouro estava em $ 22,30 o grama. Considerando-se que o Sr. Amarelinho manteve a aplicação até essa data, qual a perda percentual registrada no período?

Solução pela HP-12C:

Pressione	Visor	Significado
24 ENTER	24,00	Introduz o valor do grama do ouro em 1º-05-X1.
22.30	22,30	Introduz o valor do grama do ouro em 25-08-X1.
Δ %	– 7,08	Perda percentual registrada no período.

EXEMPLO 3:

Um rádio está sendo vendido a vista por $ 100,00 ou em duas prestações iguais e consecutivas de $ 53,49 cada, vencendo a primeira no ato da compra e a segunda, 30 dias corridos após o pagamento da primeira (1 + 1). Determine a taxa mensal de juros cobrada por essa loja na venda a prazo.

Solução:

Valor a vista do rádio.................. $ 100,00
(–) Entrada.............................. $ 53,49
Valor emprestado pela loja......... $ 46,51

Observe que o valor efetivamente financiado é de $ 46,51 ($ 100 menos a entrada), e por financiar essa quantia, o comerciante cobra a segunda parcela no valor de $ 53,49.

Em outras palavras, o comerciante faz o papel do banqueiro, emprestando $ 46,51 e cobrando por isso $ 53,49, em 30 dias.

Solução matemática:

$$\text{Taxa de juros} = \left(\frac{53,49}{46,51} - 1\right) \times 100 = 15,01\% \text{ ao mês.}$$

Solução pela HP-12C:

Pressione	Visor	Significado
46.51 ENTER	46,51	Introduz o valor financiado.
53.49 Δ %	15,01	Taxa mensal de juros cobrada pela loja.

EXEMPLO 4:

A Loja do Bairro está vendendo determinado eletrodoméstico nas seguintes condições:

a) a vista: 5% de desconto sobre o valor anunciado em etiqueta;
b) a prazo: o valor anunciado na etiqueta é dividido em duas parcelas iguais e consecutivas, vencendo a primeira no ato da compra e a segunda, 30 dias corridos após o pagamento da primeira.

Qual a taxa de juros mensal cobrada por tal loja nas vendas a prazo?

Trabalhando com a hipótese de um valor anunciado de $ 100,00, temos:

Valor a vista do bem ...... $ 95,00 ($ 100 – 5%).
(–) Entrada .... $ 50,00 (primeira parcela no ato).
Valor financiado .... $ 45,00 (preço a vista menos o valor da primeira parcela).

Solução pela HP-12C:

Pressione	Visor	Significado
45 ENTER	45,00	Introduz o valor efetivamente financiado.
50 Δ %	11,11	Taxa mensal de juros cobrada pela loja.

 Cuidado!

Um dos erros mais tradicionais cometidos ao fazer o cálculo da taxa desse exercício é o de somar os valores das parcelas para comparar com o preço a vista, como demonstrado a seguir.

Valor de cada parcela = $ 50,00

Total a prazo = $ 50,00 × 2 = $ 100,00

Cálculo incorreto da taxa de juros:

Pela HP-12C:

Pressione	Visor	Significado
95 ENTER	95,00	Introduz o valor a vista.
100 Δ %	5,26	Taxa mensal incorreta.

Esse cálculo só estaria correto se o cliente não tivesse dado o primeiro cheque de $ 50,00 no ato da compra e fosse pagá-la a prazo por meio de uma única parcela de $ 100,00, com vencimento para 30 dias corridos.

EXEMPLO 5:

O Sr. Mega Investidor aplicou determinada quantia em um fundo de investimento no dia 22-01-2015. Quando da aplicação, o valor de cada cota adquirida estava em $ 7,248966. Passados 54 dias corridos, ele efetua o resgate total de tal aplicação. Calcule o ganho percentual bruto que o Sr. Mega Investidor obteve em tal aplicação no período, sabendo que, quando do resgate, o valor de cada cota estava em $ 7,350452.

Considerando ainda a incidência de Imposto de Renda à alíquota de 22,5% sobre o valor do rendimento, determine também a taxa líquida no período.

Solução:

O rendimento percentual bruto obtido no período é determinado pela variação percentual entre os valores das cotas da data da aplicação e do resgate.

Solução pela HP-12C:

Pressione	Visor	Significado
7.248966 ENTER	7,25	Introduz o valor da cota inicial.
7.350452	7,35	Introduz o valor da cota da data do resgate.
Δ %	1,40	Calcula o ganho percentual bruto da aplicação no período.
22.5 % −	1,09	Calcula a taxa líquida no período.

3.2.2 Porcentagem e variação percentual – exercícios adicionais resolvidos

Resolva:

a) Um automóvel está sendo anunciado por $ 15.000,00. Se o comprador efetuar o pagamento a vista, obtém um desconto de 6%. Qual o valor para pagamento a vista?

Solução pela HP-12C:

Pressione	Visor	Significado
15000 ENTER 6 %	900,00	Calcula o valor do desconto.
–	14.100,00	Valor a vista a ser pago.

b) Em uma sala de aula existiam no início do ano 75 alunos. Na metade do ano desistiram 20% do total e no final do ano foram reprovados 15%. Quantos alunos foram aprovados?

Solução pela HP-12C:

Pressione	Visor	Significado
75 ENTER 20 %	15,00	Número de alunos que desistiram.
–	60,00	Saldo dos alunos após a desistência.
15 %	9,00	Número de alunos reprovados.
–	51,00	Saldo final dos alunos aprovados.

c) Dois meses atrás eu possuía $ 1.000,00 e apliquei-os em uma Caderneta de Poupança que rendeu no primeiro mês 1,05% e no segundo mês, 0,89%. Sabendo que nesses dois meses não realizei saques e nem novos depósitos, qual a quantia total após tais rendimentos?

Solução pela HP-12C:

Pressione	Visor	Significado
1000 ENTER 1.05 %	10,50	Rendimento do primeiro mês.
+	1.010,50	Saldo após um mês de aplicação.
0.89 %	8,99	Rendimento do segundo mês.
+	1.019,49	Saldo final da aplicação após dois meses de rendimentos.

d) Calcular a variação do dólar comercial venda para o período a seguir:

Valor do US$ em 2-01-2014 = R$ 2,3910
Valor do US$ em 2-01-2015 = R$ 2,6930

Solução pela HP-12C:

Pressione	Visor	Significado
2.3910 ENTER	2,39	Introduz o valor do US$ em 2-01-2014.
2.6930 Δ %	12,63	Variação percentual do dólar no período.

e) Determinada mercadoria, comprada por $ 35,00, está sendo vendida pelo comerciante por $ 50,00. Qual a margem percentual de lucro sobre o preço de custo obtida nessa operação?

Solução pela HP-12C:

Pressione	Visor	Significado
35 ENTER	35,00	Introduz o valor do custo da mercadoria.
50 Δ %	42,86	Calcula a margem de lucro sobre o custo.

f) A Sra. Devedora tomou emprestada de um banco a quantia de $ 5.000,00 pelo prazo de 30 dias corridos. No vencimento da operação pagou ao banco a quantia total (principal e juros) de $ 5.325,00. Qual a taxa de juros cobrada no período nessa operação?

Solução pela HP-12C:

Pressione	Visor	Significado
5000 ENTER	5.000,00	Introduz o valor inicial do empréstimo.
5325 Δ %	6,50	Taxa de juros mensal cobrada pelo banco.

g) Determinado bem está sendo vendido a vista por $ 300,00 ou em duas prestações iguais de $ 160,00 cada, vencendo a primeira no ato da compra e a segunda, 30 dias corridos após o pagamento da primeira (1 + 1). Determine a taxa mensal de juros cobrada por essa loja na venda a prazo.

Solução pela HP-12C:

Pressione	Visor	Significado
140 ENTER	140,00	Valor efetivamente financiado.
160 Δ %	14,29	Taxa de juros mensal cobrada no período.

3.3 Percentual do total

Por meio da tecla ▦ podemos calcular, rapidamente, a porcentagem que representa cada item que compõe determinado total.

EXEMPLO:

A seguir é apresentada a distribuição das vendas da Cia. Sulina por Estados relativa ao mês de julho. Quanto representam em termos percentuais as vendas de cada Estado em relação ao total vendido?

Estado	Valor (US$)
São Paulo	220.000,00
Rio de Janeiro	350.000,00
Goiás	100.000,00
Minas Gerais	150.000,00
Outros Estados	80.000,00
Total	900.000,00

Matematicamente, tal cálculo seria realizado da seguinte forma:

Exemplo: Estado de São Paulo

$$\frac{220.000,00}{900.000,00} \times 100 = 24,44\%$$

e assim seria o cálculo para cada um dos itens restantes.

Pela HP-12C esse cálculo pode ser realizado por meio da tecla ▦; vejamos:

Pressione	Visor	Significado
900000 ENTER	900.000,00	Introduz o valor total vendido.
220000 %T	24,44	Porcentagem das vendas de São Paulo.
CLX	0,00	Limpa o visor.
350000 %T	38,89	Porcentagem das vendas do Rio de Janeiro.
CLX	0,00	Limpa o visor.
100000 %T	11,11	Porcentagem das vendas de Goiás.
CLX	0,00	Limpa o visor.
150000 %T	16,67	Porcentagem das vendas de Minas Gerais.
CLX	0,00	Limpa o visor.
80000 %T	8,89	Porcentagem dos outros Estados.

Anotação: Após o cálculo do percentual que corresponde a cada item em relação ao total, não esqueça de pressionar a tecla CLX, caso contrário, os resultados apresentados serão distorcidos.

3.4 Aumentos percentuais sucessivos

São aqueles em que os percentuais de aumento são calculados sobre uma base de cálculo que já incorpora o aumento anterior.

EXEMPLO 1:

Uma mercadoria era vendida no mês de março por $ 23.000,00. No mês de abril, foi reajustada em 5%, e em maio, em 8%. Qual o valor do produto após esses dois aumentos? Qual o percentual total de aumento acumulado que sofreu tal mercadoria no período?

Sendo:

PI = preço inicial do bem ou serviço.

PF = preço final do bem ou serviço após os aumentos sucessivos.

i_1 = taxa percentual do primeiro aumento sucessivo na forma decimal.

i_2 = taxa percentual do segundo aumento sucessivo na forma decimal.

i_n = taxa percentual do enésimo aumento sucessivo na forma decimal.

it = taxa percentual total de aumentos.

Temos:

$$PF = PI \times (1 + i_1) \times (1 + i_2) \ldots \times (1 + i_n)$$

Solução do exemplo:

$$PF = 23.000,00 \times (1 + 0,05) \times (1 + 0,08)$$
$$PF = \$ 26.082,00$$

Fórmulas derivadas:

$$it = \left[\left(\frac{PF}{PI} - 1\right) \times 100\right]$$

ou

$$it = [(1 + i_1) \times (1 + i_2) \ldots \times (1 + i_n) - 1] \times 100$$

Solução do exemplo:

$$it = \left[\left(\frac{26.082,00}{23.000,00} - 1\right) \times 100\right] = 13,40\% \text{ de aumento total no período.}$$

ou

$it = [(1 + 0,05) \times (1 + 0,08) - 1] \times 100 = 13,40\%$ de aumento total no período.

Note que os aumentos são calculados uns sobre os outros e que a taxa percentual total de aumento não é obtida simplesmente pela soma das várias taxas percentuais de aumentos aplicadas sobre as bases de cálculo.

No exemplo, a taxa total de aumento percentual foi de 13,40%, e não 13% (5% + 8%). A taxa de 13% estaria correta se ambos os aumentos (5% e 8%) fossem aplicados sobre a mesma base de cálculo inicial, ou seja, $ 23.000,00. Nesse caso, os aumentos não seriam sucessivos, e sim simultâneos.

EXEMPLO 2:

Determine o rendimento percentual total da Caderneta de Poupança com base nos índices seguintes:

Rendimentos da Caderneta de Poupança:
Fevereiro = 1%
Março = 2%
Abril = 3%

$it = [(1 + i_1) \times (1 + i_2) ... \times (1 + i_n) - 1] \times 100$

$it = [(1 + 0,01) \times (1 + 0,02) \times (1 + 0,03) - 1] \times 100$

$it = 6,11\%$ acumulado no período de três meses.

Poderíamos listar muitos outros exemplos que usam essa sistemática de cálculo para obter os percentuais acumulados em determinado período, tais como: variação do dólar comercial, do Certificado de Depósito Interbancário (CDI), Índice Geral de Preços de Mercado (IGPM) e outros.

De posse da taxa total de aumento, podemos dizer que:

$PF = PI \times (1 + i_t)$

Derivando tal fórmula, temos: $PI = \dfrac{PF}{(1 + i_t)}$

Aplicando as fórmulas no exemplo 1:

$PI = \$\ 23.000,00$

$PF = \$\ 26.082,00$

$i_t = 13,40\%$

$PI = \dfrac{26.082,00}{(1 + 0,1340)} = \$\ 23.000,00$

$PF = 23.000 \times (1 + 0,1340)$

$PF = \$\ 26.082,00$

EXEMPLO 3:

Dois meses atrás apliquei meu dinheiro em ações. Hoje, após obter os rendimentos mensais de 10% e 15%, possuo $ 10.000,00 de montante. Qual o rendimento percentual total auferido nesses dois meses e quanto apliquei inicialmente?

Solução:

$it = [(1 + i_1) \times (1 + i_2) \ldots \times (1 + i_n) - 1] \times 100$

$it = [(1 + 0,10) \times (1 + 0,15) - 1] \times 100$

$it = 26,50\%$

$PF = \$\ 10.000,00$

$it = 26,50\%$

$PI = ?$

$PI = \dfrac{PF}{(1 + i_t)} \qquad PI = \dfrac{10.000}{(1 + 0,2650)} = \$\ 7.905,14$

3.5 Descontos percentuais sucessivos

São aqueles em que os percentuais de desconto são calculados sobre uma base de cálculo que já teve incorporado o desconto anterior.

EXEMPLO 1:

Um produto está sendo anunciado por $ 600,00. Devido ao valor elevado da compra o gerente concede ao cliente um desconto de 10% e logo após, por ser o pagamento efetuado a vista, concede novo desconto de 5% sobre o valor anunciado, já deduzido o desconto anterior de 10%. Qual o valor a ser pago pelo cliente e qual o desconto percentual total concedido a ele?

Sendo:

PI = preço inicial do bem ou serviço.
PF = preço final do bem ou serviço após os descontos sucessivos.
id_1 = taxa percentual do primeiro desconto sucessivo na forma decimal.
id_2 = taxa percentual do segundo desconto sucessivo na forma decimal.
id_n = taxa percentual do enésimo desconto sucessivo na forma decimal.
idt = taxa percentual total de descontos.

Temos:

$$PF = PI \times (1 - id_1) \times (1 - id_2) \ldots \times (1 - id_n)$$

Solução do exemplo:

$$PF = 600 \times (1 - 0{,}10) \times (1 - 0{,}05)$$
$$PF = \$\,513{,}00$$

Fórmulas derivadas:

$$idt = \left[\left(1 - \frac{PF}{PI}\right) \times 100\right]$$

e

$$idt = [1 - (1 - id_1) \times (1 - id_2) \ldots \times (1 - id_n)] \times 100$$

Solução do exemplo:

$$idt = \left[\left(1 - \frac{513{,}00}{600{,}00}\right) \times 100\right] = 14{,}50\% \text{ de desconto total no período.}$$

ou

$it = [1 - (1 - 0{,}10) \times (1 - 0{,}05)] \times 100 = 14{,}50\%$ de desconto total no período.

Note que os descontos são calculados uns sobre os outros e que a taxa percentual total de desconto não é obtida simplesmente pela soma das várias taxas percentuais de descontos.

No exemplo, a taxa total de desconto percentual foi de 14,50% e não 15% (10% + 5%). A taxa de desconto de 15% estaria correta se ambos os descontos (10% e 5%) fossem aplicados sobre a mesma base de cálculo inicial, ou seja, $ 600,00. Nesse caso, os descontos não seriam sucessivos e sim simultâneos.

De posse da taxa total de desconto, podemos dizer que:

$PF = PI \times (1 - id_t)$

Derivando tal fórmula, temos:

$$PI = \frac{PF}{(1 - id_t)}$$

Aplicando essas fórmulas na solução do exemplo anterior:

$PI = \$\ 600{,}00$
$id_t = 14{,}5\%$
$PF = \$\ 513{,}00$
$PF = 600 \times (1 - 0{,}145) = \$\ 513{,}00$

$$PI = \frac{PF}{(1 - id_t)}$$

$$PI = \frac{513}{(1 - 0{,}145)} = \$\ 600{,}00$$

3.6 Potenciação

Veja o exemplo a seguir:

$3 \times 3 \times 3 \times 3 = ?$

Podemos dizer que:

$3^4 = 81$

lê-se: 3 elevado a 4.
onde:

3 = base
4 = expoente

Vejamos como resolver esse problema pela HP-12C.

Por meio da tecla ▪ pode-se elevar facilmente qualquer número *y* (base) a qualquer potência *x* (expoente) desejada.

EXEMPLOS:

a) 3^4

b) $1,60^{12}$

c) $4^{\frac{68}{360}}$

Solução pela HP-12C:

	Pressione	Visor	Significado
a)	3 ENTER 4 y^x	81,00	Resultado de 3^4.
b)	1.60 ENTER 12 y^x	281,47	Resultado de $1,60^{12}$.
c)	4 ENTER 68 ENTER 360 ÷ y^x	1,30	Resultado de $4^{\frac{68}{360}}$.

3.7 Inverso de um número

A tecla [1/x], ao ser pressionada, calcula o inverso do número contido no visor, ou seja, divide 1 pelo valor contido no visor.

EXEMPLO:

Calcular $\dfrac{1}{4}$

Solução: [4] [1/x]

Resposta: 0,25

EXEMPLOS ADICIONAIS:

a) 1/8

b) $10^{\frac{1}{12}}$

Solução pela HP-12C:

	Pressione	Visor	Significado
a)	8 1/x	0,13	Calcula 1/8.
b)	10 ENTER 12 1/x y^x	1,21	Calcula $10^{\frac{1}{12}}$.

As funções de potência e inversão são bastante utilizadas em cálculos de matemática financeira, tais como juros compostos e taxas equivalentes.

3.8 Radiciação

A radiciação é a operação inversa da potenciação.

EXEMPLO:

$4^2 = 16$ e $\sqrt{16} = 4 \rightarrow$ Lê-se raiz quadrada de 16.

Vejamos como calcular a raiz quadrada de um número pela HP-12C:

Por meio da função [9] [√x̄] pode-se calcular a raiz quadrada do número contido no visor. Tal número não pode ser negativo.

EXEMPLOS ADICIONAIS:

a) $\sqrt{1.024}$

b) $\sqrt{3.136}$

Solução pela HP-12C:

	Pressione	Visor	Significado
a)	1024 g √x̄	32,00	Calcula $\sqrt{1.024}$.
b)	3136 g √x̄	56,00	Calcula $\sqrt{3.136}$.

Observação: A função $\boxed{\sqrt{x}}$ calcula somente a raiz quadrada de um número. No caso do cálculo de raízes com índices diferentes (3,4,5 etc.) deve-se utilizar um processo matemático bastante simples que consiste em transformar a raiz em potência.

EXEMPLOS:

a) $\sqrt[5]{3.125}$

b) $\sqrt[32]{(1,10)^{63}}$

Solução:

As raízes devem ser transformadas em potências da seguinte forma:

a) $\sqrt[5]{3.125} = (3.125)^{\frac{1}{5}}$

b) $\sqrt[32]{(1,10)^{63}} = 1,10^{\frac{63}{32}}$

Solução pela HP-12C:

	Pressione	Visor	Significado
a)	3125 ENTER 5 1/x y^x	5,00	Calcula $\sqrt[5]{3.125}$.
b)	1.10 ENTER 63 ENTER 32 ÷ y^x	1,21	Calcula $\sqrt[32]{(1,10)^{63}}$.

3.9 Logaritmos

3.9.1 Definição

Até o presente momento, foram resolvidos alguns exercícios de potenciação, em que eram fornecidos os valores da base e do expoente e, por meio da função ▮, era obtido o resultado da operação.

EXEMPLO 1:

$1,60^{12} = 281,47$

Agora vamos supor que o valor da base é conhecido (1,60), e que a mesma, elevada a determinado expoente desconhecido, produza o resultado de 281,47. Como descobrir o valor do expoente?

EXEMPLO 2:

$1,60^x = 281,47$

Para resolver esse problema, deve-se recorrer à teoria dos logaritmos, que encontra diversas aplicações na solução de problemas financeiros.

Na equação $1,60^x = 281,47$, diz-se: o expoente x é o logaritmo de 281,47 na base 1,60.

Ao conjunto dos logaritmos de todos os números positivos, em certa base, por exemplo a, chamamos sistema de logaritmos de base a.

Para a matemática são particularmente importantes dois sistemas de logaritmos:

- sistema de logaritmos decimais, em que a base é 10, também conhecido por sistema de logaritmos comuns. Exemplo: $10^x = 100$, ou seja, logaritmo de 100 na base 10, ou simplesmente log 100;
- sistema de logaritmos neperianos, em que a base é o número e (e = 2,718281828459, número irracional), também chamado de sistema de

logaritmos naturais. Observação: o nome neperiano está ligado ao autor John Neper (1550 – 1617). Exemplo: $e^x = 20,0855$, ou seja, logaritmo neperiano de 20,0855, ou simplesmente LN 20,0855.

3.9.2 Logaritmo Neperiano

Por meio da função [g] [%T LN] podemos calcular o logaritmo natural de um número. Os logaritmos naturais baseiam-se na constante e (2,71828182845904).

Solução dos exemplos da seção 3.9.1:

a) $1,60^x = 281,47$

Solução:

Para resolvermos tal exemplo devemos aplicar uma das propriedades dos logaritmos, que consiste em transformar tal logaritmo de base 1,60 para uma base decimal (base 10) ou para base e (neperiano). Como a HP-12C possui apenas a função de logaritmo neperiano, iremos transformar tal equação para este sistema, fazendo a devida mudança de base.

$$1,60^x = 281,47$$

$$\text{onde } x = \frac{LN\ 281,47}{LN\ 1,60} = 12,00$$

ou seja:

$$x = \frac{LN\ \text{resultado}}{LN\ \text{da base}}$$

Solução pela HP-12C:

Pressione	Visor	Significado
281.47 g LN	5,64	Calcula LN de 281,47.
1.60 g LN	0,47	Calcula LN de 1,60.
÷	12,00	Calcula $1,60^x = 281,47$.

b) $e^x = 20,0855$

Solução pela HP-12C:

Pressione	Visor	Significado
20.0855 g LN	3,00	Calcula LN de 20,0855.

3.9.3 Antilogaritmo natural

No exemplo *b* da seção 3.9.2, descobrimos que a solução para a equação $e^x = 20,0855$ deve ser $x = 3,00$, ou seja, o logaritmo neperiano de 20,0855 é 3,00. Para comprovarmos tal equação basta calcularmos o antilogaritmo de e^3, ou seja, $2,718282^3$, o qual será realizado pela função ▇ ▇. Vejamos:

Solução pela HP-12C:

Pressione	Visor	Significado
3 g e^x	20,0855	Calcula o antilogaritmo natural de 3,00.
2.718282 ENTER 3 y^x	20,0855	Calcula $2,718282^3$.

4

Conceitos Básicos de Matemática Financeira

 Neste capítulo, você terá uma visão geral sobre os principais conceitos que regem a matemática financeira e informações imprescindíveis para interpretação dos diversos problemas do mercado financeiro.

4.1 Objetivo principal da matemática financeira

A matemática financeira busca, essencialmente, analisar a evolução do dinheiro ao longo do tempo, determinando o valor das remunerações relativas a seu emprego, ou seja, o valor dos juros correspondentes. Com o auxílio da matemática financeira podemos comparar diversas alternativas de empréstimos e investimentos, decidindo assim pelas mais vantajosas.

4.2 Conceito de juros

Juro é a remuneração pelo capital emprestado ou aplicado. Exemplo: ao emprestarmos determinada quantia de dinheiro a outrem, por certo prazo de tempo, cobramos uma importância a título de juros, que se refere à remuneração pelo capital emprestado. Por exemplo: o Sr. João tomou emprestada de um banco a quantia de $ 1.000,00 por 30 dias corridos, devolvendo ao final do prazo a quantia total de $ 1.100,00. Qual o valor dos juros? Resposta: $ 100,00 ($ 1.100,00 – $ 1.000,00).

4.3 Fatores necessários para calcular o valor dos juros

Os fatores são os seguintes:

- **Capital, principal ou valor presente:** quantia de dinheiro envolvida numa operação financeira, que será emprestada ou aplicada em determinada data. Para a HP-12C, será simbolizado por *PV* (Valor Presente).

EXEMPLO:

Uma pessoa aplicou a quantia de $ 10.000,00 em um fundo de investimento, resgatando após 30 dias corridos a quantia de $ 10.100,00. O valor do capital ou valor presente (*PV*) desta operação é de $ 10.000,00. O valor dos juros é de $ 100,00 ($ 10.100,00 − $ 10.000,00).

- **Taxa de juros:** é a unidade de medida de juros, ou seja, o custo ou remuneração percentual paga pelo uso do dinheiro durante determinado tempo. Ela é a razão entre o valor dos juros de um determinado período e o capital inicial empregado. É composta por duas partes, uma indicando um coeficiente de remuneração e a outra, a unidade de tempo relativa a tal coeficiente.

EXEMPLO:

12% (coeficiente) ao ano (período de capitalização). Sua representação poderá ser na forma percentual ⇨ 12% ou na forma decimal ⇨ 0,12 (12 ÷ 100). Esta última forma será utilizada nas fórmulas financeiras. A taxa será representada na HP-12C por *i* (do inglês *interest rate*, que quer dizer taxa de juros).

- **Tempo, prazo ou período:** prazo em determinada unidade de tempo (dias, meses, anos etc.), em que o capital foi empregado a determinada taxa de juros. O prazo será representado na HP-12C por *n* (do inglês *number*, ou seja, o número de períodos). Neste livro, até que se fale o contrário, será usada a convenção comercial, ou seja, ano de 360 dias e mês de 30 dias.

- **Regime de capitalização:** refere-se ao processo de formação dos juros, que poderá ser simples ou composto, conforme será visto a seguir.

4.4 Diferença entre juros simples e compostos

Vamos explicar a diferença entre os juros simples e compostos por meio de um exemplo bastante fácil: suponha que o Sr. Alex pediu emprestada ao Sr. Mauro a quantia de $ 100.000,00 pelo prazo de três meses, sendo-lhe cobrada uma taxa de juros de 10% ao mês.

No final do terceiro mês, o Sr. Alex deverá devolver ao Sr. Mauro o capital emprestado ($ 100.000,00) mais o valor total dos juros desse período, ou seja, o *montante ou valor futuro*, que será representado na HP-12C pela tecla **FV** (do inglês *Future Value*, ou seja, Valor Futuro).

Veja a seguir qual será a quantia a ser paga no final do terceiro mês no regime de capitalização simples e no regime de capitalização composta:

a) Regime de capitalização simples (juros simples)

Prazo (n)	Juros Simples (JS)	Montante (FV)
1º mês	$ 100.000 × 0,10 = $ 10.000	$ 100.000 + $ 10.000 = $ 110.000.
2º mês	$ 100.000 × 0,10 = $ 10.000	$ 110.000 + $ 10.000 = $ 120.000.
3º mês	$ 100.000 × 0,10 = $ 10.000	$ 120.000 + $ 10.000 = $ 130.000.
Total	$ 30.000	$ 130.000

Por meio desse quadro, observamos que, em cada período, o valor dos juros é calculado sobre o capital inicial ($ 100.000,00), característica básica do regime de capitalização simples.

Por outro lado, o valor dos juros é igual em todos os períodos de cálculo, o que nos possibilita dizer que o mesmo é linear em relação ao prazo.

No regime de capitalização simples, para converter determinada taxa de juros basta multiplicá-la ou dividi-la pela quantidade de períodos de conversão desejados. Exemplos: 1% ao dia é igual a 30% ao mês (30 × 1%); 120% ao ano é igual a 10% ao mês (120% ÷ 12), e assim por diante.

A seguir encontramos um gráfico representativo do valor dos juros simples, referente à aplicação de um capital de $ 100,00, à taxa de juros simples de 10% ao mês, pelo prazo de 12 meses.

Gráfico representativo dos juros simples:

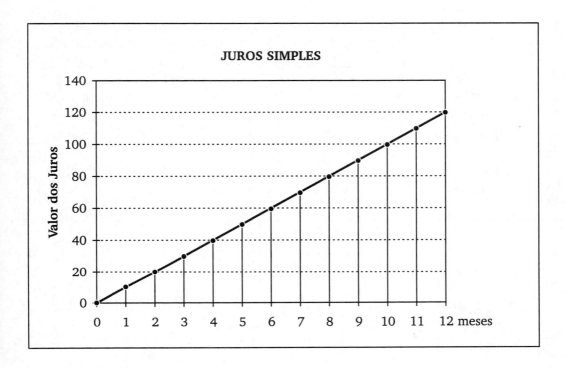

Analisando a tabela anterior e esse gráfico, pode-se deduzir uma fórmula geral para o cálculo do valor dos juros simples, a saber:

$$J = P \times i \times n$$

onde:

J = valor dos juros simples.

P = valor do principal ou capital inicial

i = taxa de juros na forma decimal.

n = prazo expresso na mesma unidade de tempo da taxa de juros.

b) **Regime de capitalização composta (juros compostos)**

Prazo (n)	Juros Compostos (JC)	Montante (FV)
1º mês	$ 100.000 × 0,10 = $ 10.000	$ 100.000 + $ 10.000 = $ 110.000.
2º mês	$ 110.000 × 0,10 = $ 11.000	$ 110.000 + $ 11.000 = $ 121.000.
3º mês	$ 121.000 × 0,10 = $ 12.100	$ 121.000 + $ 12.100 = $ 133.100.
Total	$ 33.100	$ 133.100

A capitalização composta ocorre quando os juros de cada período são incorporados ao capital, de forma que o resultado renda juros no próximo período.

Pela análise da tabela apresentada observamos que o valor dos juros de cada período é obtido pela aplicação da taxa sobre o montante (principal + juros) acumulado até o início do período de cálculo. Nesse caso, na linguagem popular, diz-se que houve "juros sobre juros".

Nesse regime de capitalização, o valor dos juros cresce exponencialmente em relação ao tempo.

Observe o gráfico representativo da aplicação de um capital de $ 100,00, a juros compostos de 10% ao mês, pelo prazo de 12 meses.

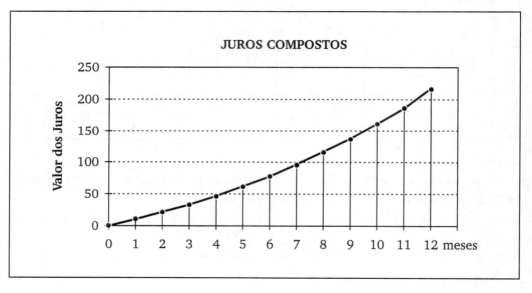

Analisando a tabela do item *b*, podemos deduzir uma fórmula geral para o cálculo do montante a juros compostos. Observe:

$FV = P + J$

$FV = P + P \times i$

$FV = P \times (1 + i)$

$FV_1 = P \times (1 + i)$ → Valor do montante do primeiro período.

$FV_2 = FV_1 \times (1 + i)$ onde: $FV_1 = P \times (1 + i)$

$FV_2 = P \times (1 + i) \times (1 + i)$ → Valor do montante do segundo período.

$FV_3 = FV_2 \times (1 + i)$ onde: $FV_2 = P \times (1 + i) \times (1 + i)$

$FV_3 = P \times (1 + i) \times (1 + i) \times (1 + i)$ → Valor do montante do terceiro período.

$FV_n = P \times (1 + i) \times (1 + i) \ldots\ldots (1 + i) \to$ Valor do montante do enésimo período.

onde:

J = valor dos juros.

FV = montante (principal + juros).

P = principal ou capital inicial.

i = taxa de juros na forma decimal.

n = prazo ou número de períodos, expresso na mesma unidade de tempo da taxa de juros.

Dessa forma deduzimos uma fórmula geral para o cálculo do valor do montante a juros compostos:

$$FV = P \times (1 + i)^n$$

Observe um gráfico comparativo entre o valor dos juros simples e o dos juros compostos:

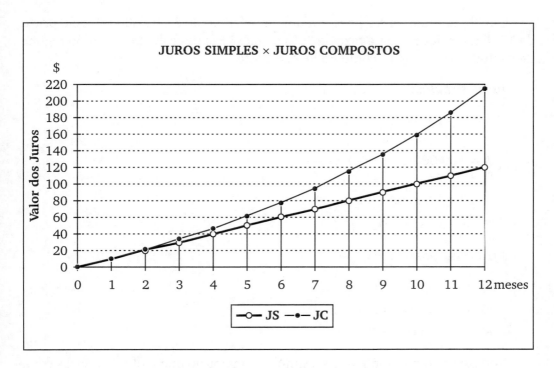

Pela análise do gráfico e fórmulas, podemos concluir:

- os juros crescem linearmente ao longo do tempo no regime de capitalização simples, sendo seu valor constante durante os períodos;
- os juros crescem exponencialmente ao longo do tempo no regime de capitalização composta, sendo que o montante calculado até o período anterior serve como base de cálculo para os juros do próximo período;
- o valor dos juros simples e dos juros compostos é igual no primeiro período de capitalização; em nosso exemplo, a taxa de juros é de 10% ao mês, portanto, se o empréstimo fosse realizado por um mês, o valor dos juros simples seria igual ao valor dos juros compostos;
- após o primeiro período de capitalização (em nosso exemplo, o primeiro mês) o valor dos juros compostos é superior ao valor dos juros simples;
- no gráfico, não é possível observar com precisão, contudo, antes do primeiro período de capitalização (em nosso exemplo o primeiro mês), que o valor dos juros simples é superior ao dos juros compostos, ambos calculados com base na mesma taxa de juros aplicada sobre o mesmo capital. Com o exemplo a seguir esse aspecto ficará mais claro.

EXEMPLO:

Qual o montante a ser pago em um empréstimo de $ 100.000,00, pelo prazo de 15 dias corridos, a uma taxa de 30% ao mês? Faça os cálculos tanto no regime de capitalização simples como no de composta.

Juros simples:

$J = P \times i \times n$

$J = 100.000,00 \times 0,30 \times \dfrac{15}{30}$

$J = \$\ 15.000,00$

$FV = \$\ 115.000,00$

Juros compostos:

$FV = P \times (1 + i)^n$

$FV = 100.000 \times (1 + 0,30)^{\frac{15}{30}}$

$FV = \$\ 114.017,54$

Nesse caso, o montante a juros simples é maior do que o obtido a juros compostos.

4.5 Conceito de fluxo de caixa

Qualquer problema de matemática financeira pode ser facilmente demonstrado por meio de um diagrama de fluxo de caixa, que consiste na representação gráfica das entradas e saídas de dinheiro ao longo do tempo. Observe sua representação básica:

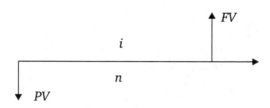

onde:

- a linha horizontal representa a linha do tempo, em que são destacadas as entradas e saídas de dinheiro;
- uma entrada de caixa é representada por uma seta para cima e seu sinal, para efeitos de convenção, é positivo;
- toda saída de caixa é representada por uma seta para baixo e seu sinal será negativo.

Veja um exemplo:

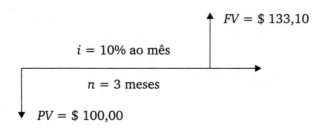

Neste exemplo verifica-se o seguinte:

- houve uma saída de dinheiro na data focal zero de $ 100;
- após três meses, o dinheiro foi devolvido com juros de $ 33,10, totalizando um montante de $ 133,10.

Se a matemática financeira for analisada com bastante simplicidade e objetividade, pode-se dizer que ela é composta de três tipos básicos de problemas financeiros, quais sejam:

Tipo 1 – Pagamento único ("Toma lá dá cá"):

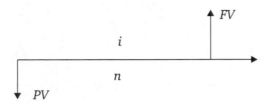

Trata-se de um sistema em que o principal inicial aplicado ou emprestado será pago ou recebido numa data futura por meio de um único pagamento, contendo o valor do principal e juros.

Este tipo de problema corresponde a uma boa parte dos problemas do mercado financeiro, sendo que o mesmo pode ser realizado, dependendo do contratado, tanto no regime de capitalização simples como composta.

Alguns exemplos típicos de produtos do mercado financeiro brasileiro que utilizam tal sistemática de fluxo de caixa são as operações de *Hot Money* (empréstimos de curtíssimo prazo), Desconto de Duplicatas e Notas Promissórias, Empréstimos para Capital de Giro com pagamento final, Certificado de Depósito Bancário (CDB) etc.

Tipo 2 – Séries uniformes ou parceladas ("Crediário"):

a) Primeira parcela após um período   b) Primeira parcela no ato.

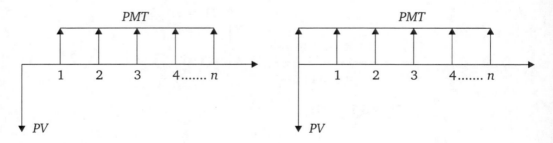

PMT: é o valor das prestações de uma série uniforme, ou pagamentos, como é utilizado nas funções financeiras da HP-12C.

Nesse sistema, o principal inicial será pago ou recebido por meio de prestações iguais e com periodicidade constante, podendo a primeira ocorrer no ato da contratação ou um período após.

Trata-se de um problema típico de juros compostos, podendo ser aplicado na solução das seguintes operações do mercado financeiro brasileiro: *Leasing*, Crédito Direto ao Consumidor, Capital de Giro Parcelado e outras.

Tipo 3 – Série variável ("Fluxo de caixa"):

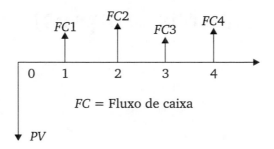

Nesse sistema, há um conjunto de entradas e saídas de dinheiro ao longo do tempo, aplicadas a uma determinada taxa de juros, seguindo, normalmente, o regime de capitalização composta.

No exemplo, o principal inicial aplicado terá retorno por meio da entrada de quatro fluxos de caixa com valores de recebimento diferenciados.

Esse sistema é bastante utilizado na solução de renegociações de dívidas em bancos e para análise da rentabilidade de uma carteira variada de investimentos.

Neste livro serão abordados cada um dos tipos de problemas apresentados e suas principais utilizações no mercado financeiro brasileiro.

5

Regime de Capitalização Simples (Juros Simples)

5.1 Conceito

Como vimos no Capítulo 4, no regime de capitalização simples o valor dos juros é calculado aplicando-se a taxa de juros sempre sobre o valor do capital inicial.

A taxa, portanto, é chamada de proporcional, uma vez que sua aplicação sobre o valor do capital inicial produz juros que variam linearmente (de forma constante) ao longo do tempo.

EXEMPLOS:

1% ao dia é igual a 30% ao mês, que por sua vez é igual a 360% ao ano e assim por diante.

Vamos ver um outro exemplo prático para ficar mais fácil o entendimento:

Se o Sr. José emprestar a quantia de $ 1.000,00, pelo prazo de três meses, a uma taxa de 10% ao mês, ele terá que pagar ao banco, no final do terceiro mês, a quantia de $ 300,00 a título de juros simples (1.000 × 10% = $ 100, ou seja, durante três meses serão acumulados mensalmente $ 100,00 de juros).

5.2 Fórmulas utilizadas

Como foi visto no Capítulo 4, o valor dos juros simples (J) é obtido por meio da multiplicação do principal (P) pela taxa de juros (i) e pelo prazo (n).

$$J = P \times i \times n$$

onde:

J = valor dos juros simples.

P = valor do capital ou principal inicial.

i = taxa de juros simples na forma decimal. Ex.: 3% ao mês = 3 ÷ 100 = 0,03.

n = prazo da operação.

Da fórmula geral obtêm-se as seguintes derivações:

$$P = \frac{J}{i \times n}$$

$$n = \frac{J}{P \times i}$$

$$i = \frac{J}{P \times n} \times 100$$

A seguir é apresentada outra fórmula derivada, a que determina o montante (principal + juros), ou seja, o valor futuro (*FV*) a juros simples:

$$FV = P \times (1 + i \times n)$$

Importante:

Cabe destacar que em tais fórmulas o prazo e a taxa de juros devem estar expressos na mesma unidade de tempo, ou seja, se a taxa de juros estiver expressa ao mês, o prazo deverá ser também indicado em número de meses. Caso a taxa e o prazo fornecidos no problema não estejam na mesma unidade de tempo, deve-se proceder à conversão, por meio de uma regra bastante simples, que será vista em um dos exemplos a seguir.

Da fórmula de montante a juros simples derivam-se algumas outras muito importantes:

$$P = \frac{FV}{(1 + i \times n)}$$

$$J = FV \times \left[1 - \frac{1}{(1 + i \times n)}\right]$$

Neste capítulo serão utilizados problemas financeiros em que o pagamento ou recebimento do capital inicial dar-se-á no final do prazo da operação, em uma única parcela, contendo o valor do principal + juros (FV), conforme o fluxo de caixa a seguir:

Fluxo de caixa:

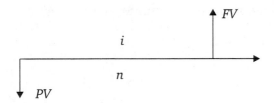

No decorrer deste capítulo será utilizada a convenção comercial ou juro ordinário, em que um ano comercial possui 360 dias, um semestre, 180 dias, um mês, 30 dias, e assim por diante.

 Observe alguns exercícios resolvidos; eles o ajudarão a entender a forma de cálculo e o conceito dos juros simples.

5.3 Exercícios resolvidos

EXERCÍCIO 1:

Qual o valor dos juros simples a serem pagos em um empréstimo no valor de $ 100.000,00 pelo prazo de cinco meses, sabendo que a taxa cobrada foi de 3% ao mês?

Dados:

P ou PV = $ 100.000,00

n = 5 meses

i = 3% ao mês = 0,03 (lembre-se: a taxa de juros nas fórmulas deve sempre estar na forma decimal, ou seja, divida a taxa por 100)

J = ?

FV = ?

Solução pela fórmula:

$J = P \times i \times n$

$J = 100.000,00 \times 0,03 \times 5$

$J = \$\ 15.000,00$

$FV = \$\ 100.000,00 + \$\ 15.000,00 = \$\ 115.000,00$

Solução pela HP-12C:

Pressione	Visor	Significado
f CLX	0,00	Limpa todos os registradores.
100000 ENTER	100.000,00	Introduz o valor do principal.
3 %	3.000,00	Valor dos juros de um mês.
5 ×	15.000,00	Valor total dos juros de cinco meses.
+	115.000,00	Valor do montante (FV).

EXERCÍCIO 2:

Qual o valor dos juros e montante correspondente à aplicação de um capital de $ 20.000,00, pelo prazo de 69 dias corridos, a uma taxa de juros de 6% ao mês, segundo o regime de capitalização simples?

Dados:

P ou $PV = \$\ 20.000,00$

$n = 69$ dias corridos

$i = 6\%$ ao mês $= 0,06$

$J = ?$ e $FV = ?$

Atenção: o prazo e a taxa devem estar na mesma unidade de tempo.

No exemplo 2, a taxa de juros está ao mês e o prazo, em dias.

Deve-se converter o prazo da operação para a mesma unidade de tempo da taxa. Para isso será usada uma regra muito simples de ser guardada, que pode ser aplicada para conversão de prazos, tanto no regime de capitalização simples como no composto, como será visto adiante.

Regra geral para conversão de prazos:

- primeiro converta o prazo da operação para número de dias;
- logo após, divida o prazo da operação em dias pelo número de dias do prazo da taxa fornecida ou desejada.

Veja alguns exemplos para ficar mais claro.

a) $n = 68$ dias corridos

$i = 15\%$ ao **mês** ⇨ $n = \dfrac{68}{30}$

b) $n = 3$ meses

$i = 300\%$ ao **ano** ⇨ $n = \dfrac{90}{360}$

c) $n = 2$ bimestres

$i = 20\%$ ao **semestre** ⇨ $n = \dfrac{120}{180}$

Agora podemos resolver o exercício:

Solução pela fórmula:

$J = P \times i \times n$

$J = 20.000 \times 0,06 \times \dfrac{69}{30}$

$J = \$ \ 2.760,00$

$FV = \$ \ 20.000,00 + \$ \ 2.760,00$

$FV = \$ \ 22.760,00$

Solução pela HP-12C:

Pressione	Visor	Significado
f CLX	0,00	Limpa todos os registradores.
20000 ENTER	20.000,00	Introduz o valor do principal.
6 %	1.200,00	Valor dos juros de um mês.
69 ENTER 30 ÷	2,30	Introduz o prazo da operação em meses.
×	2.760,00	Valor total dos juros dos 69 dias.
+	22.760,00	Valor do montante $(P + J)$.

A HP-12C possui a função financeira **INT**, acionada pela sequência de teclas f i, que calcula o valor dos juros simples de uma operação. Para a utilização dessa função, a taxa de juros deve ser informada ao ano e o prazo da operação, em dias. Veja a seguir a solução do exemplo 2 por meio da função financeira INT.

Pressione	Visor	Significado
f CLX	0,00	Limpa todos os registradores.
20000 CHS PV*	– 20.000,00	Introduz o valor do principal no registrador financeiro PV.
6 ENTER 12 × i	72,00	Calcula a taxa de juros ao ano e armazena no registrador financeiro i.
69 n	69,00	Introduz o prazo em dias da operação no registrador financeiro n.
f INT	2.760,00	Valor total dos juros dos 69 dias.
+	22.760,00	Valor do montante $(P + J)$.

* O valor do principal foi introduzido com sinal negativo devido à convenção de fluxo de caixa, que será vista com maior profundidade no Capítulo 6, sobre juros compostos.

EXERCÍCIO 3:

Quanto devo aplicar hoje, a uma taxa de juros de 3% ao mês, para poder resgatar, daqui a três meses, o montante (principal + juros) de $ 60.000,00, segundo o regime de capitalização simples?

Dados:

$FV = \$ 60.000,00$

$n = 3$ meses

$i = 3\%$ ao mês $= 0,03$

P ou $PV = ?$

Solução pela fórmula:

$$FV = P \times (1 + i \times n)$$

Isolando o principal, temos:

$$P = \frac{FV}{(1 + i \times n)}$$

$$P = \frac{60.000,00}{(1 + 0,03 \times 3)} \Rightarrow P = \frac{60.000,00}{1,09} = \$ \ 55.045,87$$

Solução pela HP-12C:

Pressione	Visor	Significado
f CLX	0,00	Limpa todos os registradores.
60000 ENTER	60.000,00	Introduz o valor do montante.
1 ENTER	1,00	Introduz o índice 1 da fórmula.
0.03 ENTER 3 ×	0,09	Multiplica a taxa pelo prazo.
+	1,09	Soma o resultado anterior ao índice 1.
÷	55.045,87	Calcula o valor do principal inicial.

EXERCÍCIO 4:

Qual a taxa de juros mensal cobrada em um empréstimo no valor de $ 500.000,00, pelo prazo de dois meses, que proporcionou a quantia de $ 54.000,00 a título de juros simples?

Dados:

P ou $PV = \$ \ 500.000,00$

$n = 2$ meses

$J = \$ \ 54.000,00$

$i = ?$

Solução pela fórmula:

$$J = P \times i \times n$$

Isolando a taxa, temos:

$$i = \frac{J}{P \times n} \times 100$$

substituindo os valores na fórmula, temos:

$$i = \frac{54.000,00}{500.000,00 \times 2} \times 100 = 5,40\% \text{ a.m.}$$

Solução pela HP-12C:

Pressione	Visor	Significado
f CLX	0,00	Limpa todos os registradores.
54000 ENTER	54.000,00	Introduz o valor dos juros.
500000 ENTER 2 ×	1.000.000,00	Multiplica o principal pelo prazo.
÷ 100 ×	5,40	Calcula a taxa mensal de juros.

EXERCÍCIO 5:

Em quanto tempo um capital de $ 1.000,00, aplicado a uma taxa de juros simples de 2% ao mês, produz a quantia de $ 400,00 a título de juros?

Dados:

P ou $PV = \$ 1.000,00$

$J = \$ 400,00$

$i = 2\%$ ao mês

$n = ?$

Solução pela fórmula:

$$J = P \times i \times n$$

onde:

$$n = \frac{J}{P \times i}$$

$$n = \frac{400}{1.000 \times 0,02} = 20 \text{ meses}$$

Solução pela HP-12C:

Pressione	Visor	Significado
400 ENTER	400,00	Introduz o valor dos juros.
1000 ENTER 0.02 ×	20,00	Multiplica o principal pela taxa.
÷	20,00	Calcula o prazo em meses.

EXERCÍCIO 6:

Qual a taxa de juros anual cobrada em uma operação de empréstimo no valor de $ 200.000,00, pelo prazo de 72 dias corridos, que proporcionou a quantia de $ 18.000,00 a título de juros simples?

Dados:

P ou $PV = \$ \ 200.000,00$

$J = \$ \ 18.000,00$

$n = 72$ dias corridos

$i = \%$ ao ano

Solução pela fórmula:

$$i = \frac{18.000}{200.000 \times \frac{72}{360}} \times 100 = 45\% \text{ ao ano}$$

Solução pela HP-12C:

Pressione	Visor	Significado
18000 ENTER	18.000,00	Introduz o valor dos juros simples.
200000 ENTER	200.000,00	Introduz o valor do principal inicial.
72 ENTER 360 ÷	0,20	Introduz o prazo da operação em anos.
× ÷	0,45	Taxa anual na forma decimal.
100 ×	45,00	Taxa anual na forma percentual.

EXERCÍCIO 7:

Apliquei meu dinheiro a juros simples de 6% ao mês; após 60 dias corridos, resgatei um montante de $ 60.000,00. Qual o valor dos juros produzidos pela aplicação?

Solução pela fórmula:

$$J = FV \times \left[1 - \frac{1}{(1 + i \times n)} \right]$$

$$J = 60.000,00 \times \left[1 - \frac{1}{(1 + 0,06 \times 2)} \right]$$

$$J = \$ \ 6.428,57$$

Solução pela HP-12C:

Pressione	Visor	Significado
f CLX	0,00	Limpa todos os registradores.
1 ENTER	1,00	Posiciona o número 1 inicial do colchete.
0.06 ENTER 2 × 1 +	1,12	Soluciona a parte de baixo.
1/x	0,89	Efetua a divisão de 1 pelo resultado de baixo.
−	0,11	Resultado do colchete.
60000 ×	6.428,57	Resultado dos juros simples.

5.4 Saldo médio devedor/credor a juros simples (método hamburguês)

Esse método, utilizado por algumas instituições financeiras, pela facilidade operacional apresentada, consiste em identificar o valor do saldo médio devedor ou credor, em operações que envolvam um elevado número de capitais aplicados ou emprestados, por prazos variados, a uma taxa de juros constante, segundo o regime de capitalização simples. Exemplos: Cheque Especial/Empresa e Contas Garantidas.

Para que fique mais claro o conceito de tal sistemática de cálculo, observe um exemplo: o Sr. Ruy possui uma conta corrente no Banco Esquina de São Paulo e, vinculado a esta, um contrato de Cheque Especial, que lhe permite fazer saques a descoberto até o limite estabelecido em seu contrato.

No dia primeiro de cada mês, o Sr. Ruy paga o valor dos juros simples, cobrado à taxa de 9% ao mês, sobre o saldo médio devedor verificado em sua conta corrente no mês anterior.

A seguir encontra-se a movimentação em conta corrente do Sr. Ruy no mês de junho de 2015. Qual o valor dos juros devidos por ele?

Datas	Saldor Devedor/Credor	Datas	Saldor Devedor/Credor
01-06-2015	$ 3.000,00	16-06-2015	$ 3.000,00
02-06-2015	$ (7.000,00)	17-06-2015	$ (7.000,00)
03-06-2015	$ (7.000,00)	18-06-2015	$ (7.000,00)
04-06-2015	$ (7.000,00)	19-06-2015	$ (7.000,00)
05-06-2015	$ (7.000,00)	20-06-2015	$ (7.000,00)
06-06-2015	$ (7.000,00)	21-06-2015	$ (7.000,00)
07-06-2015	$ (7.000,00)	22-06-2015	$ 13.000,00
08-06-2015	$ (7.000,00)	23-06-2015	$ (7.000,00)
09-06-2015	$ 14.000,00	24-06-2015	$ (7.000,00)
10-06-2015	$ (7.000,00)	25-06-2015	$ (7.000,00)
11-06-2015	$ (7.000,00)	26-06-2015	$ (7.000,00)
12-06-2015	$ (7.000,00)	27-06-2015	$ (7.000,00)
13-06-2015	$ (7.000,00)	28-06-2015	$ (7.000,00)
14-06-2015	$ (7.000,00)	29-06-2015	$ (5.000,00)
15-06-2015	$ (5.000,00)	30-06-2015	$ 2.000,00

$$\text{Saldo médio devedor mensal} = \frac{\text{Somatória dos saldos devedores do período}}{30}$$

$$\text{Saldo médio devedor mensal} = \frac{171.000,00}{30} = \$ 5.700,00$$

Juros = Saldo médio devedor mensal × taxa de juros mensal
Juros = $ 5.700,00 × 0,09
Juros = $ 513,00

O valor dos juros seria o mesmo caso fizéssemos o cálculo de cada saldo devedor diário multiplicado pela taxa de juros diária proporcional.

Da mesma forma, podemos observar que a conta corrente do Sr. Ruy apresentou o saldo devedor de $ 7.000,00 em 23 dias do mês e $ 5.000,00 em outros 2 dias. Sendo assim, podemos calcular o valor dos juros para cada um dos blocos de utilização e no final somar os valores, encontrando o valor total dos juros do mês. Veja:

$J = P \times i \times n$

$J_1 = 7.000,00 \times 0,09 \times \dfrac{23}{30} \Rightarrow J_1 = \$ 483,00$

$J_2 = 5.000,00 \times 0,09 \times \dfrac{2}{30} \Rightarrow J_2 = \$ 30,00$

$J_{total} = \$ 483,00 + \$ 30,00 = \$ 513,00$

Caso desejássemos calcular o saldo médio credor mensal da conta, o processo seria o mesmo, com a simples troca da posição devedora para credora.

Essa é apenas uma das formas de cálculo para as operações de Cheque Especial/Empresa utilizadas pelos bancos. Algumas instituições financeiras utilizam outros processos de cálculo, fazendo uso dos conceitos de juros simples ou compostos, os quais serão tratados no Capítulo 14.

6

Regime de Capitalização Composta (Juros Compostos)

6.1 Conceito

Como vimos no Capítulo 4, no regime de capitalização composta o valor dos juros para o período atual de cálculo é obtido pela aplicação da taxa de juros sobre o montante acumulado até o início desse período.

Ao aplicar determinada quantia a juros compostos, o investidor verá seu capital crescer de forma exponencial, ou seja, o montante acumulado até o período anterior de capitalização servirá como base de cálculo para os juros desse novo período.

No Brasil, a maioria das operações do mercado financeiro é calculada a juros compostos; por exemplo: Certificados de Depósitos Bancários, Fundos de Investimento, Caderneta de Poupança, Crediários, *Leasing* etc.

A seguir será apresentado um exemplo para ficar mais claro o conceito de juros compostos.

EXEMPLO:

O Sr. Abonado aplicou a quantia de $ 1.000,00 no Banco Caridade de São Paulo, à taxa de juros compostos de 10% ao mês pelo prazo de três meses.

Vamos verificar a evolução do dinheiro do Sr. Abonado ao longo dos três meses.

- Após o primeiro mês de aplicação o Sr. Abonado terá acumulado a quantia de $ 1.100,00 (10% a mais sobre $ 1.000,00).

- Para o segundo mês a base de cálculo do valor dos juros será de $ 1.100,00, gerando um montante de $ 1.210,00 ($ 1.100,00 mais 10% sobre esse valor).
- Para o terceiro e último mês o valor dos juros será calculado sobre $ 1.210,00, produzindo um montante de $ 1.331,00 ($ 1.210,00 mais 10% sobre esse valor).

Gráfico:

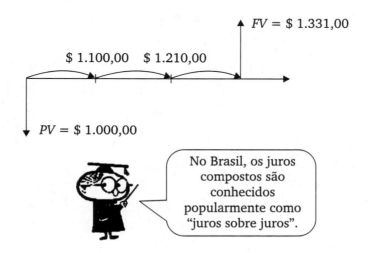

Por meio da análise do caso anterior pode-se observar que a juros compostos a taxa varia exponencialmente em função do tempo (no exemplo, a taxa de 10% ao mês equivale a 33,10% ao trimestre), ou seja, para encontrarmos taxas equivalentes a juros compostos não podemos simplesmente multiplicar ou dividir as taxas pelos períodos de composição, como é realizado no regime de capitalização simples, uma vez que os juros são exponenciais e não lineares. No Capítulo 7 trataremos do assunto conversão de taxas compostas com mais profundidade.

6.2 Fórmulas utilizadas

Podemos solucionar os exercícios de juros compostos por meio de fórmulas ou com o auxílio das teclas financeiras da HP-12C. Vejamos as duas formas:

6.2.1 Fórmula principal dos juros compostos

$$FV = P \times (1 + i)^n$$

onde:

> FV = montante (valor do principal + juros).
>
> P ou PV = valor presente, capital ou principal inicial.
>
> i = taxa de juros na forma decimal.
>
> n = prazo da operação, expresso na mesma unidade de tempo da taxa de juros.

6.2.2 Fórmulas derivadas da principal

Fórmula principal: $FV = P \times (1 + i)^n$

Fórmulas derivadas:

$$P = \frac{FV}{(1+i)^n} \qquad i = \left[\left(\frac{FV}{P}\right)^{\frac{1}{n}} - 1\right] \times 100 \qquad n = \left[\frac{LN\left(\frac{FV}{P}\right)}{LN(1+i)}\right]$$

$$J = P \times [(1+i)^n - 1]$$

$$J = FV \times \left[\frac{(1+i)^n - 1}{(1+i)^n}\right]$$

onde:

> LN = Logaritmo neperiano.
>
> J = Valor dos juros.

Vamos resolver o exemplo inicial pela fórmula:

Dados:

P = $ 1.000,00
n = 3 meses
i = 10% ao mês
FV = ?

Solução do exercício por meio da fórmula principal: $FV = P \times (1 + i)^n$

Substituindo os valores na fórmula principal, temos:

$FV = 1.000 \times (1 + 0{,}10)^3$
FV = $ 1.331,00

Regime de Capitalização Composta (Juros Compostos)

Lembre-se:

> Nas fórmulas, a taxa de juros deve sempre estar expressa na forma decimal, ou seja, a taxa percentual deve ser dividida por 100.

Pelas teclas normais da calculadora HP-12C, ou seja, sem utilizar-se do teclado financeiro, esse exercício é resolvido da seguinte forma:

$$1 \; ENTER \; 0.10 \; + \; 3 \; Y^x \; 1000 \; \times$$

Utilizaremos a seguir as funções financeiras da HP-12C para solucionar tal exercício.

6.3 Funções financeiras da HP-12C

A HP-12C possui um conjunto de teclas financeiras, com várias opções pré-programadas, para cálculos que envolvam séries únicas ou parceladas de pagamentos e recebimentos a juros compostos, métodos para análise de alternativas de investimentos, cálculo de bônus americanos, depreciação e outras.

Neste livro serão utilizadas as principais funções financeiras, as quais poderão ser empregadas na solução dos diversos problemas que envolvem os produtos do mercado financeiro brasileiro.

Para solução dos problemas financeiros, a juros compostos, que envolvam uma única parcela futura ou séries uniformes de fluxos de caixa, serão utilizadas as seguintes teclas na HP-12C:

Esse é o famoso teclado financeiro da HP-12C

Vejamos a utilidade de cada uma das teclas:

n	Tecla utilizada para calcular ou armazenar o prazo de uma operação.
i	Tecla utilizada para calcular ou armazenar a taxa percentual de juros.
PV	Esta tecla é utilizada para o cálculo ou armazenamento do valor presente de uma operação, ou seja, o principal ou capital inicial.
PMT	Com esta tecla, armazenam-se ou calculam-se os pagamentos iguais e periódicos de uma série uniforme (assunto a ser abordado no Capítulo 10).
FV	Esta tecla é destinada para o cálculo ou armazenamento do valor futuro, ou seja, o montante de uma operação (montante = principal + juros).

A seguir serão resolvidos vários exercícios financeiros a juros compostos, utilizando-se das fórmulas matemáticas e das teclas financeiras da HP-12C. À medida que os exercícios forem sendo solucionados, serão fornecidas as respectivas explicações sobre as teclas financeiras utilizadas na HP-12C.

6.4 Exemplos de operações a juros compostos

EXEMPLO 1:

Vejamos a solução do exemplo do início do capítulo:

Qual o valor de resgate relativo à aplicação de um capital de $ 1.000,00, por três meses, a uma taxa de juros compostos de 10% ao mês?

Dados:

  PV = $ 1.000,00

  i = 10% ao mês

  n = 3 meses

  FV = ?

Solução pela HP-12C:

Pressione	Visor	Significado
f CLX	0,00	Limpa todos os registradores.
1000 CHS PV	− 1.000,00	Introduz o valor do principal inicial.
10 i	10,00	Introduz a taxa de juros mensal.
3 n	3,00	Introduz o prazo da operação.
FV	1.331,00	Calcula o valor de resgate (FV).

Os resultados encontrados na aplicação da fórmula e na calculadora HP-12C são exatamente iguais.

Importante:

- Observe que o valor do principal (PV) foi introduzido com o sinal negativo para atender aos princípios da convenção de fluxo de caixa (toda entrada de dinheiro terá sinal positivo e toda saída, negativo), uma vez que, internamente, a HP-12C necessita de tais parâmetros para realizar seus cálculos. No exemplo, o valor de $ 1.000,00 foi aplicado, ocasionando uma saída de caixa para o investidor, portanto, terá sinal negativo para efeitos de introdução de dados na HP-12C;
- Para introduzir a taxa de juros no teclado financeiro não é necessária sua divisão por 100, ou seja, a taxa deve ser armazenada na forma percentual;
- Observe também que não é necessário pressionar a tecla ENTER para a introdução dos valores no teclado financeiro, uma vez que cada tecla desempenha o papel de uma memória financeira;
- Uma vez que cada tecla financeira desempenha o papel de uma memória, tenha por hábito sempre limpar a calculadora antes de iniciar um novo cálculo, evitando erros por utilização de dados passados. Para isso basta pressionar f CLX ;
- No teclado financeiro não há uma ordem definida para introdução dos dados, ficando a critério do operador onde começar.

EXEMPLO 2:

Quanto uma pessoa deve aplicar hoje para ter acumulado um montante de $ 100.000,00 daqui a 12 meses, a uma taxa de juros de 1% ao mês, segundo o regime de capitalização composta?

Dados:

$FV = \$\ 100.000,00$

$i = 1\%$ ao mês

$n = 12$ meses

P ou $PV = ?$

Solução pela fórmula:

$$FV = P(1+i)^n \text{ onde: } P = \frac{FV}{(1+i)^n}$$

Substituindo os valores na fórmula, temos:

$$P = \frac{100.000,00}{(1 + 0,01)^{12}} = \$ 88.744,92$$

Solução pela HP-12C:

Pressione	Visor	Significado
f CLX	0,00	Limpa todos os registradores.
100000 FV	100.000,00	Introduz o valor do montante.
1 i	1,00	Introduz a taxa de juros mensal.
12 n	12,00	Introduz o prazo da operação.
PV	– 88.744,92	Calcula o valor do principal inicial.

EXEMPLO 3:

Determine a taxa mensal de juros compostos cobrada por um banco em um empréstimo no valor de $ 800.000,00, por oito meses, cujo valor final pago foi de $ 1.000.000,00.

Dados:

$PV = \$ 800.000,00$

$FV = \$ 1.000.000,00$

$n = 8$ meses

$i = ?$ % ao mês

Solução pela fórmula:

$$FV = P \times (1 + i)^n$$

Substituindo os valores na fórmula temos:

$$1.000.000,00 = 800.000,00 \times (1 + i)^8$$

Passando os 800.000,00 para o outro lado e dividindo, temos:

$$\frac{1.000.000,00}{800.000,00} = (1 + i)^8$$

$1,25 = (1 + i)^8$

$(1,25)^{1/8} - 1 = i$

$i = 0,0283 \qquad i = 0,0283 \times 100 \Rightarrow 2,83\%$ ao mês

Solução pela HP-12C:

Pressione	Visor	Significado
f CLX	0,00	Limpa todos os registradores.
800000 CHS PV	– 800.000,00	Introduz o valor do principal.
1000000 FV	1.000.000,00	Introduz o valor do montante.
8 n	8,00	Introduz o prazo da operação.
i	2,83	Calcula a taxa de juros mensal.

Lembre-se:

A ordem de introdução dos dados em sua calculadora não segue nenhum padrão definido. Você pode entrar com os dados na ordem em que desejar, contudo, não se esqueça da convenção de fluxo de caixa. No exemplo 3, ou o valor do PV ou do FV deve ser negativo, caso contrário a HP-12C não efetuará o cálculo da taxa, retornando no visor a condição de ERROR 5 (neste caso, falha na convenção de caixa).

EXEMPLO 4:

Qual o montante acumulado pela aplicação de um capital de $ 80.000,00, à taxa de juros de 3% ao mês, pelo prazo de 72 dias corridos, segundo o regime de capitalização composta?

Observe que a taxa de juros está expressa ao mês e o prazo está em dias, portanto devemos converter o prazo da operação para mesma unidade de tempo da taxa.

Vejamos:

$PV = \$ 80.000,00$

$i = 3\%$ ao mês

$n = 72$ dias $\Rightarrow \dfrac{72}{30} = 2,40$ meses

$FV = ?$

Nesse exemplo, o número de períodos que o capital ficou investido não é inteiro (72 dias, ou seja, 2 meses inteiros e 12 dias, ou melhor, 2,4 meses) e a taxa de juros foi fornecida na unidade mensal.

Quando isso ocorrer, existem duas formas de se capitalizarem os juros relativos à parte fracionária do período: pela convenção linear, usando o regime de juros simples, ou pela convenção exponencial, usando o regime de juros compostos.

Uma vez adotada a convenção linear, o cálculo dos juros da parte inteira será realizado a juros compostos e o da parte fracionária, a juros simples, utilizando-se como capital para esta última etapa o valor do montante encontrado pela capitalização das partes inteiras. Nesse caso podemos dizer que o regime de capitalização utilizado foi misto.

Vejamos a solução do exemplo pelas duas convenções:

Solução pela convenção exponencial

$FV = P \times (1 + i)^n$

$FV = 80.000 \times (1 + 0,03)^{\frac{15}{30}}$

$FV = \$ 85.881,44$

Solução pela convenção linear

Parte inteira a juros compostos:

$FV = P \times (1 + i)^n$

$FV = 80.000 \times (1 + 0,03)^2$

$FV = \$ 84.872,00$

Parte fracionária a juros simples:

$J = P \times i \times n$

$J = 84.872 \times 0,03 \times \dfrac{12}{30}$

$J = \$ 1.018,46$

$FV = \$ 84.872,00 + \$ 1.018,46$

$FV = \$ 85.890,46$

No Brasil, pela experiência do autor, a convenção utilizada é a exponencial, que apresenta, do ponto de vista do cálculo, a vantagem de conservar a fórmula fundamental de juros compostos, que se torna aplicável tanto para períodos inteiros, como fracionários.

Solução pela HP-12C:

Para que a calculadora HP-12C possa realizar operações a juros compostos, com prazos não inteiros (em nosso exemplo, 72/30), utilizando a convenção exponencial, é necessário que no canto direito inferior do visor esteja a indicação de estado **"C"**. Caso contrário, a HP-12C estará realizando cálculos pela convenção linear, utilizando um sistema misto de capitalização, onde as partes inteiras dos prazos estarão sendo feitas a juros compostos e as partes fracionárias, calculadas a juros simples sobre o montante obtido no cálculo das partes inteiras, como visto anteriormente.

Como colocar e tirar a indicação de estado "C" do visor da calculadora HP-12C?

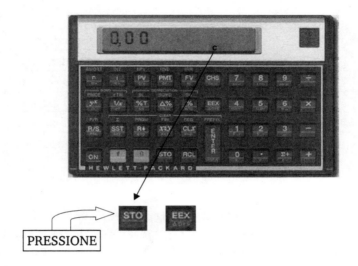

Agora, com o "C" no visor da calculadora podemos resolver o exemplo 4:

Pressione	Visor	Significado
f CLX	0,00	Limpa todos os registradores.
80000 CHS PV	– 80.000,00	Introduz o valor do principal.
3 i	3,00	Introduz a taxa de juros mensal.
72 ENTER 30 ÷ n	2,40	Introduz o prazo da operação.
FV	85.881,44	Calcula o valor do montante.

Caso a calculadora estivesse sem a indicação de estado "C" no visor, a resposta seria $ 85.890,46 (convenção linear).

EXEMPLO 5:

Uma calculadora está sendo vendida a vista por $ 100, ou a prazo com $ 30,00 de entrada, mais uma parcela de $ 85,00, vencível em 45 dias corridos.

Qual a taxa de juros mensal cobrada no financiamento, segundo o regime de capitalização composta?

Solução pela HP-12C:

Observe que o valor do principal a ser financiado é de $ 70,00 que corresponde ao valor a vista de $ 100,00 menos a entrada de $ 30,00. Por estar financiando a quantia de $ 70,00, o comprador irá pagar, daqui a 45 dias corridos, uma única parcela de $ 85,00.

Pressione	Visor	Significado
f CLX	0,00	Limpa todos os registradores.
70 CHS PV	– 70,00	Introduz o valor do principal.
85 FV	85,00	Introduz o valor do montante.
45 ENTER 30 ÷ n	1,50	Introduz o prazo da operação.
i	13,82	Calcula a taxa de juros mensal.

EXEMPLO 6:

Quanto uma pessoa deve aplicar hoje, para ter acumulado, a título de juros, a quantia de $ 15.000,00 daqui a 24 meses? Considere que a aplicação foi realizada a uma taxa de juros de 1% ao mês, segundo o regime de capitalização composta.

Dados:

$J = \$\ 15.000,00$

$i = 1\%$ ao mês

$n = 24$ meses

P ou $PV = ?$

Solução pela fórmula:

$$J = P \times [(1 + i)^n - 1]$$

$$P = \frac{J}{(1 + i)^n - 1}$$

$$P = \frac{15.000,00}{(1 + 0,01)^{24} - 1}$$

$P = \$\ 55.610,21$

EXEMPLO 7:

Em quanto tempo um capital de $ 100.000,00, aplicado à taxa de juros de 400% ao ano, produz um montante de $ 150.000,00, sob o regime de capitalização composta?

Dados:

$PV = \$\ 100.000,00$

$FV = \$\ 150.000,00$

$i = 400\%$ ao ano

$n = ?$

Solução pela fórmula:

$$FV = P \times (1 + i)^n$$

Substituindo os valores na fórmula, temos:

$$150.000,00 = 100.000,00 \times (1 + 4)^n$$

$$\frac{150.000}{100.000} = 5^n$$

$$1,50 = 5^n$$

Aplicando-se logaritmos nos dois lados da equação, temos:

$$LN\ 1,50 = n \times LN\ 5$$

$$n = \frac{LN\ 1,50}{LN\ 5}$$

$n = 0,2519$ anos, ou seja, aproximadamente 91 dias.

Solução pela HP-12C

Pressione	Visor	Significado
f CLX	0,00	Limpa todos os registradores.
100000 CHS PV	– 100.000,00	Introduz o valor do principal.
150000 FV	150.000,00	Introduz o valor do montante.
400 i	400,00	Introduz a taxa anual de juros.
n	1,00	Calcula o prazo da operação.

Observe que os resultados encontrados pela fórmula e pela HP-12C são diferentes, e fica evidente que a resposta encontrada pela HP-12C não está correta.

A HP-12C arredonda a resposta [n] para o inteiro imediatamente superior nos casos em que o resultado for fracionário. No exemplo, o resultado correto é de 0,2519 anos; assim, a HP-12C arredondou a resposta para 1 ano.

Para contornar esse problema de arredondamento na HP-12C, deve-se armazenar no registrador financeiro [i] a taxa equivalente diária a juros compostos, para que o resultado do prazo seja calculado e fornecido em uma quantidade exata de dias.

No Capítulo 7 iremos estudar como converter taxas no regime de capitalização composta, e aí retomaremos a este exemplo para resolvê-lo pelas funções financeiras da HP-12C.

EXEMPLO 8:

Uma aplicação financeira, à taxa de juros compostos de 2% ao mês, pelo prazo de 96 dias corridos, produziu de juros a quantia de $ 327,10. Determine o valor do montante.

Dados:

$J = \$ 327,10$

$i = 2\%$ ao mês

$n = 96$ dias $\rightarrow 3,20$ meses

$FV = ?$

Solução pela fórmula:

$$J = FV \times \left[\frac{(1+i)^n - 1}{(1+i)^n}\right] \quad \text{onde:} \quad FV = \frac{J}{\left[\dfrac{(1+i)^n - 1}{(1+i)^n}\right]}$$

$$FV = \frac{327,10}{\left[\dfrac{(1+0,02)^{3,2} - 1}{(1+0,02)^{3,2}}\right]}$$

$FV = \$ 5.327,16$

6.5 Exercícios adicionais resolvidos sobre juros compostos

Resolva:

a) Quanto receberei de montante ao final de cinco meses se aplicar um capital de $ 15.000,00, a uma taxa de juros compostos de 2% ao mês?

Regime de Capitalização Composta (Juros Compostos) 81

Solução pela HP-12C:

Pressione	Visor	Significado
f CLX	0,00	Limpa todos os registradores.
15000 CHS PV	– 15.000,00	Introduz o valor do principal.
2 i	2,00	Introduz a taxa de juros mensal.
5 n	5,00	Introduz o prazo da operação em meses.
FV	16.561,21	Valor de resgate (FV).

b) Qual a taxa de juros mensal cobrada em uma operação de empréstimo para capital de giro, cujo principal de $ 50.000,00 proporcionou a quantia de $ 60.775,31 de montante, após um período de quatro meses, segundo o regime de capitalização composta?

Solução pela HP-12C:

Pressione	Visor	Significado
f CLX	0,00	Limpa todos os registradores.
50000 CHS PV	– 50.000,00	Introduz o valor do principal.
60775.31 FV	60.775,31	Introduz o valor do montante.
4 n	4,00	Introduz o prazo da operação em meses.
i	5,00	Calcula a taxa de juros mensal.

c) Uma empresa tomou emprestada de um banco a quantia de $ 160.000,00, por meio de uma operação de empréstimo para capital de giro, a uma taxa prefixada de juros compostos de 3% ao mês, pelo prazo de 39 dias corridos. Qual o valor final a ser pago pela empresa?

Solução pela HP-12C:

Pressione	Visor	Significado
f CLX	0,00	Limpa todos os registradores.
160000 CHS PV	– 160.000,00	Introduz o valor do principal.
3 i	3,00	Introduz a taxa de juros mensal.
39 ENTER 30 ÷ n	1,30	Introduz o prazo da operação em meses.
FV	166.267,89	Valor de resgate (FV).

d) Uma pessoa aplicou a quantia de $ 40.000,00 em um Certificado de Depósito Bancário (CDB), a uma taxa de juros compostos de 10% ao ano (ano-base de 360 dias corridos), pelo prazo de 738 dias corridos. Sabendo que sobre o valor do rendimento bruto (juros) foi descontado o Imposto de Renda à alíquota de 15%, quando do resgate, pergunta-se:

   a) Qual o valor do resgate bruto?
   b) Qual o valor do Imposto de Renda?
   c) Qual o valor do resgate líquido (valor do resgate bruto – valor do Imposto de Renda)?

Solução pela HP-12C:

Pressione	Visor	Significado
f CLX	0,00	Limpa todos os registradores.
40000 CHS PV	– 40.000,00	Introduz o valor do principal investido.
10 i	10,00	Introduz a taxa de juros anual.
738 ENTER 360 ÷ n	2,05	Introduz o prazo da operação em anos.
FV	48.631,20	Valor do resgate bruto.
40000 –	8.631,20	Valor do rendimento bruto (juros).
15 %	1.294,68	Valor do Imposto de Renda.
–	7.336,52	Valor do rendimento líquido.
40000 +	47.336,52	Valor do resgate líquido.

e) Certo capital, aplicado a uma taxa de 0,80% ao mês, após 63 dias corridos, produziu um montante de $ 76.265,55. Determine o valor do capital inicial aplicado, segundo o regime de capitalização composta.

Solução pela HP-12C:

Pressione	Visor	Significado
f CLX	0,00	Limpa todos os registradores.
76265.55 FV	76.265,55	Introduz o valor do montante.
0.80 i	0,80	Introduz a taxa de juros mensal.
63 ENTER 30 ÷ n	2,10	Introduz o prazo da operação em meses.
PV	– 75.000,00	Calcula o valor do capital inicial.

f) A que taxa mensal de juros compostos deve-se aplicar a quantia de $ 10.000,00 de modo a obter em 69 dias corridos o montante de $ 10.509,57?

Solução pela HP-12C:

Pressione	Visor	Significado
f CLX	0,00	Limpa todos os registradores.
10000 CHS PV	– 10.000,00	Introduz o valor do principal.
10509.57 FV	10.509,57	Introduz o valor do montante.
69 ENTER 30 ÷ n	2,30	Introduz o prazo da operação em meses.
i	2,18	Calcula a taxa de juros mensal.

g) Qual a taxa mensal de juros compostos cobrada na venda a prazo de um veículo, para pagamento nas seguintes condições:

- valor a vista do veículo: $ 13.200,00; ou
- a prazo: $ 5.200,00 de entrada, mais uma parcela de $ 9.000,00 a ser paga em 60 dias corridos.

Observe que o valor efetivamente financiado é a diferença entre o valor a vista ($ 13.200,00) e a entrada de $ 5.200,00.

Solução pela HP-12C:

Pressione	Visor	Significado
f CLX	0,00	Limpa todos os registradores.
8000 CHS PV	– 8.000,00	Introduz o valor efetivamente financiado.
9000 FV	9.000,00	Introduz o valor a ser pago em 60 dias.
60 ENTER 30 ÷ n	2,00	Introduz o prazo da operação em meses.
i	6,07	Calcula a taxa de juros mensal.

7

Taxas Equivalentes a Juros Compostos

7.1 Conceito

Diariamente, ouvimos ou lemos nos jornais e meios financeiros as seguintes expressões:

- "As aplicações em Certificados de Depósitos Bancários pagaram ontem uma taxa média de 12% ao ano, o que representa um rendimento bruto de 0,95% ao mês";
- "A taxa de inflação anual de determinado país foi de 30% ao ano, ou seja, uma média mensal de 2,21% ao mês";
- "As aplicações em poupança rendem juros de 6% ao ano, que serão capitalizados mensalmente, correspondendo a uma taxa efetiva de 6,17% ao ano".

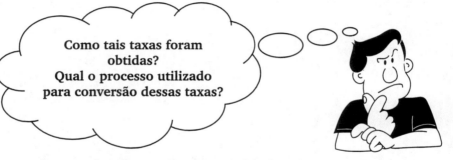

Como tais taxas foram obtidas?
Qual o processo utilizado para conversão dessas taxas?

Para explicação de tal conceito serão utilizados alguns exemplos:

EXEMPLO 1:

Qual o montante produzido pela aplicação de um capital de $ 100,00, por um ano, à taxa de juros de 213,84% ao ano?

Solução pela fórmula de juros compostos:

$FV = P \times (1 + i)^n$

$FV = 100 \times (1 + 2{,}1384)^1$

$FV = \$\ 313{,}84$

⇨ O valor dos juros é igual a $ 213,84, ou seja, $ 213,84 para cada $ 100 de capital inicial investido (213,84% ao ano).

Nesse exemplo, o capital foi aplicado a uma taxa de 213,84% ao ano, durante um período de capitalização de um ano, proporcionando um montante de $ 313,84.

EXEMPLO 2:

Qual o montante acumulado no final de 12 meses, sob o regime de juros compostos, a partir da aplicação de um capital de $ 100,00, a uma taxa de juros de 10% ao mês?

Solução pela fórmula:

$FV = P \times (1 + i)^n$

$FV = 100 \times (1 + 0{,}10)^{12}$

$FV = \$\ 313{,}84$

⇨ O valor dos juros é igual a $ 213,84.

EXEMPLO 3:

Qual o montante acumulado pela aplicação de um capital de $ 100,00, pelo prazo de seis bimestres, a uma taxa de juros de 21% ao bimestre, segundo o regime de capitalização composta?

Solução pela fórmula:

$FV = P \times (1 + i)^n$

$FV = 100 \times (1 + 0{,}21)^6$

$FV = \$\ 313{,}84$

⇨ O valor dos juros é igual a $ 213,84.

Observe:

- uma taxa de juros de 10% ao mês, capitalizada durante 12 meses, produz, ao final desse prazo, uma taxa de juros equivalente de 213,84% ao ano;
- da mesma forma, uma taxa de juros de 21% ao bimestre, capitalizada durante 6 bimestres, produz uma taxa equivalente de 213,84% ao ano.

EXEMPLO 4:

Um capital de $ 100,00, aplicado à taxa de 10% ao mês, gerou um montante de $ 313,84 no final de um ano. Qual a taxa semestral necessária para fazer esse mesmo capital produzir esse mesmo montante em um ano?

Solução pela fórmula:

$FV = P \times (1 + i)^n$

$313,84 = 100 \times (1 + i)^2$

$$i = \left[\left(\frac{313,84}{100,00}\right)^{\frac{1}{2}} - 1\right] \times 100$$

$i = 77,16\%$ ao semestre.

Diante disso, conclui-se que duas ou mais taxas de juros são equivalentes a juros compostos quando, aplicadas sobre um mesmo capital, pelo mesmo prazo, porém, com períodos para capitalização diferentes, produzem o mesmo montante.

Assim, o cálculo de taxas equivalentes, no regime de capitalização composta, não se resume a uma simples divisão ou multiplicação de taxas, como ocorre no regime de capitalização simples. Exemplo: no regime de capitalização simples, uma taxa de juros de 10% ao mês equivale a 20% ao bimestre, 60% ao semestre ou 120% ao ano. Já no regime de capitalização composta, uma taxa de 10% ao mês equivale a 21% ao bimestre, 77,16% ao semestre ou 213,84% ao ano.

Observe a seguir a fórmula para obtenção do valor dos juros compostos:

Fórmula para obter o valor dos juros compostos: $J = P \times [(1 + i)^n - 1]$

Analisando essa fórmula e o conceito de taxas equivalentes, conclui-se que, de posse do fator de acumulação dos juros compostos $[(1 + i)^n - 1]$, pode-se obter qualquer taxa equivalente a juros compostos.

Vejamos alguns exemplos:

EXEMPLO 1:

Qual a taxa anual equivalente a juros compostos a 5% ao mês?

$$\text{Taxa anual} = \left[\left(1 + \frac{5}{100}\right)^{12} - 1\right] \times 100$$

Taxa mensal = 79,59% ao ano

EXEMPLO 2:

Qual a taxa mensal equivalente a juros compostos a 200% ao ano?

$$\text{Taxa mensal} = \left[\left(1 + \frac{200}{100}\right)^{\frac{1}{12}} - 1\right] \times 100$$

Taxa mensal = 9,59% ao mês

EXEMPLO 3:

Qual a taxa mensal equivalente a juros compostos a 1% ao dia?

$$\text{Taxa mensal} = \left[\left(1 + \frac{1}{100}\right)^{30} - 1\right] \times 100$$

Taxa mensal = 34,78% ao mês

EXEMPLO 4:

Qual a taxa bimestral equivalente a juros compostos a 12% ao ano?

$$\text{Taxa mensal} = \left[\left(1 + \frac{12}{100}\right)^{\frac{1}{6}} - 1\right] \times 100$$

Taxa mensal = 1,91% ao bimestre

EXEMPLO 5:

Qual a taxa trimestral equivalente a juros compostos a 12% ao ano?

$$\text{Taxa mensal} = \left[\left(1 + \frac{12}{100}\right)^{\frac{1}{4}} - 1\right] \times 100$$

Taxa mensal = 2,87% ao trimestre

Pode-se resolver qualquer problema de equivalência de taxas a juros compostos com o auxílio de uma fórmula geral, ou por meio de um programa escrito para a HP-12C, que poderá ser utilizado quando necessário.

Observe cada um dos meios descritos a seguir:

7.2 Taxas equivalentes pela fórmula prática

$$ieq = \left[\left(1 + \frac{\text{taxa}}{100}\right)^{\frac{\text{prazo em dias da taxa desejada (QUERO)}}{\text{prazo em dias da taxa fornecida (TENHO)}}} - 1\right] \times 100$$

onde:

ieq = taxa equivalente a juros compostos.

Exemplos de aplicação:

EXEMPLO 1:

Qual a taxa anual equivalente a juros compostos a 2% ao mês?

$$ieq = \left[\left(1 + \frac{2}{100}\right)^{\frac{360}{30}} - 1\right] \times 100 = 26{,}82\% \text{ ao ano}$$

Nesse exemplo, queremos uma taxa ao ano (360 dias) e temos uma taxa ao mês (30 dias).

A sequência para solução pela HP-12C será:

```
2     ENTER   100  ÷   1  +
360   ENTER   30   ÷   Yˣ
1     -      100   ×
```

EXEMPLO 2:

Qual a taxa mensal equivalente a juros compostos a 40% ao ano?

$$ieq = \left[\left(1 + \frac{40}{100}\right)^{\frac{30}{360}} - 1\right] \times 100 = 2{,}84\% \text{ ao mês}$$

Nesse exemplo, queremos uma taxa ao mês (30 dias) e temos uma taxa ao ano (360 dias).

EXEMPLO 3:

Qual a taxa de juros compostos a ser cobrada em um período de 38 dias corridos, sabendo que sua equivalente anual é de 30%?

$$ieq = \left[\left(1 + \frac{30}{100}\right)^{\frac{38}{360}} - 1\right] \times 100 = 2,81\% \text{ no período de 38 dias corridos}$$

Nesse exemplo, queremos uma taxa para um período de 38 dias corridos e temos uma taxa ao ano (360 dias).

EXEMPLO 4:

Qual a taxa diária equivalente a juros compostos a 30% ao mês?

$$ieq = \left[\left(1 + \frac{30}{100}\right)^{\frac{1}{30}} - 1\right] \times 100 = 0,88\% \text{ ao dia}$$

Nesse exemplo, queremos uma taxa para um dia e temos uma taxa ao mês (30 dias). Caso estivéssemos trabalhando com o regime de capitalização simples, uma taxa de 30% ao mês seria equivalente (proporcional) a 1% ao dia.

EXEMPLO 5:

A seguir, encontra-se o exemplo 7 do Capítulo 6, que foi resolvido, na oportunidade, pela fórmula dos juros compostos, e agora iremos resolvê-lo utilizando os conceitos de taxas equivalentes a juros compostos.

Relembrando o enunciado do exercício:

Em quanto tempo um capital de $ 100.000,00, aplicado a uma taxa de juros de 400% ao ano, produz um montante de $ 150.000,00, sob o regime de capitalização composta?

Revendo a solução pela fórmula dos juros compostos: $FV = PV \times (1 + i)^n$

$150.000,00 = 100.000,00 \times (1 + 4)^n$

$1,50 = 5^n$

$LN\ 1,50 = n \times LN\ 5$

$$n = \frac{LN\ 1{,}50}{LN\ 5}$$

$n = 0{,}2519$ anos, ou seja, aproximadamente 91 dias.

Revendo a solução pela HP-12C:

Pressione	Visor	Significado
f CLX	0,00	Limpa todos os registradores.
100000 CHS PV	– 100.000,00	Introduz o valor do principal.
150000 FV	150.000,00	Introduz o valor do montante.
400 i	400,00	Introduz a taxa anual de juros.
n	1,00	Calcula o prazo da operação.

Vimos que a HP-12C arredonda a resposta 🔘 para o inteiro imediatamente superior no caso em que o resultado do problema seja fracionário. No exemplo, o resultado correto é de 0,2519 anos; assim, a HP-12C arredondou a resposta para 1 ano.

Para contornar esse problema de arredondamento na HP-12C, deve-se armazenar no registrador financeiro 🔘 a taxa equivalente diária a juros compostos, para que o resultado do prazo seja calculado e fornecido em uma quantidade exata de dias.

Solução:

Conversão da taxa de 400% ao ano para sua equivalente diária a juros compostos

$$ieq = \left[\left(1 + \frac{400}{100}\right)^{\frac{1}{360}} - 1\right] \times 100 = 0{,}4481\%\ \text{ao dia}$$

Solução pelo teclado financeiro da HP-12C

Pressione	Visor	Significado
f CLX	0,00	Limpa todos os registradores.
100000 CHS PV	– 100.000,00	Introduz o valor do principal.
0.4481 i	0,4481	Introduz a taxa de juros diária.
150000 FV	150.000,00	Introduz o valor do montante.
n	91,00	Cálculo do prazo em dias.

> Quando a incógnita a ser encontrada na HP-12C for o prazo (n) deve-se sempre trabalhar com a taxa de juros compostos na forma diária.

7.3 Programando a HP-12C para conversão de taxas compostas

7.3.1 Princípios básicos de programação

Quando ouvimos a expressão *programação de calculadoras financeiras*, logo pensamos em algo complicado, cheio de esquemas e cálculos difíceis. Tudo isso não passa de uma simples ilusão; a programação de calculadoras financeiras está ao alcance de todos, basta apenas um conhecimento geral das funções de cada tecla que compõe a calculadora e um pouco de raciocínio lógico.

Um programa nada mais é que uma sequência lógica de instruções, as quais, depois de "ensinadas" à calculadora, estarão em condições de resolver cálculos análogos, por diversas vezes, economizando tempo e reduzindo os erros.

Dessa forma, toda vez que você quiser realizar tais cálculos deverá pressionar apenas algumas teclas, ativando assim o programa da calculadora, que se incumbirá de realizar todos os cálculos extensos que você teria que fazer passo a passo.

Para explicarmos a lógica de construção de um programa, será utilizada como exemplo a fórmula prática para conversão de taxas a juros compostos vista anteriormente.

Em todos os exemplos resolvidos no item 7.2, utilizou-se a mesma sequência de cálculos, tornando o processo repetitivo do ponto de vista metodológico, cabendo, perfeitamente, nesse caso, a construção de um programa para HP-12C. O programa automatizará parte do processo, tornando os cálculos mais ágeis e seguros.

Para criar um programa, devemos seguir os seguintes passos básicos:

- primeiramente, devemos colocar a calculadora no modo de programação (PRGM), pressionando as teclas [f] [R/S]. A calculadora nesse modo está pronta para armazenar as instruções a serem executadas posteriormente. Toda vez que a calculadora estiver nesse modo a indicação de estado **PRGM** ficará acesa no canto direito do visor. Para fechar o modo de programação, basta pressionar a mesma sequência de teclas anterior [f] [R/S];

- pressione [f] [R↓] (CLEAR PRGM) para limpar a memória de programação, visto que podem existir outros programas introduzidos anteriormente em sua calculadora;

- agora, a calculadora está pronta para aprender; mas aprender o quê? Resposta: a sequência de instruções contidas na fórmula matemática vista anteriormente;

💾 após introduzir os passos de programação, feche o módulo de programação por meio da sequência [f] [R/S PSE].

A seguir, apresentamos os passos necessários para construir um programa para solução de taxas equivalentes a juros compostos.

Para introduzir o programa na calculadora HP-12C, digite a sequência de teclas informada. Posteriormente, será demonstrada sua forma de utilização.

7.3.2 Programa para cálculo de taxas equivalentes na HP-12C

Sequência para programação:

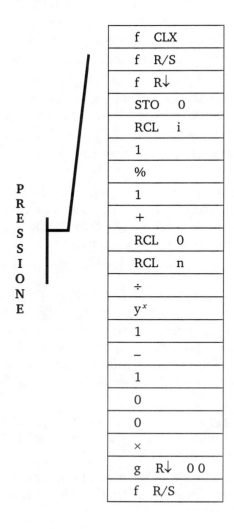

PRESSIONE

f CLX
f R/S
f R↓
STO 0
RCL i
1
%
1
+
RCL 0
RCL n
÷
y^x
1
−
1
0
0
×
g R↓ 00
f R/S

Observações:

- ✓ após a introdução do programa, você pode limpar a calculadora, por meio da sequência [f] [CLx], que o programa não será apagado;
- ✓ mesmo com a calculadora desligada, o programa é mantido na memória de programação;
- ✓ para limpar todos os programas, basta pressionar:
  - f R/S
  - f R↓
  - f R/S
- ✓ note que, para a elaboração deste programa, utilizamos 17 passos de programação. A HP-12C tradicional possui uma capacidade total de 99 passos de programação, ou seja, ainda nos restam 82 passos para outros programas;[1]
- ✓ a tecla $\boxed{R/S}$ é utilizada para iniciar a execução de um programa já introduzido anteriormente em sua calculadora ou como instrução dentro de um programa para interromper sua execução, verificando-se assim os resultados intermediários ou introduzindo-se novos dados para sua execução;
- ✓ note que, ao pressionar as teclas durante o modo de programação – PRGM, aparece um código numeral no visor da calculadora. Tal código identifica a tecla que acabou de ser pressionada. Exemplo: ao apertarmos, no início da fase de programação, as teclas STO 0, aparece no visor o código "01 – 44 0", que significa:
  - o número 01 indica que foi introduzido o primeiro passo do programa;
  - o número 44 refere-se ao código da tecla que foi pressionada. Tal codificação é baseada em tratamento matricial para o teclado da HP--12C, composto por quatro linhas e dez colunas de teclas, sendo cada uma delas identificada pela intersecção da linha e da coluna a que pertence. No caso da tecla STO, seu código é 44, pois se encontra situada na quarta linha e quarta coluna;
  - o número 0 indica o número digitado após a tecla STO.

Existem muitas outras funções específicas de programação, as quais, devido ao objetivo deste livro, não serão aqui tratadas. Recomendamos para os que querem aprofundar seus conhecimentos em programação da HP-12C a leitura completa das seções 8, 9, 10 e 11 do *Manual do proprietário e guia para soluções de problemas*, que acompanha a calculadora quando de sua aquisição.

---

[1] Os modelos HP-12C Prestige e Platinum possuem uma capacidade de 400 passos de programação.

Como usar o programa:

- Armazenar a taxa de juros a ser convertida no registrador [i].
- Armazenar o prazo da taxa fornecida em dias (tenho) no registrador [n].
- Introduzindo-se o prazo em dias da taxa desejada (quero) e pressionando-se a tecla [R/S], o resultado será automaticamente calculado e trazido ao visor.

Exemplos de utilização do programa:

EXEMPLO 1:

Qual a taxa mensal equivalente a juros compostos a 50% ao ano?

Solução pelo programa:

Pressione	Visor	Significado
f CLX	0,00	Limpa todos os registradores.
50 i	50,00	Armazena a taxa a ser convertida.
360 n	360,00	Introduz o prazo em dias da taxa dada (tenho).
30	30,00	Introduz o prazo em dias da taxa desejada (quero).
R/S	3,44	Calcula a taxa de juros equivalente ao mês.

 Observação: Caso sua resposta não tenha sido igual à do exemplo, seu programa não foi introduzido adequadamente; nesse caso, volte aos passos de programação e introduza-o novamente em sua calculadora.

EXEMPLO 2:

Qual a taxa anual equivalente a juros compostos a 10% ao mês?

Solução pelo programa:

Pressione	Visor	Significado
f CLX	0,00	Limpa todos os registradores.
10 i	10,00	Introduz a taxa a ser convertida.
30 n	30,00	Introduz o prazo em dias da taxa dada (tenho).
360	360,00	Introduz o prazo em dias da taxa desejada (quero).
R/S	213,84	Calcula a taxa de juros equivalente ao ano.

EXEMPLO 3:

Sabendo que a taxa bruta anual para aplicações em Certificados de Depósitos Bancários (CDB) é de 12% ao ano (ano-base de 360 dias corridos), calcule as taxas brutas que irão remunerar as aplicações financeiras pelos seguintes prazos:

a) 30 dias corridos;
b) 33 dias corridos;
c) 60 dias corridos;
d) 92 dias corridos.

Solução pelo programa:

Pressione	Visor	Significado
f CLX	0,00	Limpa todos os registradores.
12 i	12,00	Introduz a taxa a ser convertida.
360 n	360,00	Introduz o prazo em dias da taxa dada (tenho).
30 R/S	0,95	Calcula a taxa para um período de 30 dias.
33 R/S	1,04	Calcula a taxa para um período de 33 dias.
60 R/S	1,91	Calcula a taxa para um período de 60 dias.
92 R/S	2,94	Calcula a taxa para um período de 92 dias.

7.4 Exercícios adicionais resolvidos

Resolva:

a) Qual a taxa anual equivalente a juros compostos a 8% ao mês?

Solução pela fórmula:

$$ieq = \left[\left(1 + \frac{8}{10}\right)^{\frac{360}{30}} - 1\right] \times 100 = 151,82\% \text{ ao ano}$$

b) Qual a taxa semestral equivalente a juros compostos a 10% ao bimestre?

Solução pela fórmula:

$$ieq = \left[\left(1 + \frac{10}{100}\right)^{\frac{180}{60}} - 1\right] \times 100 = 33,10\% \text{ ao semestre}$$

c) Qual a taxa mensal equivalente a juros compostos a 200% ao ano?

Solução pela fórmula:

$$ieq = \left[\left(1 + \frac{200}{100}\right)^{\frac{30}{360}} - 1\right] \times 100 = 9,59\% \text{ ao mês}$$

d) Qual a taxa mensal equivalente a juros compostos a 0,30% ao dia?

Solução pela fórmula:

$$ieq = \left[\left(1 + \frac{0,30}{100}\right)^{\frac{30}{1}} - 1\right] \times 100 = 9,40\% \text{ ao mês}$$

e) Qual a taxa para 63 dias corridos equivalente a juros compostos a 8% ao mês?

Solução pela fórmula:

$$ieq = \left[\left(1 + \frac{8}{100}\right)^{\frac{63}{30}} - 1\right] \times 100 = 17,54\% \text{ para 63 dias corridos}$$

f) A taxa anual de juros compostos para aplicações em Certificados de Depósitos Bancários (CDB) está em 20% ao ano (ano base 360 dias). Determine a taxa bruta (sem considerar o efeito do Imposto de Renda) para os seguintes prazos de aplicações:

- 30 dias corridos;
- 63 dias corridos.

Solução pela fórmula:

$$ieq = \left[\left(1 + \frac{20}{100}\right)^{\frac{30}{360}} - 1\right] \times 100 = 1{,}53\% \text{ ao mês}$$

$$ieq = \left[\left(1 + \frac{20}{100}\right)^{\frac{63}{360}} - 1\right] \times = 3{,}24\% \text{ para 63 dias corridos}$$

g) Uma inflação de 3% ao mês projeta que índice de inflação anual?

Solução pela fórmula:

$$ieq = \left[\left(1 + \frac{3}{100}\right)^{\frac{360}{30}} - 1\right] \times 100 = 42{,}58\% \text{ ao mês}$$

h) O Sr. Fortulino aplicou suas economias em determinada aplicação financeira que lhe rendeu 1,38% em 39 dias corridos. Qual o ganho equivalente mensal a juros compostos que o Sr. Fortulino auferiu?

Solução pela fórmula:

$$ieq = \left[\left(1 + \frac{1{,}38}{100}\right)^{\frac{30}{39}} - 1\right] \times = 1{,}06\% \text{ ao mês}$$

i) Um fundo de investimento rende em média 0,05% por dia útil. Qual o rendimento percentual projetado para um período de 22 dias úteis, segundo o regime de capitalização composta?

$$ieq = \left[\left(1 + \frac{0{,}05}{100}\right)^{\frac{22}{1}} - 1\right] \times 100 = 1{,}11\% \text{ para um período de 22 dias úteis}$$

8

Desconto de Títulos de Crédito

8.1 Conceito

O desconto é a diferença entre o valor futuro de um título (duplicata, nota promissória, letra de câmbio, cheque pré-datado etc.) e seu respectivo valor atual. O valor do desconto será obtido pela aplicação de uma taxa de desconto sobre o valor nominal do título (valor no dia de seu vencimento).

EXEMPLO:

Um cheque pré-datado de $ 100,00, com vencimento para 30 dias corridos, foi descontado num banco, gerando para o comerciante um valor atual de $ 95,00.

Nesse exemplo, o valor do desconto foi de $ 5,00, ou seja, se o comerciante esperasse pelo vencimento do cheque emitido por seu cliente, receberia a quantia de $ 100,00; contudo, como necessita de dinheiro, ele desconta esse cheque em um banco e recebe $ 95,00 por ele, e o banco cobrou $ 5,00 de juros para ter o direito de receber o valor total do cheque ($ 100,00) em 30 dias corridos.

Nessa transação bancária, podemos identificar duas taxas: primeiro, a de desconto, que foi aplicada sobre o valor nominal ou futuro do título, segundo, a taxa de juros efetivamente cobrada, que é calculada em função do capital inicial ou valor presente. Resumindo:

- Taxa de desconto: $\dfrac{\text{Valor do desconto}}{\text{Valor nominal do título}} = \dfrac{5}{100} \times 100 = 5\%$ para o período.

- Taxa de juros: $\dfrac{\text{Valor do desconto}}{\text{Valor atual ou presente}} = \dfrac{5}{95} \times 100 = 5{,}26\%$ para o período.

8.2 Classificação do desconto

O desconto pode ser simples ou composto, de acordo com o regime de capitalização utilizado, ou, ainda:

- racional (mais conhecido por "desconto por dentro") quando é calculado sobre o valor atual do título;
- comercial ou bancário (mais conhecido por "desconto por fora") quando é calculado sobre o valor nominal do título.

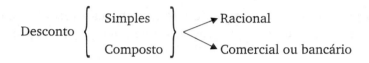

8.3 Desconto simples

O desconto simples é efetuado com base no regime de capitalização simples, ou seja, utilizando-se taxas de juros lineares.

Nessa modalidade, está incluído o desconto racional ("por dentro"), calculado sobre o valor atual do título, e o desconto comercial ou bancário ("por fora"), que é calculado com base na aplicação de uma taxa de desconto a juros simples sobre o valor nominal (futuro) do título.

Na prática brasileira, apenas o desconto comercial ou bancário é amplamente utilizado. Já o desconto racional não tem demonstrado utilização no cálculo dos produtos do mercado financeiro e, dessa forma, seu estudo não será contemplado neste livro.

8.4 Desconto comercial e bancário

As empresas, usualmente, formalizam suas vendas a prazo por meio da emissão de duplicatas sacadas contra seus clientes.

Tal instrumento traduz-se numa espécie de financiamento concedido a seus clientes, esperando, portanto, o retorno dos recursos para o caixa da empresa. Contudo, como na maior parte das empresas brasileiras as necessidades de recursos são constantes, elas buscam formas alternativas de antecipar o recebimento de suas vendas, ou concedendo descontos para pagamentos antecipados por seus clientes (**desconto comercial**) ou descontando tais títulos em instituições financeiras, mediante o pagamento no ato da contratação dos juros, impostos e demais tarifas (**desconto bancário**).

Tais operações são realizadas mediante a aplicação de uma taxa de desconto a juros simples, proporcional ao prazo da operação, sobre o valor nominal do título (valor futuro).

Além do desconto de duplicatas e de cheques, os bancos realizam descontos de notas promissórias que, por sua vez, possuem características bastante semelhantes às dos descontos de duplicatas.

As notas promissórias são mais utilizadas para empréstimos e transações para pessoas físicas e, como o próprio nome diz, é uma promessa de pagamento, de determinada importância, numa data estabelecida.

Na nota promissória, o devedor (emitente) assina-a reconhecendo a dívida no valor nominal informado, obrigando-se a pagá-la no vencimento.

Fluxo Operacional do Desconto de Duplicatas

```
┌─────────────┐      ①      ┌─────────────┐
│  CEDENTE    │ ──────────► │   SACADO    │
│  Empresa    │             │  Empresa    │
│  Vendedora  │             │ Compradora  │
└─────────────┘             └─────────────┘
        ▲                          ▲
        │ ②                     ③ │
        │       ┌──────────┐       │
        └───────│  BANCO   │───────┘
                └──────────┘
```

① Venda a prazo com emissão da duplicata pela empresa vendedora.

② Negociação e desconto do título com o Banco. A empresa vendedora (cedente) recebe os recursos liberados em sua conta corrente.

③ Cobrança do sacado no vencimento da duplicata. O comprador (sacado) recebe, via correio, um aviso de cobrança bancária. No vencimento, o sacado liquida a duplicata por meio de seu pagamento ao banco.

No caso de o sacado não honrar a liquidação do título no vencimento, o banco irá cobrar a dívida do cedente.

Haja vista que as duplicatas são emitidas pelo cedente (empresa vendedora), os bancos no processo de análise do crédito costumam verificar a procedência dos títulos a serem descontados, checando com os sacados (compradores) a autenticidade da transação comercial.

Os bancos realizam desconto de duplicatas e notas promissórias cobrando os seguintes encargos:

- juros cobrados no ato da liberação do crédito, calculados a uma taxa de desconto mensal linear sobre o valor nominal do título;
- Imposto sobre Operações Financeiras (IOF), cuja alíquota é determinada pelo Governo e que pode variar de acordo com o segmento a que se destina o empréstimo Pessoa Jurídica (PJ) ou Pessoa Física (PF) e condições do cenário econômico. Atualmente o IOF é calculado à alíquota de 0,0041% ao dia (PJ) e 0,0082% ao dia (PF) e um adicional fixo de 0,38%, ambos incidentes sobre o valor atual do título (valor nominal menos os juros, conforme previsto no Decreto nº 6.306, de 14 de dezembro de 2007) e Decreto nº 8.392, de 20 de janeiro de 2015;
- tarifa de cobrança: seu valor varia de banco para banco e destina-se a cobrir os custos de cobrança dos títulos nos vencimentos; a exemplo dos encargos anteriores, também é cobrada na liberação do crédito;
- tarifa de contratação: é um valor, que varia de banco para banco e destina-se a cobrir os custos administrativos da operação (realização do contrato, colhimento de assinaturas, lançamento no sistema etc.).

Além do desconto de duplicatas, cheques e notas promissórias os bancos também antecipam os valores das vendas feitas pelas empresas por meio de cartões de crédito. A forma de cálculo dos encargos é similar a dos títulos de crédito acima descritos, com exceção de que, na maioria das vezes, os bancos não cobram tarifas para realizar tais antecipações.

8.4.1 Desconto comercial simples – exemplos de cálculos

EXEMPLO 1:

Um título de crédito no valor nominal de $ 70.000,00 foi descontado 30 dias corridos antes de seu vencimento, a uma taxa de desconto simples de 3% ao mês. Pergunta-se:

a) Qual o valor do desconto (juros)?

b) Qual o valor líquido do título (valor atual)?

a) Solução pela fórmula: $D = VN \times id \times n$

onde:

VN = valor nominal do título.
id = taxa de desconto na forma decimal.
n = prazo expresso na mesma unidade de tempo da taxa de desconto.
D = valor do desconto simples.
VA = Valor atual do título ($VN - D$).

Dados:

VN = $ 70.000,00
id = 3% ao mês = 0,03 na forma decimal
n = 30 dias = 1 mês
D = ?
VA = ?

Substituindo os valores na fórmula, temos:

D = VN × id × n
D = 70.000 × 0,03 × 1
D = $ 2.100,00

b) Valor atual do título

VA = VN − D
VA = VN − (VN × id × n)
VA = VN × (1 − id × n)

onde:

VA = valor atual ou líquido do título.
VN = valor nominal do título.
D = valor do desconto simples.
VA = $ 70.000,00 − $ 2.100,00
VA = $ 67.900,00

ou

VA = VN × (1 − id × n)
VA = 70.000,00 × (1 − 0,03 × 1)
VA = $ 67.900,00

EXEMPLO 2:

A empresa Omega concede um desconto de 4% ao mês para os clientes que antecipam o pagamento de suas duplicatas. Certa empresa deseja antecipar o pagamento de um título de valor nominal $ 20.000,00, com vencimento previsto para 45 dias corridos. Determine o valor do desconto a ser concedido e o valor líquido (atual) a ser recebido pela empresa Omega nessa operação.

Dados:

VN = $ 20.000,00
id = 4% ao mês = 0,04 na forma decimal
n = 45 dias corridos
D = ?
VA = ?

$D = 20.000,00 \times 0,04 \times \dfrac{45}{30}$

D = $ 1.200,00
VA = 20.000,00 − 1.200,00 ⇒ VA = $ 18.800,00

EXEMPLO 3:

Um título de valor nominal $ 50.000,00 foi descontado 36 dias corridos antes de seu vencimento, produzindo um valor atual de $ 47.840,00. Qual a taxa de desconto mensal de tal operação?

Solução pela fórmula: $VA = VN \times (1 - id \times n)$

Substituindo os valores na fórmula, temos:

$VA = VN \times (1 - id \times n)$

$47.840,00 = 50.000,00 \times \left(1 - id \times \dfrac{36}{30}\right)$

$\dfrac{47.840,00}{50.000,00} - 1 = -1,2 \times id$

$-0,0432 = -1,2 \times id$

$id = \dfrac{0,0432}{1,2} = 0,0360$

$id = 0,036 \times 100 = 3,60\%$ ao mês

EXEMPLO 4:

Um título de valor nominal $ 80.000,00 foi descontado a uma taxa de desconto de 3% ao mês, produzindo um valor atual de $ 74.720,00. Quantos dias antes do vencimento esse título foi descontado?

Solução pela fórmula: $VA = VN \times (1 - id \times n)$

Substituindo os valores na fórmula, temos:

VA = VN × (1 − id × n)

74.720,00 = 80.000,00 × (1 − 0,03 × n)

$$\frac{74.720,00}{80.000,00} - 1 = -0,03 \times n$$

− 0,0660 = − 0,03 × n

$$n = \frac{0,0660}{0,03} = 2,2 \text{ meses}$$

n = 2,2 × 30 = 66 dias corridos

EXEMPLO 5:

O Sr. Endividado da Silva deve para um amigo a quantia de $ 100.000,00. Não tendo os recursos para saldar o compromisso, pretende assinar duas notas promissórias de valores iguais, vencíveis em 45 e 90 dias corridos respectivamente. Sabendo que o amigo cobrou uma taxa de desconto bancário de 5% ao mês, qual o valor das notas promissórias?

Solução pela fórmula: VA = VN × (1 − id × n)

Substituindo os valores na fórmula, temos:

VA = VN × (1 − id × n)

$$100.000,00 = VN \times \left(1 - 0,05 \times \frac{45}{30}\right) + VN \times \left(1 - 0,05 \times \frac{90}{30}\right)$$

100.000,00 = VN × 0,925 + VN × 0,850

100.000,00 = VN × 1,775

$$VN = \frac{100.000,00}{1,775}$$

VN = $ 56.338,03

EXEMPLO 6:

Vamos observar o que ocorre quando descontamos um título de crédito no valor nominal de $ 100.000,00 vinte e quatro meses antes de seu vencimento, a uma taxa de desconto de 5% ao mês.

Dados:

VN = $ 100.000,00

id = 5% ao mês = 0,05 na forma decimal

n = 24 meses

D = ?

VA = ?

D = 100.000 × 0,05 × 24

D = $ 120.000,00

VA = $ 100.000,00 − $ 120.000,00 ⇒ VA = − $ 20.000,00

CONCLUSÃO:

Esse exemplo demonstra que o desconto bancário ou comercial deve ser usado com bastante cuidado, uma vez que, em situações de taxas e prazos elevados, o valor do desconto pode ser superior ao valor do título.

Em situações de inflação alta, com elevadas taxas de juros sendo praticadas no mercado financeiro, as operações de desconto simples devem ser substituídas por operações de empréstimo, segundo o regime de capitalização composta, evitando as distorções demonstradas no exemplo 6.

EXEMPLO 7:

Um banco descontou um título de crédito 45 dias corridos antes de seu vencimento, cobrando uma taxa de desconto simples de 3% ao mês. Qual a taxa de juros compostos mensal que o banco efetivamente cobrou em tal operação?

Trabalharemos com um valor hipotético de $ 100,00 para o título de crédito.

Solução pela fórmula:

$VA = VN \times (1 - id \times n)$

$VA = 100,00 \times \left(1 - 0,03 \times \dfrac{45}{30}\right)$

$VA = \$ 95,50$

A taxa mensal de juros compostos que o banco efetivamente cobrou nessa operação será obtida por meio da fórmula de montante a juros compostos, considerando-se como principal da operação o valor atual de $ 95,50 e, como valor futuro, o valor nominal do título no vencimento, $ 100,00.

$$FV = P \times (1 + i)^n$$
$$100 = 95{,}50 \times (1 + i)^{\frac{45}{30}}$$

$$\frac{100}{95{,}50} = (1 + i)^{1{,}5}$$

$$i = \left(\frac{100{,}00}{95{,}50}\right)^{\frac{1}{1{,}5}} - 1$$

$$i = 0{,}0312$$

$$i = 0{,}0312 \times 100 = 3{,}12\% \text{ ao mês}$$

A seguir, apresentamos uma fórmula para o cálculo da taxa de juros compostos, partindo da taxa de desconto simples:

$$i = \left[\left(\frac{1}{1 - id \times n}\right)^{\frac{1}{n}} - 1\right] \times 100$$

onde:

i = taxa de juros compostos na forma percentual.

id = taxa de desconto bancário simples na forma decimal.

n = prazo da operação, expresso na mesma unidade de tempo das taxas.

Vejamos a utilização da fórmula na solução do exemplo 7:

$$i = \left[\left(\frac{1}{1 - id \times n}\right)^{\frac{1}{n}} - 1\right] \times 100$$

Substituindo os valores na fórmula, temos:

$$i = \left[\left(\frac{1}{1 - 0{,}03 \times 1{,}5}\right)^{\frac{1}{1{,}5}} - 1\right] \times 100$$

$$i = 3{,}12\% \text{ ao mês}$$

Solução pela HP-12C:

Pressione	Visor	Significado
f CLX	0,00	Limpa todos os registradores.
100 ENTER	100,00	Introduz o valor hipotético do título.
3 %	3,00	Calcula o valor dos juros para um mês.
45 ENTER 30 ÷ ×	4,50	Calcula o valor do desconto total.
−	95,50	Valor do título menos os juros.
CHS PV	− 95,50	Armazena o valor líquido no PV.
100 FV	100,00	Armazena o valor nominal do título no FV.
45 ENTER 30 ÷ n	1,50	Armazena o prazo da operação em meses.
i	3,12	Calcula a taxa mensal de juros compostos.

EXEMPLO 8:

Um banco trabalha com uma taxa de juros compostos de 5% ao mês nos empréstimos a serem pagos no final de 45 dias corridos. Caso esse banco opte por realizar operações de desconto de notas promissórias pelo mesmo prazo, qual a taxa de desconto simples mensal que deverá cobrar para que obtenha a mesma rentabilidade dos empréstimos a juros compostos?

Trabalharemos com um valor hipotético para a nota promissória de $ 100,00.

Calculando o valor líquido do título, utilizando a taxa de juros compostos de 5% ao mês, temos:

$$FV = P \times (1 + i)^n$$
$$100 = P \times (1 + 0,05)^{\frac{45}{30}}$$

$$P = \frac{100}{(1 + 0,05)^{1,5}}$$

$$P = 92,9429$$

$$VA = VN (1 - id \times n)$$

$$92,9429 = 100,00 \times \left(1 - id \times \frac{45}{30}\right)$$

$$\frac{92,9429}{100} = 1 - id \times 1,5$$

$$0,9294 - 1 = - id \times 1,5$$
$$0,0706 = id \times 1,5$$

$$id = \frac{0{,}0706}{1{,}5}$$

$$id = 0{,}0470 \times 100$$

$$id = 4{,}70\% \text{ ao mês}$$

A seguir, apresentamos uma fórmula para o cálculo da taxa de desconto, partindo da taxa de juros compostos:

$$id = \left(\frac{1 - (1 + i)^{-n}}{n}\right) \times 100$$

onde:
    id = taxa de desconto bancário simples na forma percentual.
    i = taxa de juros compostos na forma decimal.
    n = prazo da operação, expresso na mesma unidade de tempo das taxas.

Vejamos a utilização da fórmula na solução do exemplo:

$$id = \left(\frac{1 - (1 + i)^{-n}}{n}\right) \times 100$$

$$id = \left(\frac{1 - (1 + 0{,}05)^{-1{,}5}}{1{,}5}\right) \times 100$$

$$id = 4{,}70\% \text{ ao mês}$$

Essa é a taxa de desconto mensal que o banco deverá cobrar em suas operações de desconto de notas promissórias pelo prazo de 45 dias corridos para que garanta uma rentabilidade, a juros compostos, de 5% ao mês.

Cabe destacar que, com base na mesma taxa de juros compostos desejada, a taxa de desconto irá variar em função do prazo da operação.

Por exemplo, para garantir a taxa de juros compostos de 5% ao mês, alterando o prazo da operação para 30 dias corridos, a taxa de desconto mensal subirá para 4,76% ao mês; por outro lado, se aumentarmos o prazo para 66 dias corridos, a taxa de desconto irá cair para 4,63% ao mês.

8.4.2 Desconto simples de duplicatas e cheques pré-datados

EXEMPLO 1:

Uma empresa deseja descontar uma única duplicata de valor nominal $ 10.000,00 com vencimento previsto para 39 dias corridos. Sabendo que o banco realiza tais operações cobrando uma taxa de desconto de 3% ao mês, IOF à alíquota de 0,0041% ao dia e adicional fixo de 0,38%, tarifa de cobrança de $ 6,00 por título descontado e tarifa de contratação de $ 60,00, calcule:

a) o valor dos juros cobrados no ato da contratação (desconto);
b) o valor do Imposto sobre Operações Financeiras (IOF);
c) o valor líquido creditado na conta corrente da empresa;
d) a taxa efetiva mensal de juros compostos paga pela empresa nessa operação.

Fluxo de caixa do banco:

$$VN = \$ 10.000$$
$$id = 3\% \text{ ao mês}$$
$$n = 39 \text{ dias}$$
Valor líquido = $ 10.000 – juros – IOF – tarifas

Dados:

$VN = \$ 10.000,00$

$n\ = 39$ dias corridos

$id\ = 3\%$ ao mês $= 0,03$ na forma decimal.

IOF $= 0,0041\%$ ao dia e adicional fixo de $0,38\%$

Tarifa de cobrança = $ 6,00 por título (um título).

Tarifa de contratação = $ 60,00

a) Valor dos juros (desconto)

$$D = VN \times id \times n$$

$$D = 10.000,00 \times 0,03 \times \frac{39}{30}$$

$$D = \$ 390,00$$

Valor atual do título

$$VA = VN - D$$
$$VA = 10.000,00 - 390,00$$
$$VA = \$ 9.610,00$$

b) Valor do IOF:

$$IOF = (VN - D) \times \frac{0,0041}{100} \times 39$$

$$IOF = 9.610,00 \times \frac{0,0041}{100} \times 39$$

$$IOF = \$ 15,37$$

IOF Adicional: $9.610,00 \times \dfrac{0,38}{100}$

IOF Adicional: $ 36,52

Total do IOF: $ 15,37 + $ 36,52

Total do IOF: $ 51,89

No caso do Imposto sobre Operações Financeiras, o banco exerce o papel de intermediário, cobrando-o no ato da contratação do tomador do empréstimo e repassando posteriormente os recursos para os cofres públicos.

c) Valor líquido (VL) creditado na conta corrente da empresa

$VL = VN - D - IOF - Tarifas$

$VL = 10.000,00 - 390,00 - 51,89 - 6,00 - 60,00$

$VL = \$ 9.492,11$

As tarifas cobradas pelo banco contribuem para a elevação do custo efetivo dessa operação para o tomador do crédito, uma vez que terá um valor menor creditado em sua conta corrente.

No extrato de conta corrente da empresa, seriam efetuados os seguintes lançamentos relativos a essa operação de desconto de duplicata:

Crédito/Débito	Histórico
(+) 9.610,00	Crédito relativo ao valor atual do título.
(–) 51,89	Débito relativo à cobrança do IOF.
(–) 60,00	Débito relativo à cobrança da tarifa de contratação.
(–) 6,00	Débito relativo à tarifa de cobrança do título.

d) Taxa efetiva mensal no conceito de juros compostos

Uma vez que todos os encargos financeiros dessa operação são cobrados no ato da contratação, o custo efetivo total para o tomador é superior ao informado por meio da taxa de desconto (3% ao mês).

Desconto de Títulos de Crédito 111

O custo efetivo total mensal dessa operação para a empresa será calculado por meio da fórmula de montante a juros compostos, considerando-se como principal da operação o valor líquido creditado ao tomador e como valor futuro o valor nominal do título no vencimento.

$$FV = P \times (1 + i)^n$$
$$10.000,00 = 9.492,11 \times (1 + i)^{\frac{15}{30}}$$

$$\frac{10.000,00}{9.492,11} = (1 = i)^{1,3}$$

$$i = \left(\frac{10.000,00}{9.492,11}\right)^{\frac{1}{1,3}} - 1 \Rightarrow i = 0,0409 \times 100 = 4,09\% \text{ ao mês}$$

Solução completa do exercício pela HP-12C

Pressione	Visor	Significado
f CLX	0,00	Limpa todos os registradores.
10000 ENTER	10.000,00	Introduz o valor do título a ser descontado.
3 %	300,00	Calcula o valor dos juros para um mês.
39 ENTER 30 ÷ ×	390,00	Calcula o valor dos juros de 39 dias.
–	9.610,00	Valor do título menos os juros.
0.0041 ENTER 39 × 0.38 +	0,54	Calcula a alíquota total de IOF da operação.
%	(*) 51,88	Valor do IOF da operação.
– 66 –	9.492,12	Resultado do valor líquido creditado.
CHS PV	– 9.492,12	Armazena o valor líquido no PV.
10000 FV	10.000,00	Armazena o valor da duplicata no FV.
39 ENTER 30 ÷ n	1,30	Armazena o prazo da operação em meses.
i	4,09	Calcula a taxa efetiva mensal.

(*) Diferença de arredondamento.

EXEMPLO 2:

Um comerciante descontou 60 cheques pré-datados em um banco, perfazendo um valor nominal total de $ 3.000,00, com vencimento previsto para 60 dias corridos. Sabendo que o banco realizou tal operação, cobrando uma taxa de desconto de 3% ao mês, IOF de 0,0041% ao dia e adicional fixo de 0,38%, tarifa de custódia de $ 0,30 por cheque e tarifa de contratação de $ 60,00, calcule:

a) o valor dos juros cobrados no ato da contratação (desconto);
b) o valor do IOF;
c) o valor líquido creditado na conta corrente do comerciante;
d) taxa efetiva mensal que o comerciante pagou nessa operação, levando-se em consideração todos os encargos pagos.

Solução pela HP-12C:

Pressione	Visor	Significado
f CLX	0,00	Limpa todos os registradores.
3000 ENTER	3.000,00	Introduz o valor total do borderô.
3 %	90,00	Calcula o valor dos juros para um mês.
60 ENTER 30 ÷ ×	180,00	Calcula o valor do desconto total.
−	2.820,00	Calcula o valor líquido (atual) dos títulos.
0.0041 ENTER 60 × 0.38 +	0,63	Calcula a alíquota total de IOF da operação.
%	17,65	Valor do IOF da operação.
−	2.802,35	Desconta o valor do IOF.
60 −	2.742,35	Desconta o valor da tarifa de contratação.
18 −	2.724,35	Valor líquido creditado na conta corrente.
CHS PV	− 2.724,35	Armazena o valor líquido no PV.
3000 FV	3.000,00	Armazena o valor nominal dos cheques no FV.
60 ENTER 30 ÷ n	2,00	Armazena o prazo da operação.
i	4,94	Calcula a taxa efetiva mensal.

EXEMPLO 3:

A empresa Alfa tem uma dívida no valor de $ 30.000,00 que vence hoje no Banco Beta. Não tendo condições de quitá-la, propõe ao banco renegociá-la, comprometendo-se a pagá-la por meio de uma única nota promissória com vencimento para 45 dias corridos. Sabendo que o banco cobra nesse tipo de operação uma taxa de desconto de 3% ao mês, IOF à alíquota de 0,0041% ao dia e adicional fixo de 0,38% e tarifa de contratação de $ 150,00 (encargos descontados no ato da contratação), qual o valor da nota promissória a ser emitida para que o devedor obtenha a quantia líquida de $ 30.000,00?

Observação: iremos resolver esse exercício por analogia, utilizando para isso um valor nominal hipotético de nota promissória de $ 100.000,00.

Desconto de Títulos de Crédito 113

Pressione	Visor	Significado
f CLX	0,00	Limpa todos os registradores.
100000 ENTER	100.000,00	Introduz o valor hipotético do título.
3 %	3.000,00	Calcula o valor dos juros para um mês.
45 ENTER 30 ÷ ×	4.500,00	Calcula o valor dos juros de 45 dias.
−	95.500,00	Valor do título menos os juros.
0.0041 ENTER 45 × 0.38 +	0,56	Alíquota total de IOF da operação.
%	539,10	Valor do IOF da operação.
−	94.960,90	Valor do título menos os juros e IOF.

Por meio de uma regra de três simples, encontraremos o valor real da nota promissória. O desconto de um título hipotético de $ 100.000,00 gerou um valor líquido de $ 94.960,90 (Valor nominal − desconto − IOF). Qual o valor da nota promissória a ser emitida para gerar a quantia de $ 30.150,00 de valor líquido ($ 30.000,00 a ser creditado na conta corrente e $ 150,00 para ser pago a título de tarifa de contratação)?

$$100.000,00 \rightarrow 94.960,90$$
$$x \quad \leftarrow 30.150,00$$

$$x = \frac{100.000,00 \times 30.150,00}{94.960,90}$$

$$x = \$ \; 31.749,91$$

Comprovando:

Pressione	Visor	Significado
f CLX	0,00	Limpa todos os registradores.
31749.91 ENTER	31.749,91	Introduz o valor real do título.
3 % 1.5 ×	1.428,75	Calcula o valor do desconto.
−	30.321,16	Valor do título menos os juros.
0.0041 ENTER 45 × 0.38 + %	171,16	Calcula o valor do IOF.
−	30.150,00	Valor do título menos os juros e IOF.
150,00 −	30.000,00	Calcula o valor líquido final.

8.4.3 Desconto de diversos títulos – borderô de desconto

EXEMPLO:

Um comerciante pretende descontar em uma instituição financeira alguns cheques pré-datados que recebeu de seus clientes. A seguir, encontra-se a relação dos cheques (borderô de desconto):

Relação de títulos

	Valor do título	Prazo
1	$ 4.000,00	30 dias
2	$ 4.500,00	45 dias
3	$ 5.000,00	60 dias
4	$ 5.500,00	75 dias
5	$ 6.000,00	90 dias

Sabendo que a instituição financeira cobra uma taxa de desconto de 2% ao mês, calcule:

a) o prazo médio ponderado dos títulos para efeito do desconto;

b) o valor total dos juros (desconto).

Solução:

Para calcularmos o prazo médio dessa carteira de cheques, vamos recorrer à seguinte fórmula estatística:

$$\text{Prazo médio ponderado} = \frac{\Sigma \, (\text{Prazo} \times \text{Valor})}{\Sigma \, (\text{Valor})}$$

Solução pela fórmula:

	Valor do título	Prazo	Prazo × Valor
1	$ 4.000,00	30 dias	120.000,00
2	$ 4.500,00	45 dias	202.500,00
3	$ 5.000,00	60 dias	300.000,00
4	$ 5.500,00	75 dias	412.500,00
5	$ 6.000,00	90 dias	540.000,00
Total	$ 25.000,00		1.575.000,00

Prazo médio ponderado = $\dfrac{1.575.000,00}{25.000,00}$

Prazo médio ponderado de 63 dias corridos.

Portanto, o prazo médio para realização dessa operação de desconto de cinco cheques pré-datados, no valor total de $ 25.000,00, será de 63 dias corridos.

De posse do prazo médio, podemos calcular o valor total dos juros (desconto) dessa operação em uma única etapa, bastando aplicar sobre o valor total dos títulos a taxa de desconto, pelo prazo médio da carteira.

a) Valor dos juros (desconto):

$D = VN \times id \times n$

$D = 25.000,00 \times 0,02 \times \dfrac{63}{30}$

$D = \$ 1.050,00$

Valor líquido (atual) da carteira de títulos

$VA = VN - D$

$VA = 25.000,00 - 1.050,00$

$VA = \$ 23.950,00$

Para provarmos que o valor do desconto obtido pelo método do prazo médio está correto, calcularemos o valor do desconto de cada um dos cheques e efetuaremos a soma total no final. Observe a tabela a seguir:

Valor do título	Prazo	Valor do Desconto
$ 4.000,00	30 dias	$D = 4.000,00 \times 0,02 \times 1 \Rightarrow \$ 80,00$
$ 4.500,00	45 dias	$D = 4.500,00 \times 0,02 \times 1,5 \Rightarrow \$ 135,00$
$ 5.000,00	60 dias	$D = 5.000,00 \times 0,02 \times 2 \Rightarrow \$ 200,00$
$ 5.500,00	75 dias	$D = 5.500,00 \times 0,02 \times 2,5 \Rightarrow \$ 275,00$
$ 6.000,00	90 dias	$D = 6.000,00 \times 0,02 \times 3 \Rightarrow \$ 360,00$
$ 25.000,00		Valor total do desconto $\Rightarrow \$ 1.050,00$

8.4.3.1 Cálculo do prazo médio pela HP-12C

Para calcularmos o prazo médio do borderô de desconto anterior, utilizaremos a função estatística [g] [6], que calcula a média ponderada de um conjunto de números.

Antes de utilizar funções estatísticas da HP-12C, devemos limpar os possíveis valores contidos nos registradores, pressionando [f] [SST/BST] ou [f] [CLX/X=0].

A HP-12C pode realizar cálculos estatísticos com uma ou duas variáveis. Os dados são introduzidos na calculadora ao usarmos a tecla [Σ+], a qual, automaticamente, calcula as estatísticas dos valores e guarda-os nas memórias enumeradas de 1 a 6.

No caso de pares ordenados de dados, o primeiro valor introduzido é simbolizado pela letra Y e o segundo valor, pela letra X. Dessa forma, o exemplo anterior teria a seguinte configuração:

Prazo (Y)	Valor do título (X)
30 dias	$ 4.000,00
45 dias	$ 4.500,00
60 dias	$ 5.000,00
75 dias	$ 5.500,00
90 dias	$ 6.000,00

Observe como é calculado o prazo médio do exemplo pela HP-12C:

Pressione	Visor	Significado
f CLX	0,00	Limpa todos os valores contidos nos registradores.
30 ENTER 4000 Σ+	1,00	Introduz o primeiro par de dados.
45 ENTER 4500 Σ+	2,00	Introduz o segundo par de dados.
60 ENTER 5000 Σ+	3,00	Introduz o terceiro par de dados.
75 ENTER 5500 Σ+	4,00	Introduz o quarto par de dados.
90 ENTER 6000 Σ+	5,00	Introduz o quinto par de dados.
g x̄ w	63,00	Calcula o prazo médio ponderado em dias.

Observação: O primeiro dado a ser introduzido na calculadora é o referencial para o cálculo da média ponderada. No exemplo, buscava-se o prazo médio; por isso, a primeira informação introduzida dos pares ordenados de dados foi o prazo.

Toda vez que a tecla Σ+ é pressionada, a calculadora internamente fará o seguinte:

- o conteúdo da memória 1 (R_1) será aumentado em uma unidade e o resultado será demonstrado no visor, de forma que você saiba quantos pares de dados já foram introduzidos na calculadora;
- o valor de Y (no exemplo, refere-se ao prazo de cada cheque) será somado ao conteúdo da memória 4 (R_4);
- o valor de X (no exemplo, refere-se ao valor de cada cheque) será somado ao conteúdo da memória 2 (R_2);
- o valor de $X \times Y$ (no exemplo, o resultado da multiplicação dos valores pelos prazos de cada cheque) será somado ao conteúdo da memória 6 (R_6);
- o valor de X ao quadrado será somado ao conteúdo da memória 3 (R_3);
- o valor de Y ao quadrado será somado ao conteúdo da memória 5 (R_5).

A tabela a seguir demonstra, de forma resumida, como visualizar o conteúdo das estatísticas armazenadas:

Pressione	Significado
RCL 1	Recupera da memória o número de pares ordenados introduzidos.
RCL 2	Recupera a somatória dos valores de X.
RCL 3	Recupera a somatória dos valores de X^2.
RCL 4	Recupera a somatória dos valores de Y.
RCL 5	Recupera a somatória dos valores de Y^2.
RCL 6	Recupera a somatória da multiplicação dos valores de X por Y.

A seguir, solucionaremos o exemplo inicial, utilizando as estatísticas armazenadas na calculadora.

$$\text{Prazo médio ponderado} = \frac{\Sigma \,(\text{Prazo} \times \text{Valor})}{\Sigma \,(\text{Valor})}$$

Pressione	Visor	Significado
RCL 6	1.575.000,00	Recupera a somatória do prazo × valor.
RCL 2	25.000,00	Recupera o valor total do borderô.
÷	63,00	Calcula o prazo médio ponderado em dias.

Observação: Caso você tenha limpado toda a calculadora, deve introduzir novamente os pares ordenados de prazo e valor dos cheques.

Para demonstrar o uso de outras funções estatísticas da HP-12C, poderíamos perguntar com relação ao caso anterior:

- Qual a média aritmética dos valores e dos prazos dos cheques descontados?
- Qual o desvio-padrão (medida de dispersão em torno da média) dos valores e dos prazos?

Solução pela HP-12C:

Pressione	Visor	Significado
g x̄ (tecla 0)	5.000,00	Calcula a média aritmética dos valores dos cheques.
x ≷ y	60,00	Calcula a média aritmética do prazo dos cheques.
g s (tecla .)	790,57	Calcula o desvio-padrão dos valores dos cheques.
x ≷ y	23,72	Calcula o desvio-padrão dos prazos dos cheques.

8.5 Desconto composto

O desconto composto é efetuado com base no regime de capitalização composta, ou seja, utilizando-se taxas de juros exponenciais.

Nessa modalidade, a exemplo do desconto simples, estão incluídos o desconto racional e o desconto comercial ou bancário.

8.5.1 Desconto racional composto ("por dentro" ou real)

O valor do desconto é calculado segundo os conceitos de valor atual e valor futuro a juros compostos.

Nessa modalidade, o valor do desconto pode ser definido como a diferença entre o valor nominal do título (valor futuro) e seu respectivo valor presente (atual); este último é calculado por meio da fórmula de juros compostos $FV = P \times (1 + i)^n$, onde P representa o valor atual do título.

O valor do desconto nada mais é que o valor dos juros de uma operação a juros compostos. Para manter a coerência das fórmulas, vamos dizer que:

$$VN = VA \times (1 + i)^n$$

$$VA = \frac{VN}{(1+i)^n}$$

$$D = VN - VA$$

$$D = VA \times [(1+i)^n - 1]$$

$$D = VN \times \left[1 - \frac{1}{(1+i)^n}\right]$$

onde:

VN = valor nominal do título.
VA = valor atual do título.
i = taxa de juros compostos na forma decimal.
n = prazo expresso na mesma unidade de tempo da taxa.
D = valor do desconto (juros).

EXEMPLO 1:

Um título de $ 60.000,00 foi resgatado três meses antes de seu vencimento, a uma taxa de juros de 3% ao mês. Calcule o valor atual desse título segundo os conceitos de desconto racional composto.

$$VA = \frac{VN}{(1+i)^n}$$

$$VA = \frac{60.000,00}{(1+0,03)^3}$$

$$VA = \$\ 54.908,50$$

EXEMPLO 2:

Qual o valor do desconto composto racional de um título de $ 100.000,00, descontado a uma taxa de juros de 4% ao mês, 69 dias corridos antes de seu vencimento?

Solução pela fórmula:

$$D = VN \times \left[1 - \frac{1}{(1+i)^n}\right]$$

$$D = 100.000,00 \times \left[1 - \frac{1}{(1+0,04)^{\frac{69}{30}}}\right]$$

$$D = \$ \ 8.625,86$$

EXEMPLO 3:

Qual o valor atual de um título, descontado 120 dias corridos antes de seu vencimento, à taxa de juros de 3% ao mês, que produziu um valor de desconto de $ 3.765,26? Considere que a operação foi realizada segundo os conceitos de desconto racional composto.

Solução pela fórmula:

$$D = VA \times [(1+i)^n - 1]$$

$$VA = \frac{D}{\left[(1+i)^n - 1\right]}$$

$$VA = \frac{3.765,26}{\left[(1+0,03)^4 - 1\right]}$$

$$VA \cong \$ \ 30.000,00$$

EXEMPLO 4:

Qual o valor nominal de um título, descontado 60 dias corridos antes de seu vencimento, à taxa de juros de 5% ao mês, que produziu um valor de desconto de $ 4.648,53? Considere que a operação foi realizada segundo os conceitos de desconto racional composto.

$$D = VN \times \left[1 - \frac{1}{(1+i)^n}\right]$$

$$VN = \frac{D}{\left[1 - \frac{1}{(1+i)^n}\right]}$$

$$VN = \frac{4.648,53}{\left[1 - \frac{1}{(1+0,05)^2}\right]}$$

$$VN \cong \$ \ 50.000,00$$

8.5.2 Desconto composto comercial ou bancário ("por fora")

Seu valor é calculado com base na aplicação de uma taxa de desconto composto sobre o valor nominal (futuro) do título, por n períodos antes de seu vencimento. Exemplo: para um período, o valor do desconto será calculado aplicando-se a taxa de desconto sobre o valor nominal inicial do título; para o segundo período, o valor do desconto será obtido pela aplicação da taxa de desconto sobre o valor atual obtido anteriormente $(VN - D)$; para o terceiro período, o valor do desconto será obtido pela aplicação da taxa de desconto sobre o valor atual anterior, ou seja, o valor nominal do título menos os descontos do primeiro e segundo períodos, e assim sucessivamente até o último período definido.

$$VA = VN \times (1 - id) \times (1 - id) \times (1 - id) \times (1 - id) \ldots\ldots \times (1 - id)$$
$$VA = VN \times (1 - id)^n$$

$$VN = \frac{VA}{(1 - id)^n}$$

$$D = VN \times [1 - (1 - id)^n]$$

$$D = VA \times \left[\frac{1}{(1 - id)^n} - 1 \right]$$

onde:

VN = valor nominal do título.
VA = valor atual do título.
id = taxa de desconto na forma decimal.
n = prazo expresso na mesma unidade de tempo da taxa.
D = valor do desconto (juros).

No mercado financeiro brasileiro, o desconto composto comercial ou bancário tem demonstrado pouca aplicação prática.

EXEMPLO 1:

Um título de $ 60.000,00 foi resgatado três meses antes de seu vencimento, a uma taxa de desconto de 3% ao mês. Calcule o valor atual desse título, segundo o conceito de desconto composto bancário ("por fora").

$$VA = VN \times (1 - id)^n$$
$$VA = 60.000,00 \times (1 - 0,03)^3$$
$$VA = \$ \ 54.760,38$$

EXEMPLO 2:

Qual o valor do desconto composto bancário de um título de $ 80.000,00, descontado a uma taxa de 5% ao mês, 120 dias corridos antes de seu vencimento?

$$D = VN \times [1 - (1 - id)^n]$$
$$D = 80.000,00 \times [1 - (1 - 0,05)^4]$$
$$D = \$ \ 14.839,50$$

ou

$$VA = VN \times (1 - id)^n$$
$$VA = 80.000,00 \times (1 - 0,05)^4$$
$$VA = \$ \ 65.160,50$$
$$D = VN - VA$$
$$D = 80.000,00 - 65.160,50$$
$$D = \$ \ 14.839,50$$

EXEMPLO 3:

Qual o valor atual de um título, descontado 150 dias corridos antes de seu vencimento, à taxa de 3% ao mês, que produziu um valor de desconto de $ 4.935,15? Considere que a operação foi realizada segundo o conceito de desconto composto bancário ("por fora").

$$D = VA \times \left[\frac{1}{(1-id)^n} - 1 \right]$$

$$VA = \frac{D}{\left[\dfrac{1}{(1-id)^n} - 1 \right]}$$

$$VA = \frac{4.935,15}{\left[\dfrac{1}{(1-0,03)^5} - 1 \right]}$$

$$VA = \$ \ 30.000,00$$

EXEMPLO 4:

Qual o valor nominal de um título, descontado 60 dias corridos antes de seu vencimento, à taxa de 5% ao mês, que produziu um valor de desconto de $ 9.750,00? Considere que a operação foi realizada segundo o conceito de desconto composto bancário.

$$D = VN \times [1 - (1 - id)^n]$$

$$VN = \frac{D}{\left[1 - (1 - id)^n\right]}$$

$$VN = \frac{9.750,00}{\left[1 - (1 - 0,05)^2\right]}$$

$$VN = \$ 100.000,00$$

9

Taxas de Juros – Tipos e Terminologias

9.1 Introdução

Atualmente, no mercado financeiro, existe uma série de terminologias e conceitos sobre as taxas de juros que muitas vezes confundem os próprios profissionais das instituições especializadas.

Neste capítulo, procuraremos abordar, de forma simples e clara, o conceito das principais terminologias existentes.

Cabe destacar que não temos a pretensão de esgotar o assunto ou mesmo padronizar conceitos ou terminologias sobre as taxas de juros e sim demonstrar o que cada uma das expressões de mercado significa.

9.2 Taxa linear e exponencial

Tais taxas referem-se ao regime de capitalização utilizado: linear (juros simples) e exponencial (juros compostos).

Alguns bancos utilizam as seguintes expressões em seus contratos de crédito: a cobrança dos juros será linear ou a cobrança dos juros será exponencial, referindo-se às formas de capitalização dos juros.

9.3 Taxa equivalente

Conforme vimos no Capítulo 7, duas ou mais taxas são equivalentes quando, aplicadas sobre um mesmo capital, pelo mesmo período de tempo, produzem o mesmo montante.

Diante de tal conceito, uma taxa de juros equivalente pode ser aplicada tanto no regime de juros simples como no regime composto, contudo, utilizada quase totalmente no mercado financeiro neste último regime de capitalização.

EXEMPLO 1:

Uma taxa de 10% ao mês é equivalente a 213,84% ao ano no regime de capitalização composta, enquanto no regime de juros simples ela é equivalente a 120% ao ano. Da mesma forma, uma taxa de juros de 24% ao ano é equivalente a 1,81% ao mês a juros compostos e 2% ao mês a juros simples.

No mercado financeiro, são muito utilizadas as expressões *capitalizar a taxa* e *descapitalizar a taxa*, referindo-se à equivalência de taxas, segundo o regime de capitalização composta. Observe a seguir outros exemplos para um melhor entendimento.

EXEMPLO 2:

Um operador de renda fixa de um banco diz a um dos gerentes comerciais da rede de agências em uma ligação telefônica: "O máximo que podemos pagar nesse CDB-Pré é 12% ao ano. Se você descapitalizar a taxa, dá um retorno de 0,95% ao mês." O termo *descapitalizar* significa encontrar uma taxa de juros compostos equivalente para uma unidade de tempo menor do que a da taxa fornecida (ano para mês, mês para dia etc.).

Solução do exemplo:

$$\text{Taxa equivalente mensal} = \left[\left(1 + \frac{12}{100}\right)^{\frac{1}{12}} - 1\right] \times 100$$

Taxa equivalente mensal = 0,95%

EXEMPLO 3:

Os bancos informam nos extratos de conta corrente de seus clientes a taxa de juros mensal cobrada nas operações de cheque especial, bem como sua equivalente ao ano a juros compostos (exemplo: 7,90% ao mês ⇒ 149,03% ao ano). Perguntado por um cliente por que a taxa de 7,90% ao mês dos juros do cheque especial não era 94,80% ao ano, o gerente respondeu: "A taxa é composta, ou seja, juros sobre juros. O Sr. deve capitalizar a taxa e não multiplicá-la." Nesse caso, capitalizar significa encontrar uma taxa de juros compostos equivalente para uma unidade de tempo maior do que a da taxa fornecida (mês para ano, dia para mês, dia para ano etc.).

Solução do exemplo:

$$\text{Taxa equivalente anual} = \left[\left(1 + \frac{7,90}{100}\right)^{12} - 1\right] \times 100$$

Taxa equivalente anual = 149,03%

De acordo com as circulares do Banco Central do Brasil nº 2.905, de 30 de junho de 1999 e nº 2.936, de 14 de outubro de 1999, os contratos de concessão de crédito devem conter informações a respeito de todos os encargos e despesas incidentes no curso normal da operação, entre elas a discriminação da taxa efetiva mensal e anual equivalente aos juros.

9.4 Taxa proporcional

O conceito de taxa proporcional é utilizado apenas no regime de capitalização simples. Portanto, uma taxa de juros simples de 1% ao dia é proporcional a 30% ao mês, ou 360% ao ano.

9.5 Taxa prefixada

A taxa prefixada possibilita ao aplicador ou tomador dos recursos saber, quando da data da contratação da operação, o valor final a ser pago ou resgatado, sem depender do conhecimento da variação de algum indicador econômico ou financeiro.

EXEMPLO 1:

Uma operação de desconto de duplicatas para empresas em dezembro de 2014 estava sendo negociada com taxas entre 1,05% e 4,26% ao mês, segundo informações obtidas no *site* do Banco Central do Brasil. Esse é um caso de taxa prefixada, pois o devedor já sabe no ato da contratação que, por exemplo, numa operação de desconto de uma duplicata de $ 1.000,00, com vencimento previsto para 30 dias, negociada à taxa de 2,15% ao mês, serão cobrados $ 21,50 de juros no ato da contratação. Outras modalidades que podem utilizar taxas prefixadas são as operações de Capital de Giro, *Vendor*, Conta Garantida e *Hot Money*.

EXEMPLO 2:

De acordo com o *Jornal Valor Econômico* do dia 16 de janeiro de 2015 no seu caderno de Finanças na página C9 a taxa média praticada no mercado para aplicações em CDB-Pré no dia 9-01-2015 foi de 12,57% ao ano, correspondendo a uma taxa bruta mensal de 0,9916% ao mês.

Com base na taxa anual de 12,57% ao ano podemos obter a rentabilidade mensal de tal aplicação financeira considerando um período de 30 dias corridos. A taxa bruta equivalente no período de 30 dias corridos é calculada da seguinte forma:

$$\text{Taxa bruta para 30 dias corridos:} \left[\left(1 + \frac{12,57}{100}\right)^{\frac{30}{360}} - 1\right] \times 100 = 0,9916\%$$

EXEMPLO 3:

Observe os dados obtidos por meio da consulta ao *site* www.tesourodireto.gov.br no dia 16-01-2015 relativo a negociação de Letras do Tesouro Nacional (LTN):

Título	Vencimento	Taxa (a.a.) Compra	Taxa (a.a.) Venda	Preço Unitário Dia Compra	Preço Unitário Dia Venda
Prefixados					
LTN 010117	01/01/2017	12,33%	–	R$ 797,65	–
LTN 010118	01/01/2018	12,21%	–	R$ 713,31	–
NTNF 010125	01/01/2025	12,04%	–	R$ 895,50	–

Atualizado em: **16-01-2015 17:39:41**.

Utilizaremos como exemplo o primeiro título LTN 010117 com vencimento para o dia 1-01-2017.

A Letra do Tesouro Nacional é um título prefixado com valor de resgate fixo no seu vencimento de R$ 1.000,00. Ela é negociada para venda com deságio sobre o valor de face (R$ 1.000,00). No nosso exemplo a LTN com vencimento para o dia 1-01-2017 estava sendo vendida por um preço unitário (PU) de R$ 797,65, ou seja, o investidor aplicaria a quantia de R$ 797,65 por título no dia 16-01-2015 para ter o direito de resgatar após 490 dias úteis a quantia de R$ 1.000,00.

Observe que esse título está sendo negociado a uma taxa anual de 12,33% ao ano (ano base de 252 dias úteis). Vejamos como foi obtida tal remuneração:

$$\text{Taxa bruta para 252 dias úteis} = \left[\left(\frac{1.000,00}{797,65}\right)^{\frac{252}{490}} - 1\right] \times 100 = 12,3302\%$$

9.6 Taxa bruta e taxa líquida em aplicações financeiras

A taxa bruta é aquela em que não são considerados os efeitos dos impostos sobre a rentabilidade da aplicação financeira. No exemplo 3 do item 9.5, sobre taxas prefixadas, a taxa bruta anual da LTN em 1-01-2017 era de 12,33% ao ano, equivalente a 25,3683% no período de 490 dias úteis de aplicação. De posse dessa taxa o investidor saberá, no ato da aplicação, o valor que resgatará no futuro.

Por outro lado, se considerarmos a incidência do Imposto de Renda de 15% sobre o rendimento da operação, essa taxa de 25,3683% cai para 21,5630% no período, correspondendo a um rendimento líquido anual de 10,5636%.

Veja a seguir como tais taxas foram calculadas:

Taxa bruta para 490 dias úteis de aplicação

$$\text{Taxa bruta para 490 dias úteis} = \left[\left(1 + \frac{12,3302}{100}\right)^{\frac{490}{252}} - 1\right] \times 100 = 25,3683\%$$

Taxa líquida de 21,5630% no período

Pela HP-12C:

25.3683 |ENTER| 15 |%| –

Taxa líquida anual de 10,5636%

$$\text{Taxa líquida para 252 dias úteis} = \left[\left(1 + \frac{21,5630}{100}\right)^{\frac{252}{490}} - 1\right] \times 100 = 10,5636\%$$

9.7 Taxa pós-fixada

É uma taxa formada por dois componentes: (a) atualização monetária, que será calculada em função de algum indicador econômico financeiro vigente à época da contratação (Taxa Referencial, Índice Geral de Preços de Mercado, Dólar Comercial etc.), e (b) uma taxa de juros real que será aplicada sobre o valor do capital corrigido pelo indexador escolhido.

Nesse caso, dependendo do prazo e do indexador definido, o investidor ou tomador dos recursos só saberá o valor de resgate ou de pagamento no final do período contratado.

São exemplos de operações pós-fixadas: as operações de Capital de Giro com correção pela variação do Certificado de Depósito Interfinanceiro (CDI) mais um *spread* fixo, as aplicações em Caderneta de Poupança para pessoas físicas que rendem a variação da Taxa Referencial (TR) mais juros de 0,50% ao mês, as operações de Adiantamento sobre Contratos de Câmbio que cobram variação cambial mais um *spread* fixo e muitas outras no mercado financeiro brasileiro e internacional.

9.8 Taxa de desconto ("antecipada")

Esse tipo de taxa foi utilizado no Capítulo 8 quando tratamos das operações de desconto comercial e bancário, tanto no regime de capitalização simples como composta.

Na taxa de desconto ou antecipada, o valor dos juros produzidos por sua aplicação sobre o valor nominal do título é descontado, no ato da contratação, do valor de face do título, ocasionando o que os profissionais de mercado chamam de cobrança antecipada dos juros.

EXEMPLO:

Caso uma empresa desconte um título de $ 100.000,00, vencível em 30 dias, a uma taxa de desconto simples de 2% ao mês, receberá um valor líquido de $ 98.000,00 ($ 100.000,00 − Juros de 2%).

9.9 Taxa nominal e efetiva

9.9.1 *Taxa nominal*

O valor dos juros é obtido pela aplicação dessa taxa, pelo prazo estabelecido, sobre o valor de um capital inicial que não corresponde ao valor efetivamente recebido ou pago, na data da contratação, tratando-se apenas de uma taxa aparente.

9.9.2 *Taxa efetiva*

É a que representa o custo ou remuneração efetiva total da operação financeira em pauta, tomando-se como base de cálculo o valor do capital que realmente foi recebido ou desembolsado na data da contratação.

EXEMPLO:

Uma pessoa tomou emprestada de uma financeira a quantia de $ 2.000,00 por 36 dias corridos. A instituição financeira que realizou tal operação cobrou uma taxa de juros compostos de 5,90% ao mês sobre o valor contratado ($ 2.000,00), mais uma tarifa de cadastro de $ 60,00 e IOF no valor de $ 10,55, que foram pagos pelo tomador no ato da contratação.

Pergunta-se:

a) Qual a taxa nominal desta operação?
b) Qual a taxa efetiva mensal cobrada pelo banco nesta operação no conceito de juros compostos?

   a) **Taxa nominal:** a taxa nominal de juros compostos cobrada pelo banco foi de 5,90% ao mês, pois o tomador pagará essa taxa de juros sobre o valor contratado de $ 2.000,00. Contudo, não receberá essa importância na liberação do empréstimo, pois será cobrada dele uma tarifa adicional de $ 60,00 e IOF de $ 10,55.

   b) **Taxa efetiva:** para obter a taxa efetiva no período e sua equivalente mensal a juros compostos, deve-se comparar o valor efetivamente liberado ao tomador do empréstimo quando da contratação ($ 2.000,00 − $ 60,00 − $ 10,55 = $ 1.929,45), com o valor final a ser pago.

Solução:

Para obter-se a taxa efetiva dessa operação, primeiramente deve-se calcular o valor final a ser pago pelo tomador. Vejamos:

Solução pela HP-12C:

Pressione	Visor	Significado
f CLX	0,00	Limpa todos os registradores.
2000 CHS PV	− 2.000,00	Introduz o valor nominal do empréstimo.
5.90 i	5,90	Introduz a taxa de juros nominal mensal.
36 ENTER 30 ÷ n	1,20	Introduz o prazo da operação em meses.
FV	2.142,42	Valor final a ser pago.

É líquido e certo que o tomador do empréstimo deverá pagar a importância de $ 2.142,42 após 36 dias corridos da contratação; contudo, terá apenas a quantia de $ 1.929,45 ($ 2.000,00 − tarifa − IOF) liberada na data inicial do empréstimo, ou seja, pagou juros sobre $ 2.000,00, mas não levou $ 2.000,00, e sim $ 1.929,45

Solução pela HP-12C:

Pressione	Visor	Significado
f CLX	0,00	Limpa todos os registradores.
1929.45 CHS PV	– 1.929,45	Introduz o valor do principal liberado.
2142.42 FV	2.142,42	Introduz o valor do montante.
36 ENTER 30 ÷ n	1,20	Introduz o prazo da operação.
i	9,12	Calcula a taxa de juros mensal.

A taxa de juros de 5,90% ao mês, anunciada pela instituição financeira, é apenas uma taxa nominal ou aparente, pois é aplicada sobre um capital inicial que não corresponde ao valor a ser recebido efetivamente pelo tomador.

O Conselho Monetário Nacional no dia 6-12-2007 publicou a Resolução nº 3.517 criando o Custo Efetivo Total (CET) a ser divulgado pelas instituições financeiras quando da contratação de operações de crédito ou arrendamento mercantil ofertadas a pessoas físicas e deverá ser expresso na forma de taxa percentual anual, calculada de acordo com a fórmula a seguir:

Fórmula para Cálculo do CET

$$\sum_{j=1}^{N} \frac{FC_j}{(1 + CET)^{\frac{(d_j - d_0)}{365}}} - FC_0 = 0$$

onde:

FC_0 = valor do crédito concedido, deduzido, se for o caso, das despesas e tarifas pagas antecipadamente;

FC_j = valores cobrados pela instituição, periódicos ou não, incluindo as amortizações, juros, prêmio de seguro e tarifa de cadastro ou de renovação de cadastro, quando for o caso bem como qualquer outro custo ou encargo cobrado em decorrência da operação;

j = j-ésimo intervalo existente entre a data do pagamento dos valores periódicos e a data do desembolso inicial, expresso em dias corridos;

N = prazo do contrato, expresso em dias corridos;

d_j = data do pagamento dos valores cobrados, periódicos ou não (FC_j);

d_0 = data da liberação do crédito pela instituição (FC_0).

Como pode ser visto pela fórmula e definido pela Resolução nº 3.517 de 6-12-2007 o CET deve ser calculado considerando os fluxos referentes às liberações e aos pagamentos previstos, incluindo taxa de juros a ser pactuada no contrato, tributos, tarifas, seguros e outras despesas cobradas do cliente, mesmo que relativas ao pagamento de serviços de terceiros contratados pela instituição, inclusive quando essas despesas forem objeto de financiamento.

O Custo Efetivo Total (CET) deve ser informado pelas instituições financeiras e pelas sociedades de arrendamento mercantil previamente à contratação de operações de crédito e de arrendamento mercantil e também em qualquer outro momento que seja solicitado pelo cliente.

Segundo as normas da Resolução nº 3.517 de 6-12-2007 a instituição deve assegurar-se de que o tomador, na data da contratação, ficou ciente dos fluxos considerados no cálculo do Custo Efetivo Total (CET), bem como de que essa taxa percentual anual representa as condições vigentes na data do cálculo.

A planilha utilizada para o cálculo do CET deve ser fornecida ao tomador, explicitando os fluxos considerados e os referenciais de remuneração utilizados para o seu cálculo.

Nos informes publicitários das operações de crédito acima mencionadas destinadas à aquisição de bens e de serviços por pessoas físicas, deve ser informado o CET correspondente às condições ofertadas. O CET também deve constar dos informes publicitários das instituições.

A análise do Custo Efetivo Total (CET) pelo cliente é importante, pois o mesmo terá condições de comparar os diferentes tipos de empréstimos e financiamentos optando por aqueles que atendam a sua necessidade e que possuam o menor custo.

A seguir apresentamos o resultado da simulação de uma operação de crédito pessoal para pagamento único realizada no *site* de um banco nacional e logo após demonstraremos como foi obtido o Custo Efetivo Total (CET) da operação:

Resultado da simulação:

Data da Simulação:	08-06-2014
Valor Solicitado:	R$ 1.000,00
Valor do Imposto:	R$ 6,42
Valor Financiado:	R$ 1.006,42
Vencimento da Parcela Única:	10-08-2014
Valor da Parcela Única:	R$ 1.134,72
Taxa de Juros Remuneratórios:	5,88% a.m. (30 dias)
	100,40% a.a. (365 dias)
Custo Efetivo Total (CET):	107,97% a.a. (365 dias)

Nessa simulação o cliente financiará a quantia total de R$ 1.006,42, onde R$ 1.000,00 serão creditados em sua conta corrente e R$ 6,42 serão pagos a títulos de Imposto sobre Operações Financeiras (IOF).

O cliente pagará juros compostos de 5,88% ao mês sobre um valor contratado de R$ 1.006,42, pelo prazo de 63 dias corridos. No final desse prazo irá desembolsar a quantia de R$ 1.134,72 para liquidar a dívida.

Em termos de fluxo de caixa do cliente para cálculo do Custo Efetivo Total temos a seguinte situação:

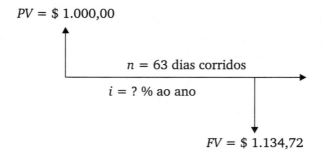

O cliente receberá a quantia de $ 1.000,00 e após 63 dias corridos terá que desembolsar $ 1.134,72 para a quitação da dívida.

Vejamos o cálculo do Custo Efetivo Total (CET) conforme quadro a seguir:

Pressione	Visor	Significado
f CLX	0,00	Limpa todos os registradores.
1000 PV	1.000,00	Introduz o valor inicial liberado.
1134.72 CHS FV	1.134,72	Introduz o valor final pago.
63 ENTER 365 ÷ n	0,17	Introduz o prazo na forma anual (365 dias).
i	107,97	Calcula o custo efetivo total anual.

Observe que o valor calculado (107,97% ao ano) coincide com o divulgado na simulação realizada pelo banco.

Durante o desenvolvimento dos próximos capítulos faremos menção, quando cabível, ao Custo Efetivo Total (CET) de algumas operações de crédito.

Importante:

Os conceitos de taxa nominal e efetiva estudados neste capítulo levam em consideração o valor do principal tomado como base de cálculo dos juros e o efetivamente liberado no ato da contratação da operação financeira.

A grande maioria dos livros de matemática financeira, tanto nacionais como estrangeiros, classifica as taxas em nominal e efetiva, levando em consideração a divisão de determinado período em subdivisões de períodos de capitalização da taxa.

Nesse caso, uma taxa efetiva é obtida pela divisão de uma taxa denominada nominal pela quantidade de períodos de capitalização que se deseja efetuar.

EXEMPLO 1:

Uma taxa nominal de 6% ao ano, capitalizada mensalmente, produz que taxa efetiva?

Solução: taxa de 6% ao ano com capitalização mensal ⇒ 6% ÷ 12 = 0,5% ao mês. Essa taxa de 0,5% será capitalizada por 12 períodos, fazendo com que a taxa efetiva seja superior a 6% ao ano.

$$\text{Taxa efetiva} = \left[\left(1 + \frac{0,5}{100}\right)^{12} - 1\right] \times 100 = 6,17\% \text{ ao ano}$$

EXEMPLO 2:

Determinado banco cobra em suas operações de cheque especial uma taxa de juros de 12% ao mês com capitalização diária. Qual a taxa efetiva mensal?

Solução: taxa de 12% ao mês com capitalização diária 12% ÷ 30 = 0,40% ao dia. Essa taxa de 0,40% ao dia será capitalizada por 30 períodos, fazendo com que a taxa efetiva seja superior a 12% ao mês.

$$\text{Taxa efetiva:} \left[\left(1 + \frac{0,4}{100}\right)^{30} - 1\right] \times 100 = 12,72\% \text{ ao mês}$$

9.10 Taxa real

Essa taxa é obtida por meio do desconto dos efeitos da variação monetária sobre a taxa efetiva. A variação monetária será calculada com base em um indicador econômico financeiro a ser definido (IGP-M, IGP-DI, IPC-A, INPC, TR etc.).

EXEMPLO 1:

As contas de Caderneta de Poupança de pessoas físicas são remuneradas pela variação da Taxa Referencial (TR) mais juros de 0,5% ao mês. Nesse caso, a taxa real é de apenas 0,5% ao mês, que é aplicada sobre o valor do capital corrigido pela variação da TR. A equação a seguir, mais conhecida por fórmula de Fisher, calcula a taxa real de juros.

Fórmula:

$$\text{Taxa real} = \left[\frac{(1 + \text{taxa efetiva})}{(1 + \text{taxa de atualização monetária})} - 1\right] \times 100$$

EXEMPLO 2:

Vamos supor que determinada aplicação financeira tenha rendido no mês de junho uma taxa efetiva de 5% e que a variação do IGP-M (Índice Geral de Preços de Mercado) no mesmo mês foi de 4%. Qual a taxa de juros real que remunerou tal aplicação?

Observe que a taxa real não é obtida simplesmente pela subtração entre a taxa efetiva (5%) e a taxa de atualização monetária (4%). A taxa de juros real é a que ultrapassa o valor do capital corrigido.

No exemplo:

$$\text{Taxa real} = \left[\frac{(1 + \text{taxa efetiva})}{(1 + \text{taxa de atualização monetária})} - 1\right] \times 100$$

$$\text{Taxa real} = \left[\frac{(1 + 0,05)}{(1 + 0,04)} - 1\right] \times 100 = 0,96154\% \text{ no período}$$

o que está perfeitamente correto, pois se o valor de um capital for corrigido pela taxa de atualização monetária de 4% e sobre o montante obtido aplicar-se a taxa de juros real de 0,96154%, será obtido o valor do capital mais uma taxa de juros de 5%.

No exemplo a seguir, será utilizado um capital hipotético de $ 100.000,00. Observe:

Capital inicial aplicado = $ 100.000,00

Taxa de atualização monetária = 4%

Taxa de juros real = 0,96154%

Valor do capital corrigido = 100.000,00 × $\left(1 + \dfrac{4}{100}\right)$ ⇒ $ 104.000,00

Valor do juro real = 104.000,00 × $\dfrac{0,96154}{100}$ ⇒ $ 1.000,00

Valor final de resgate = $ 105.000,00

EXEMPLO 3:

Segundo dados publicados pelo Jornal *Valor Econômico* em 2 jan. 2009, o Índice da Bolsa de Valores do Estado de São Paulo (Ibovespa) apresentou uma perda nominal no ano de 2008 de 41,22%, enquanto a Caderneta de Poupança rendeu 7,90%. Considerando que no ano de 2008 a inflação medida pelo Índice Geral de Preços de Mercado (IGP-M) foi de 9,81%, qual a perda real no período desses investimentos?

Solução pela fórmula:

Taxa real = $\left[\dfrac{(1 + \text{taxa efetiva})}{(1 + \text{taxa de atualização monetária})} - 1\right] \times 100$

☹ **Perda real no investimento em Ibovespa:**

Taxa real = $\left[\dfrac{(1 - 0{,}4122)}{(1 + 0{,}0981)} - 1\right] \times 100$

Taxa real = − 46,47% no período

☹ **Perda real no investimento em Caderneta de Poupança:**

Taxa real = $\left[\dfrac{(1 + \text{taxa efetiva})}{(1 + \text{taxa de atualização monetária})} - 1\right] \times 100$

Perda real = $\left[\dfrac{(1 + 0{,}0790)}{(1 + 0{,}0981)} - 1\right] \times 100$

Perda real = −1,74 % no período

Da fórmula básica deriva-se outra:

$$\text{Taxa de atualização monetária} = \left[\frac{(1 + \text{taxa efetiva})}{(1 + \text{taxa real})} - 1\right] \times 100$$

EXEMPLO 4:

Qual a expectativa de variação do US$ para que as propostas de empréstimos a seguir sejam iguais:

a) Banco Meta:
- Empréstimo para capital de giro com pagamento do principal e juros no final.
- Taxa = variação cambial mais juros de 2% ao mês.
- Prazo = 30 dias corridos.

b) Banco Gama:
- Empréstimo para capital de giro com pagamento do principal e juros no final.
- Taxa = 3,5% ao mês (prefixada).
- Prazo = 30 dias corridos.

A solução para tal exercício está em obter a expectativa de variação cambial contida no empréstimo do Banco Gama, utilizando para isso a taxa de juros real do Banco Meta. Vejamos:

$$\text{Taxa de variação cambial} = \left[\frac{(1 + 0,035)}{(1 + 0,02)} - 1\right] \times 100 = 1,4706\% \text{ no período}$$

Ou seja:

Se o tomador do empréstimo tiver uma expectativa de que a variação cambial no período será superior a 1,4706%, deverá optar pelo Banco Gama que trabalha com uma taxa prefixada de 3,5% ao mês. Por outro lado, se ele acha que a variação cambial nesse período será inferior a 1,4706%, deverá optar pelo Banco Meta, que trabalha com uma taxa pós-fixada de variação do US$ mais juros de 2% ao mês.

9.11 Taxa *Over*

No mercado financeiro, utiliza-se geralmente a expressão *Over* para dizer que a taxa de juros deverá ser dividida por 30 (mês comercial), a fim de encontrar-se uma taxa diária, a qual será capitalizada em função de determinada quantidade de dias úteis.

A origem da expressão *Over* advém da palavra inglesa *Overnight* (de um dia para o outro), representando as negociações efetuadas pelas instituições financeiras com títulos públicos federais no mercado secundário (*Open Market*). Os bancos utilizam-se do *Open Market,* via operações de *Overnight,* para equilibrar diariamente seus caixas, realizando compras ou vendas de títulos públicos federais por um dia útil.

As operações de *Overnight* eram muito comuns na década de 1980, quando as pessoas físicas podiam aplicar seus recursos na compra de títulos públicos no mercado secundário, com a condição de revendê-los no dia seguinte (operações compromissadas). Nessa época, as operações eram feitas utilizando-se uma taxa de juros ao mês, a qual era dividida por 30 e obtinha-se a rentabilidade por um dia útil de aplicação.

A partir de 2-08-1999, o Conselho Monetário Nacional permitiu novamente às pessoas físicas aplicar em títulos públicos federais; contudo, aplicações por poucos dias são pouco comuns, haja vista a incidência do IOF, conforme uma tabela regressiva de alíquotas (ver Capítulo 13).

EXEMPLO 1:

Qual a taxa efetiva mensal correspondente a uma Taxa *Over* de 1,20% ao mês? Considere um mês com 21 dias úteis.

Solução:

$$\text{Taxa efetiva} = \left[\left(1 + \frac{\text{Taxa Over}}{3.000}\right)^{\text{n}^{\text{o}} \text{ de dias úteis}} - 1\right] \times 100$$

$$\text{Taxa efetiva} = \left[\left(1 + \frac{1{,}20}{3.000}\right)^{21} - 1\right] \times 100 = 0{,}84\% \text{ a.m.}$$

Observação: A divisão da Taxa *Over* por 3.000 na fórmula é uma simplificação, uma vez que deveríamos dividir a taxa percentual por 100 para encontrarmos a taxa na forma decimal e logo após dividir a taxa por 30 para encontrar a taxa por dia; portanto, podemos simplificar dividindo a taxa uma única vez por 3.000 (100 × 30).

EXEMPLO 2:

Qual a Taxa *Over* correspondente a uma taxa efetiva de 1,00% por 21 dias úteis?

Taxa efetiva por dia útil: $\left[\left(1 + \dfrac{1}{100}\right)^{\frac{1}{21}} - 1\right] \times 100 = 0,047394\%$ por dia útil

Taxa *Over* = $0,047394 \times 30 = 1,4218\%$

9.12 Taxa CDI-*Over*

Os Certificados de Depósitos Interfinanceiros (CDI) foram criados em fevereiro de 1986 com a finalidade de agilizar a troca de disponibilidades de recursos entre as instituições financeiras.

O CDI, como é conhecido no mercado financeiro, nada mais é que um depósito a prazo fixo, sem emissão de certificado, negociado entre instituições financeiras, que possibilita a troca de recursos entre elas, ou seja, instituições que apresentam déficits momentâneos de caixa recorrem a outras com sobras de recursos, estabelecendo uma remuneração para cada operação.

As operações com Certificados de Depósitos Interfinanceiros (CDI) realizam-se fora do âmbito do Banco Central, tanto que nesse mercado não há incidência de qualquer tipo de imposto.

Os negócios, geralmente, são realizados por um dia útil e registrados eletronicamente na CETIP S.A. Balcão Organizado de Ativos e Derivativos.

A CETIP foi idealizada e fundada em agosto de 1984, em conjunto pelas instituições financeiras e o Banco Central e iniciou suas atividades em março de 1986 com o objetivo de garantir maior agilidade e segurança às negociações do mercado financeiro brasileiro.

Atualmente, a CETIP é a integradora do mercado financeiro. É uma companhia de capital aberto que oferece serviços de registro, central depositária, negociação e liquidação de ativos e títulos. Por meio de soluções de tecnologia e infraestrutura, proporciona liquidez, segurança e transparência para as operações financeiras, contribuindo para o desenvolvimento sustentável do mercado e da sociedade brasileira. A empresa é, também, a maior depositária de títulos privados de renda fixa da América Latina e a maior câmara de ativos privados do país.

Com base nos registros das operações diárias com Certificados de Depósitos Interfinanceiros, é calculada uma taxa média diária, conhecida por CDI-*Over*.

A taxa CDI-*Over* serve como parâmetro para acompanhamento das taxas de juros do mercado, sendo tanto utilizada como base para operações de empréstimos de curto prazo quanto como referencial (*benchmark*) de remuneração de algumas aplicações financeiras (Fundos-DI, CDB-DI, Operações de *Swap* com DI etc.).

Diariamente, os jornais econômicos divulgam as taxas médias de Certificados de Depósitos Interfinanceiros (CDI). Veja a seguir um resumo dos principais jornais:

Jornal *Valor Econômico* de 16-01-2015

CDI

Taxas	15-01-2015	14-01-2015
Taxa *Over* (em % a.a.)	11,57	11,57
Taxa *Over* (em % a.m.)	1,3036	1,3036

Fonte: Cetip.

Jornal *O Estado de S. Paulo* de 16-01-2015

DI-OVER

Data	Taxa ao dia %	Acumulado no mês %	Acumulado no ano %
14-01-2015	0,0435	0,3918	0,3918
15-01-2015	0,0435	0,4354	0,4354

Vamos analisar as informações contidas nos resumos dos jornais:

- A taxa média do CDI de 15-01-2015 foi de 11,57% ao ano (ano-base de 252 dias úteis), correspondendo a uma taxa média diária de 0,0435%, obtida da seguinte forma:

CDI: 11,57% ao ano (ano-base de 252 dias úteis)

Qual a taxa equivalente para um dia útil?

$$ieq. = \left[\left(1 + \frac{11,57}{100}\right)^{\frac{1}{252}} - 1\right] \times 100$$

ieq. = 0,0435% por dia útil.

ieq. = 0,0435% (arredondada para a quarta casa decimal após a vírgula).

Observe que essa taxa diária (0,0435%) é a mesma que foi publicada no jornal *O Estado de S. Paulo*, 16 janeiro 2015.

O jornal *Valor Econômico* divulgou também uma Taxa *Over* Mensal de 1,3036% para o dia 15-01-2015. Veja a seguir como ela foi obtida:

Taxa *Over* Mensal = Taxa *Over* diária × 30

Taxa *Over* Mensal = 0,0435 × 30

Taxa *Over* Mensal = 1,3036%

No *site* www.cetip.com.br estão disponíveis diversas informações sobre o Certificado de Depósito Interfinanceiro, entre elas um simulador de cálculo do DI com taxas desde 4-07-1994. A seguir apresentamos algumas informações obtidas por meio de consulta ao referido *site* na área de estatísticas.

CETIP	
No período:	1-1-2015 a 16-1-2015
Percentual:	100.0000%
Fator:	1,00435401
Taxa:	0,44%
Valor:	0

Nessa tela de simulação de cálculo do DI observa-se, por meio do fator de acumulação, que a taxa acumulada do CDI para o período de 1-01-2015 a 16-01-2015 é de 0,435401% (arredondada para 0,44% no campo taxa do simulador). Nessa simulação é incluído o primeiro dia útil e excluído o último dia se for útil.

A seguir apresentamos uma tela obtida por meio de consulta ao *site* www.cetip.com.br que demonstra as taxas de CDI praticadas no período de 2-01-2015 a 15-01-2015:

Data	Nº Operações	Volume	Média	Fator Diário	Mínima	Máxima	Moda	Dsv Pdr	Taxa SELIC
2-01-2015	7	2.208.731	11,57	1,00043455	–	–	–	–	11,65
5-01-2015	8	2.373.078	11,57	1,00043455	–	–	–	–	11,65
6-01-2015	7	2.494.522	11,57	1,00043455	–	–	–	–	11,65
7-01-2015	8	2.495.470	11,57	1,00043455	–	–	–	–	11,65
8-01-2015	9	2.484.198	11,57	1,00043455	–	–	–	–	11,65
9-01-2015	8	2.485.849	11,57	1,00043455	–	–	–	–	11,65
12-01-2015	8	2.463.486	11,57	1,00043455	–	–	–	–	11,65
13-01-2015	9	2.470.857	11,57	1,00043455	–	–	–	–	11,65
14-01-2015	9	2.436.160	11,57	1,00043455	–	–	–	–	11,65
15-01-2015	6	2.371.019	11,57	1,00043455	–	–	–	–	11,65

Cabe destacar que o fator diário para o dia 15-01-2015 foi obtido da seguinte forma:

$$\text{fator diário} = \left(1 + \frac{11,57}{100}\right)^{\frac{1}{252}}$$

Este fator pode ser utilizado para atualizar valores diariamente pela taxa de 100% do CDI. Veja o exemplo a seguir:

Uma pessoa aplicou no dia 15-01-2015 a quantia de R$ 100.000,00 em um Certificado de Depósito Bancário remunerado a 100% da taxa diária do CDI. Qual o valor atualizado de tal aplicação até o dia 16-01-2015?

Fazendo-se uso dos fatores diários teríamos:

Valor atualizado em 16-01-2015 = R$ 100.000,00 × 1,00043455

Valor atualizado em 16-01-2015 = R$ 100.043,46

No dia seguinte o valor de R$ 100.043,46 seria atualizado pelo novo fator diário.

9.13 Taxa Básica Financeira (TBF)

A Taxa Básica Financeira (TBF) é divulgada diariamente pelo Banco Central, e tem como base de cálculo as taxas médias de captação de Certificados de Depósitos Bancários (CDB) e Recibos de Depósitos Bancários (RDB) prefixados emitidos pelas 20 maiores instituições financeiras do país, consideradas em função do volume de captação nessas modalidades.

Sua metodologia de cálculo, segundo as Resoluções nos 4.240, de 28-06-2013 e 3.354, de 31-03-2006 do Conselho Monetário Nacional, resume-se em:

- o Banco Central do Brasil constitui uma amostra, contendo as 20 maiores instituições financeiras do país, segundo o volume de captação dos últimos seis meses em CDB/RDB prefixados, com prazos entre 30 e 35 dias corridos, entre os bancos comerciais, bancos múltiplos, bancos de investimento e Caixas Econômicas;
- diariamente, as instituições financeiras que compõem a amostra devem prestar as seguintes informações relativas ao dia útil imediatamente anterior:
  - o volume em reais (R$) dos CDB/RDB prefixados, com prazos de vencimento entre 30 e 35 dias corridos;
  - a taxa média mensal dos referidos CDB/RDB;

- da amostra apresentada, o Banco Central irá desconsiderar para o cálculo da Taxa Básica Financeira as duas instituições financeiras que tiveram a maior e as duas que tiveram a menor taxa, sobrando um total de 26 bancos para o processamento dos cálculos;
- para cada dia do mês de referência, o Banco Central calcula e divulga a TBF, sempre para o período de um mês, com início no próprio dia de referência e término no mesmo dia de referência do mês seguinte (exemplo: TBF para o período de 16-06-2014 a 16-07-2014);
- a TBF é divulgada pelo Banco Central no primeiro dia útil posterior ao dia de referência (exemplo: TBF do período de 3-06-2014 a 3-07-2014 foi divulgada pelo Banco Central em 4-06-2014).

Diariamente, os jornais publicam o percentual da Taxa Referencial (TR) e da Taxa Básica Financeira (TBF). A seguir, apresentamos um quadro publicado no Jornal *Valor Econômico* do dia 16-01-2015 (sexta-feira).

| TR, Poupança e TBF ||||||
| Variações % no período ||||||
Período	TR	Poupança*	Poupança**	TBF
29/12 a 29/01	0,1028	0,5882	0,5882	0,8936
30/12 a 30/01	0,1242	0,5882	0,5882	0,9152
31/12 a 31/01	0,1242	0,5882	0,5882	0,9152
01/01 a 01/02	0,0878	0,5882	0,5882	0,8685
02/01 a 02/02	0,0831	0,5835	0,5835	0,8637
03/01 a 03/02	0,1005	0,6010	0,6010	0,8813
04/01 a 04/02	0,1224	0,6230	0,6230	0,9234
05/01 a 05/02	0,1636	0,6644	0,6644	0,9849
06/01 a 06/02	0,1463	0,6470	0,6470	0,9575
07/01 a 07/02	0,1624	0,6632	0,6632	0,9737
08/01 a 08/02	0,1293	0,6299	0,6299	0,9303
09/01 a 09/02	0,0973	0,5978	0,5978	0,8781
10/01 a 10/02	0,0836	0,5840	0,5840	0,8643
11/01 a 11/02	0,1148	0,6154	0,6154	0,9057
12/01 a 12/02	0,1310	0,6317	0,6317	0,9320
13/01 a 13/02	0,1595	0,6603	0,6603	0,9708
14/01 a 14/02	0,1335	0,6342	0,6342	0,9346

Fonte: Banco Central e Valor Data * Depósitos até 03/05/12 ** Depósitos a partir de 04/05/12; MP nº 567 de 03/06/12.

Observações:

- a TBF do período de 14-01 a 14-02-2015 foi calculada e divulgada pelo Banco Central no dia 15-01-2015 (quinta-feira) e foi publicada no jornal um dia após seu cálculo;
- uma pessoa que contratou uma operação com base no rendimento da TBF ou TR, um dia útil após a aplicação, terá condições de saber o valor atualizado para o mesmo dia de referência do mês seguinte;
- o valor da Taxa Básica Financeira (TBF), além de depender das taxas de CDB/RDB praticadas no mercado, também é influenciado pela quantidade de dias úteis do período de referência.

Segundo a Circular nº 2.905 do Banco Central, de 30-06-1999, as operações ativas e passivas realizadas no âmbito do mercado financeiro com remuneração contratada com base na Taxa Básica Financeira (TBF) estão sujeitas a prazo mínimo de dois meses.

Em 30-06-1995, por meio da Resolução nº 2.172, o Banco Central criou o Depósito de Reaplicação Automática (DRA), tendo como remuneração a Taxa Básica Financeira. Esse produto, atualmente, é oferecido por pouquíssimas instituições financeiras.

9.14 Taxa Referencial (TR)

A Taxa Referencial (TR) é calculada e divulgada diariamente pelo Banco Central, sendo obtida por meio da aplicação de um redutor diário sobre a Taxa Básica Financeira (TBF). Este redutor diário é definido pelo governo, levando-se em consideração a política monetária, fatores conjunturais, equilíbrio e distribuição dos ativos financeiros e outros.

De acordo com a Resolução nº 3.446, de 5-03-2007 do Conselho Monetário Nacional, a fórmula para o cálculo da Taxa Referencial (TR) é a seguinte:

$$TR = \max\left\{0{,}10\left\{\left[\left(1 + \frac{TBF}{100}\right) \div R\right] - 1\right\}\right\} \times 100$$

Onde:

$$R = \left(a + b \times \frac{TBF}{100}\right)$$

$a = 1{,}005$

b = valor determinado de acordo com a tabela a seguir, em função da TBF obtida, segundo a metodologia descrita no art. 4º da Resolução nº 3.354, de 31-03-2006, do Conselho Monetário Nacional, em termos percentuais ao ano:

TBF (% ao ano)	Coeficiente b
> 16% ao ano	0,48
16 >= TBF > 15% ao ano	0,44
15 >= TBF > 14% ao ano	0,40
14 >= TBF > 13% ao ano	0,36
13 >= TBF > 11% ao ano	0,32

Observações:

- A Resolução nº 3.530, de 31-01-2008 do Conselho Monetário Nacional, limitou o resultado obtido pelo cálculo da TR em no máximo 0 (zero), ou seja, não existirão taxas referenciais negativas. No caso de ocorrerem taxas referenciais negativas, a TR será nula e o rendimento real da Caderneta de Poupança não será afetado.
- O Banco Central do Brasil calcula o redutor "R" utilizando todas as casas decimais dos valores envolvidos, procedendo ao arredondamento do valor final para quatro casas decimais.

Os jornais publicam diariamente a Taxa Referencial juntamente com a Taxa Básica Financeira. A seguir encontram-se a Taxa Básica Financeira (TBF) e a Taxa Referencial (TR) publicadas no Jornal *Valor Econômico*, 16 janeiro 2015.

EXEMPLO:

TBF do dia 14-01-2015 = 0,9346%

TR do dia 14-01-2015 = 0,1335%

Nesse exemplo, o redutor que o Banco Central utilizou para cálculo da TR é obtido da seguinte forma:

Pela HP-12C:

100,1335 [ENTER] 100,9346 [Δ%] = 0,80%

Observações:

- a Taxa Referencial (TR), a exemplo da Taxa Básica Financeira (TBF) é divulgada nos jornais, com dois dias úteis de defasagem;
- tanto a TBF, quanto a TR, são calculadas e divulgadas para períodos de aniversário (TR de 14-01-2015 atualiza valores aplicados ou emprestados no dia 14-01-2015 com vencimento para o dia 14-02-2015);
- atualmente, a Taxa Referencial (TR) é utilizada para correção dos saldos das Cadernetas de Poupança, atualização das prestações e saldo devedor da maioria das operações de crédito imobiliário e como indexador de alguns empréstimos e aplicações do mercado financeiro brasileiro (CDB, Letras Hipotecárias etc.).

9.15 Taxa Selic *Over* e Selic Meta

O Sistema Especial de Liquidação e Custódia (Selic) foi criado em 1980 por meio de um convênio entre o Banco Central do Brasil e a Associação Nacional das Instituições de Mercado Aberto (Andima). Por meio desse sistema, são registradas e controladas eletronicamente todas as negociações com títulos públicos federais. Os acertos entre compradores e vendedores são realizados imediatamente, sensibilizando suas contas de reservas bancárias.

As operações com títulos públicos federais no mercado financeiro mostram-se como um importante instrumento de ajuste de liquidez, onde atuam as próprias instituições financeiras comprando e vendendo diariamente títulos públicos federais entre e si e o Banco Central fazendo seu papel como agente controlador da política monetária.

9.15.1 *Taxa Selic Over*

A exemplo da taxa CDI-*Over* calculada e divulgada pela Central de Custódia e Liquidacão Financeira (Cetip), diariamente o Selic fornece a taxa média das transações com títulos públicos federais, conhecida no mercado por Selic-*Over*.

Uma vez que os títulos públicos federais negociados no mercado são considerados de baixo risco, a taxa Selic-*Over* mostra-se como um importante sinalizador, demonstrando a base do custo do dinheiro na economia e, portanto, um referencial para as instituições financeiras na formação das taxas de juros, tanto para empréstimos quanto para aplicações financeiras.

Diariamente, os jornais econômicos divulgam a taxa Selic-*Over*. Vejamos um resumo do Jornal *Valor Econômico*, 16 janeiro 2015.

Jornal *Valor Econômico* de 16-01-2015

SELIC/CDI

Taxas	15-01-2015	14-01-2015
SELIC		
Taxa *Over* (em % a.a.)	11,65	11,65
Taxa *Over* (em % a.m.)	1,3122	1,3122

Fontes: BC, Cetip, BM&FBovespa, CMA e Valor Data.

Vamos analisar as informações contidas no jornal.

- A taxa Selic-*Over* do dia 15-01-2015 foi de 11,65% ao ano (ano-base de 252 dias úteis), correspondendo a uma taxa média diária de 0,043739%, obtida da seguinte forma:

Selic-*Over*: 11,65% ao ano (ano-base de 252 dias úteis)

Qual a taxa equivalente para um dia útil?

$$ieq = \left[\left(1 + \frac{11,65}{100}\right)^{\frac{1}{252}} - 1\right] \times 100$$

$ieq = 0,043739\%$ por dia útil.

$ieq = 0,0437\%$ (arredondada para a quarta casa decimal após a vírgula).

O Jornal *Valor Econômico* divulgou também uma Taxa Selic-*Over* ao mês para o dia 15-01-2015. Veja a seguir como ela foi obtida:

Taxa Selic-*Over* Mensal = Taxa Selic-*Over* diária × 30

Taxa *Over* Mensal = 0,043739 × 30

Taxa *Over* Mensal = 1,312176%

Taxa *Over* Mensal = 1,3122% (arredondada para a quarta casa decimal após a vírgula).

Observe que a taxa do interbancário (CDI-*Over*) é muito próxima da taxa média das negociações com títulos públicos (Selic-*Over*), demonstrando que ambas são referenciais importantes para a formação da taxa de juros no mercado.

9.15.2 Taxa Selic meta

O Comitê de Política Monetária (Copom) foi criado em 20 de junho de 1996, com o objetivo de estabelecer as diretrizes da política monetária e de definir a meta da taxa de juros da economia brasileira (SELIC Meta).

Desde 1996, as normas do Copom sofreram alterações no que se refere ao seu objetivo, à periodicidade das reuniões, à composição, e às atribuições e competências de seus integrantes. Essas alterações visaram não apenas aperfeiçoar o processo decisório no âmbito do Comitê, como também refletiram as mudanças de regime monetário.

Destaca-se a adoção, pelo Decreto nº 3.088, em 21 de junho de 1999, da sistemática de "metas para a inflação" como diretriz de política monetária. Desde então, as decisões do Copom passaram a ter como objetivo cumprir as metas para a inflação definidas pelo Conselho Monetário Nacional.

As reuniões ordinárias do Copom dividem-se em dois dias: a primeira sessão às terças-feiras e a segunda às quartas-feiras. Atualmente o número de reuniões ordinárias é de oito ao ano (média de uma reunião a cada seis semanas).

O Copom é composto pelos membros da Diretoria Colegiada do Banco Central do Brasil, sendo que o presidente tem o voto de qualidade.

Segundo dados do Banco Central os objetivos do Copom são "implementar a política monetária, definir a meta da Taxa Selic e seu eventual viés, e analisar o 'Relatório de Inflação'".

A taxa de juros fixada na reunião do Copom é a meta para a Taxa Selic (taxa média dos financiamentos diários, com lastro em títulos federais, apurados no Sistema Especial de Liquidação e Custódia), a qual vigora por todo o período entre reuniões ordinárias do Comitê. Se for o caso, o Copom também pode definir o viés, que é a prerrogativa dada ao presidente do Banco Central para alterar, na direção do viés, a meta para a Taxa Selic a qualquer momento entre as reuniões ordinárias.

Na prática o viés dá poderes ao presidente do Banco Central (BC) de fixar, antes da próxima reunião do Copom, um novo valor para a taxa SELIC no sentido do viés. Atualmente são os seguintes tipos de viés:

- de baixa – o presidente do BC pode mover a taxa para baixo;
- de alta – o presidente do BC pode mover a taxa para cima a qualquer momento;
- neutro ou sem viés – a tendência é manter a taxa até a próxima reunião, caso não ocorram fatores extraordinários que exijam uma reunião de emergência.

As atas em português das reuniões do Copom são divulgadas às 8h30 da quinta-feira da semana posterior a cada reunião, dentro do prazo regulamentar de seis dias úteis, sendo publicadas na página do Banco Central na Internet (www.bc.gov.br) e para a imprensa.

Diversos fatores afetam a decisão do Copom para formação dessa taxa, dentre eles: a taxa de inflação, movimentos na taxa de câmbio, fatores conjunturais internos e externos etc.

9.16 Taxa de Juros de Longo Prazo (TJLP)

A Taxa de Juros de Longo Prazo (TJLP) foi instituída pela Medida Provisória nº 684, de 31-10-1994, publicada no Diário Oficial da União em 03-11-1994, sendo definida como o custo básico dos financiamentos concedidos pelo BNDES.

Posteriores alterações ocorreram através da Medida Provisória nº 1.790, de 29-12-1998, e da Medida Provisória nº 1.921, de 30-09-1999, convertida na Lei nº 10.183 de 12-02-2001.

A TJLP é obtida a partir de dois componentes básicos:

a) a meta de inflação fixada pelo Conselho Monetário Nacional, baseada no Índice de Preços ao Consumidor Amplo (IPCA), e calculada *pro rata* para os 12 meses seguintes ao primeiro mês de vigência da taxa;

b) um prêmio de risco, que incorpora uma taxa de juros real internacional e um componente de risco Brasil numa perspectiva de médio e longo prazo.

A vigência da TJLP é de três meses, divulgada até o último dia do trimestre imediatamente anterior ao de sua vigência, sendo nesse caso as datas de 31 de dezembro, 31 de março, 30 de junho e 30 de setembro.

O valor da TJLP poderá ser obtido nos jornais de grande circulação. A seguir, apresentamos uma série histórica resumida da evolução da TJLP de três trimestres:

Período	TJLP (% ao ano)
Janeiro/2015 a março/2015	5,5
Outubro/2014 a dezembro/2014	5,0
Julho/2014 a setembro/2014	5,0

Fonte: BNDES.

9.17 Taxa de desvalorização da moeda

A matemática financeira tem por objetivo principal medir o valor do dinheiro no tempo; logo, não podemos deixar de analisar os efeitos da inflação sobre a estabilidade da moeda.

Num regime inflacionário, determinado preço inicial de um bem ou serviço (Pi), submetido a uma taxa de inflação (i), após determinado prazo (n) terá seu preço final (FV) elevado segundo a equação de juros compostos $FV = Pi\ (1 + i)^n$.

EXEMPLO 1:

Determinada mercadoria era vendida há três meses por $ 250,00. Considerando-se que o preço inicial foi reajustado, segundo uma inflação mensal de 2% ao mês, determine: (a) o valor atual de tal mercadoria; (b) o percentual total de inflação acumulado no período.

Solução:

a)

$FV = Pi \times (1 + i)^n$

$FV = 250 \times (1 + 0{,}02)^3$

$FV = \$\ 265{,}30$

b)

$$ieq = \left[\left(1 + \frac{2}{100}\right)^3 - 1\right] \times 100$$

$ieq = 6{,}12\%$ no período

Entende-se por taxa de desvalorização o percentual de perda do poder aquisitivo da moeda em determinado período de tempo, em face de um aumento generalizado de preços.

Uma vez que os preços aumentam num regime de inflação, segundo a multiplicação do capital inicial pelo fator $(1 + i)$, onde i é a taxa de inflação no período, vale dizer que a moeda foi reduzida para $\dfrac{1}{(1+i)}$ do seu valor inicial.

Observe o exemplo a seguir:

Eu possuía $ 100,00, com os quais conseguia comprar um ano atrás 100 unidades de determinada mercadoria. Hoje, com os mesmos $ 100,00, quantas unidades conseguirei comprar, uma vez que o preço de tal bem foi atualizado por uma inflação de 100%, passando a custar $ 2,00 a unidade?

Solução:

$$\text{Posição inicial} = \frac{\$\ 100{,}00}{\$\ 1{,}00} = 100 \text{ unidades}$$

$$\text{Posição final} = \frac{\$\ 100{,}00}{\$\ 2{,}00} = 50 \text{ unidades}$$

Fica fácil observar que o valor inicial da moeda após um aumento de 100% no preço da mercadoria, em função da inflação, fez com que o valor da moeda perdesse 50% de seu poder aquisitivo inicial. Portanto, podemos dizer que

$$id = \left[1 - \frac{1}{(1+i)}\right] \times 100$$

onde:

id = taxa percentual de desvalorização no período.

i = taxa de inflação registrada no período na forma decimal.

Aplicando-se a fórmula na solução do exemplo:

$$id = \left[1 - \frac{1}{(1+i)}\right] \times 100$$

$$id = \left[1 - \frac{1}{\left(1 + \frac{100}{100}\right)}\right] \times 100 = 50\%$$

EXEMPLO 2:

Qual a taxa de desvalorização da moeda num período de três meses em face de uma inflação mensal de 10% ao mês?

Solução:

$$\text{Inflação no período} = \left[\left(1 + \frac{10}{100}\right)^3 - 1\right] \times 100 = 33,10\%$$

$$id = \left[1 - \frac{1}{(1 + 0,3310)}\right] \times 100$$

$$id = 24,87\%$$

EXEMPLO 3:

Qual a taxa de inflação mensal necessária para que um capital perca seu poder aquisitivo pela metade num período de 12 meses (um ano)?

Solução:

$$id = \left[1 - \frac{1}{(1+i)}\right] \times 100$$

$$50 = \left[1 - \frac{1}{(1+i)^{12}}\right] \times 100$$

$$0{,}50 = \frac{1}{(1+i)^{12}}$$

$$(1+i)^{12} = 2$$

$i = 0{,}0595$, ou seja, 5,95% ao mês.

EXEMPLO 4:

Em quanto tempo um capital inicial perde seu poder aquisitivo em 25%, em face de uma inflação de 1% ao mês?

Solução:

$$id = \left[1 - \frac{1}{(1+i)}\right] \times 100$$

$$25 = \left[1 - \frac{1}{(1+0{,}01)^n}\right] \times 100$$

$$0{,}25 = 1 - \frac{1}{(1+0{,}01)^n}$$

$$0{,}75 = \frac{1}{(1+0{,}01)^n}$$

$$\frac{1}{0{,}75} = (1+0{,}01)^n$$

$$n = \frac{LN\ 1{,}33}{LN\ 1{,}01} = 28{,}91 \text{ meses.}$$

10

Séries Uniformes a Juros Compostos

Até o presente momento, foram analisados problemas financeiros que envolviam um capital (*PV*), aplicado ou emprestado a determinada taxa de juros (*i*) simples ou composta, que ao final de um período (*n*), proporcionava determinado montante (*FV*), ou seja, o empréstimo ou aplicação era saldado por meio de um único pagamento ou recebimento.

Neste capítulo, serão estudados os casos financeiros em que o valor de um empréstimo ou aplicação financeira (*PV*) será saldado por meio de uma quantidade (*n*) de prestações iguais e sucessivas, a uma taxa de juros compostos constante (*i*).

10.1 Conceito

O valor das prestações de uma série uniforme será identificado na HP-12C pela tecla PMT (pagamentos).

Para atendermos à objetividade e à praticidade que se propõe o presente livro, serão tratadas apenas as séries uniformes com as seguintes características:

- séries uniformes finitas, ou seja, com número exato e determinado de pagamentos ou recebimentos;
- a periodicidade de vencimento das prestações será constante;
- as parcelas iguais serão calculadas a juros compostos, em que o valor de cada prestação conterá uma parcela de juros e outra do capital amortizado;

- os vencimentos dos pagamentos ou recebimentos iguais poderão ocorrer no início de cada período (termos antecipados) ou no final (termos postecipados).

EXEMPLO:

O Sr. Carnelino contraiu um empréstimo pessoal de $ 1.000,00 para ser liquidado em três prestações iguais e mensais, vencendo a primeira 30 dias após a contratação.

Sabendo que a instituição financeira que realizou tal operação cobrou uma taxa de juros compostos de 10% ao mês, qual o valor das prestações a serem pagas?

Dados:

$PV = \$\ 1.000,00$

$i\ \ = 10\%$ ao mês

$n\ \ = 3$ prestações iguais (termos postecipados)

$PMT = ?$

Fluxo de caixa do banco:

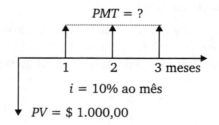

Vamos calcular o valor das prestações.

Cada prestação pode ser considerada como um valor futuro (*FV*) a ser pago em datas distintas, sendo o capital inicial (*PV*) igual à somatória dos valores presentes de cada prestação, conforme demonstrado na equação a seguir.

$$PV = \frac{PMT}{(1+i)^1} + \frac{PMT}{(1+i)^2} + \frac{PMT}{(1+i)^3} + \ldots\ldots + \frac{PMT}{(1+i)^n}$$

Essa expressão é uma soma em progressão geométrica de razão $\frac{1}{(1+i)}$ de onde extraímos a fórmula a seguir:

$$PMT = PV \times \left[\frac{(1+i)^n \times i}{(1+i)^n - 1}\right]$$

Aplicando essa fórmula na solução do exemplo anterior, temos:

$$PMT = 1.000 \times \left[\frac{(1+0,10)^3 \times 0,10}{(1+0,10)^3 - 1}\right]$$

PMT = $ 402,11

Importante:

O conceito de séries uniformes é utilizado nos meios financeiros para o cálculo de prestações de crediários, crédito pessoal, crédito direto ao consumidor, financiamentos imobiliários, *leasing* etc.

Lembre-se:

Nas fórmulas de matemática financeira, a taxa de juros deverá sempre ser informada na forma decimal, ou seja, dividida por 100.

10.2 Prestações iguais com termos postecipados (primeira prestação paga/recebida um período após a contratação)

10.2.1 Dado PV, achar PMT, ou seja, dados o valor do principal, a taxa de juros e o número de prestações, encontrar o valor das prestações

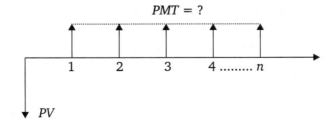

Fórmula:

$$PMT = PV \times \left[\frac{(1+i)^n \times i}{(1+i)^n - 1}\right]$$

EXEMPLO:

Um produto está anunciado por $ 200,00 para pagamento a vista ou em cinco prestações iguais e mensais, sendo a primeira paga 30 dias após a compra (termos postecipados).

Calcule o valor das prestações, sabendo que a taxa de juros compostos cobrada pela loja foi de 5% ao mês.

Dados:

PV = $ 200,00

n = 5 prestações (termos postecipados)

i = 5% ao mês

PMT = ?

Fluxo de caixa do financiador:

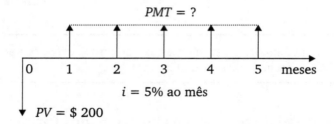

Solução pela fórmula:

$$PMT = 200 \times \left[\frac{(1+i)^n - 1}{(1+i)^n \times i} \right]$$

Substituindo os valores na fórmula, temos:

$$PMT = 200 \times \left[\frac{(1+0,05)^5 \times 0,05}{(1+0,05)^5 - 1} \right]$$

PMT = $ 46,19

Solução pela HP-12C:

A calculadora HP-12C resolve problemas de séries uniformes por meio da tecla [PMT CFi], tanto para termos postecipados como para termos antecipados. Para tanto, deve-se posicioná-la na modalidade desejada.

No caso de termos postecipados, devemos pressionar, antes da realização dos cálculos, as teclas [g] [8 END] e para termos antecipados a sequência [g] [7 BEG], o que fará aparecer no visor da calculadora a expressão *begin*, que significa pagamentos ou recebimentos feitos no início dos períodos.

Dessa forma, se no visor da calculadora não estiver gravado o termo *begin*, ela estará operando no modo *end* (termos postecipados).

Resumindo:

[g] [8 END] Para termos postecipados, ou seja, a primeira prestação igual às demais será paga/recebida um período após a contratação.

[g] [7 BEG] Para termos antecipados, ou seja, a primeira prestação igual às demais será paga/recebida no ato da contratação. Nesse caso, aparecerá no visor de sua calculadora a inscrição *begin* que significa início, demonstrando que a calculadora está posicionada para cálculos financeiros quando a primeira prestação igual às demais vence no início do contrato.

Agora vamos solucionar o exemplo pela HP-12C.

Pressione	Visor	Significado
f CLX	0,00	Limpa todos os registradores.
g END	0,00	Posiciona no modo "END".
200 CHS PV	– 200,00	Introduz o valor do principal.
5 i	5,00	Introduz a taxa de juros mensal.
5 n	5,00	Introduz o número de prestações.
PMT	46,19	Calcula o valor das prestações.

10.2.2 Dado PMT, achar PV, ou seja, dados o número, o valor de cada prestação e a taxa de juros, encontrar o valor do principal inicial

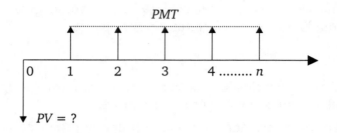

Fórmula:

$$PV = PMT \times \left[\frac{(1+i)^n - 1}{(1+i)^n \times i} \right]$$

EXEMPLO:

Quanto devo aplicar hoje (PV), a uma taxa de juros compostos de 1% ao mês, para poder receber a partir do próximo mês, seis prestações mensais e iguais de $ 1.000,00?

Dados:

$PMT = \$\ 1.000,00$

$n = 6$ prestações (termos postecipados)

$i = 1\%$ ao mês

$PV = ?$

Fluxo de caixa do investidor:

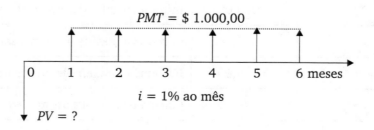

Solução pela fórmula:

$$PV = PMT \times \left[\frac{(1+i)^n - 1}{(1+i)^n \times i}\right]$$

Substituindo os valores na fórmula, temos:

$$PV = 1000 \times \left[\frac{(1+0,01)^6 - 1}{(1+0,01)^6 \times 0,01}\right]$$

$PV = \$\ 5.795,48$

Solução pela HP-12C:

Pressione	Visor	Significado
f CLX	0,00	Limpa todos os registradores.
g END	0,00	Posiciona no modo "END".
1000 PMT	1.000,00	Introduz o valor da prestação.
1 i	1,00	Introduz a taxa de juros mensal.
6 n	6,00	Introduz o número de prestações.
PV	– 5.795,48	Calcula o valor do principal.

10.2.3 Dado PMT, achar FV, ou seja, dados o número, o valor de cada prestação e a taxa de juros, encontrar o valor do montante acumulado

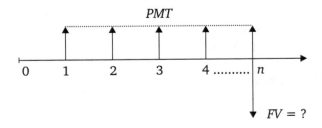

Fórmula:

$$FV = PMT \times \left[\frac{(1+i)^n - 1}{i}\right]$$

EXEMPLO:

Calcular o valor de resgate, referente à aplicação de 12 parcelas mensais e iguais de $ 600,00 a uma taxa de juros compostos de 2% ao mês, dentro do conceito de termos postecipados (END).

Dados:

$PMT = \$\ 600,00$

$n = 12$ prestações (termos postecipados)

$i = 2\%$ ao mês

$FV = ?$

Fluxo de caixa da instituição financeira:

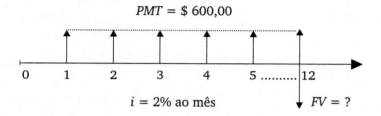

Solução pela fórmula:

$$FV = PMT \times \left[\frac{(1 + i)^n - 1}{i} \right]$$

Substituindo os valores na fórmula, temos:

$$FV = 600 \times \left[\frac{(1 + 0,02)^{12} - 1}{0,02} \right]$$

$FV = \$\ 8.047,25$

Solução pela HP-12C:

Pressione	Visor	Significado
f CLX	0,00	Limpa todos os registradores.
g END	0,00	Posiciona no modo "END".
600 CHS PMT	– 600,00	Introduz o valor da prestação.
2 i	2,00	Introduz a taxa de juros mensal.
12 n	12,00	Introduz o número de prestações.
FV	8.047,25	Calcula o valor de resgate.

10.2.4 Dado FV, achar PMT, ou seja, dados o valor do montante acumulado, o número de prestações iguais e a taxa de juros, encontrar o valor das prestações

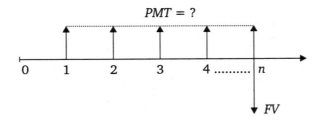

Fórmula:

$$PMT = FV \times \left[\frac{i}{(1+i)^n - 1} \right]$$

EXEMPLO:

Quanto devo aplicar mensalmente, à taxa de juros compostos de 1,5% ao mês, para poder resgatar daqui a seis meses a quantia de $ 3.000,00? Considere como uma série uniforme com termos postecipados.

Dados:

$FV = \$ 3.000,00$

$i = 1,5\%$ ao mês

$n = 6$ prestações (termos postecipados)

$PMT = ?$

Fluxo de caixa da instituição financeira:

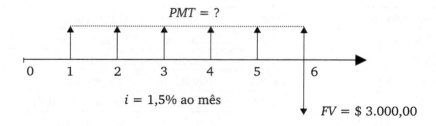

Solução pela fórmula:

$$PMT = FV \times \left[\frac{i}{(1+i)^n - 1}\right]$$

Substituindo os valores na fórmula, temos:

$$PMT = 3.000 \times \left[\frac{0,015}{(1+0,015)^6 - 1}\right]$$

$$PMT = \$\ 481,58$$

Solução pela HP-12C:

Pressione	Visor	Significado
f CLX	0,00	Limpa todos os registradores.
g END	0,00	Posiciona no modo "END".
3000 CHS FV	– 3.000,00	Introduz o valor do resgate.
1.5 i	1,50	Introduz a taxa de juros mensal.
6 n	6,00	Introduz o número de prestações.
PMT	481,58	Calcula o valor das prestações.

10.2.5 Exemplos adicionais com termos postecipados

EXEMPLO 1:

Qual a taxa mensal de juros compostos cobrada no financiamento de um televisor de valor a vista de $ 400,00, para pagamento em 12 prestações iguais e mensais, sem entrada, de $ 45,13 cada?

Dados:

PV = $ 400,00

PMT = $ 45,13

n = 12 prestações (termos postecipados)

i = ? % ao mês

Fluxo de caixa do financiador:

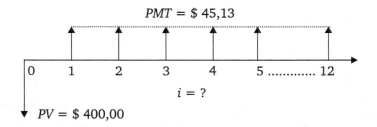

Solução pela HP-12C:

Pressione	Visor	Significado
f CLX	0,00	Limpa todos os registradores.
g END	0,00	Posiciona no modo "END".
400 CHS PV	– 400,00	Introduz o valor do principal.
12 n	12,00	Introduz o número de prestações.
45.13 PMT	45,13	Introduz o valor das prestações.
i	5,00	Calcula a taxa de juros mensal.

EXEMPLO 2:

Um carro está sendo financiado por meio de uma operação de *leasing* da seguinte forma:

- Valor a vista do bem: $ 20.000,00.
- Condições do financiamento: 20% do valor do bem, a título de entrada, e o saldo em 24 prestações iguais e mensais de $ 954,52, vencendo a primeira 30 dias após a entrada.

Qual a taxa de juros mensal cobrada em tal operação?

 Observe que, para calcularmos a taxa de juros cobrada no financiamento, devemos obter o valor do principal que, efetivamente, está sendo financiado. Nesse caso, esse valor é a diferença do valor a vista, $ 20.000,00, e o valor da entrada, $ 4.000,00 (20% de $ 20.000,00).

Dados:

PV = $ 16.000,00

PMT = $ 954,52

n = 24 prestações (termos postecipados)

i = ? % ao mês

Solução pela HP-12C:

Pressione	Visor	Significado
f CLX	0,00	Limpa todos os registradores.
g END	0,00	Posiciona no modo "END".
16000 CHS PV	– 16.000,00	Introduz o valor do principal.
24 n	24,00	Introduz o número de prestações.
954.52 PMT	954,52	Introduz o valor das prestações.
i	3,10	Calcula a taxa de juros mensal.

EXEMPLO 3:

A Loja Delta deseja criar uma tabela de coeficientes multiplicadores, de forma que o vendedor, de posse dos dados do financiamento, tenha condições de calcular rapidamente o valor das prestações a serem pagas pelos consumidores. Sabemos que a loja trabalha com uma taxa de juros compostos de 4% ao mês. Calcule o coeficiente para os seguintes sistemas de financiamento:

- Sistema 1: pagamento da dívida em quatro prestações iguais e mensais, vencendo a primeira 30 dias após a contratação.
- Sistema 2: 20% do valor do bem de entrada e o restante a ser pago em seis parcelas iguais e mensais, vencendo a primeira 30 dias após a contratação.

O valor do coeficiente nada mais é que o valor da prestação a ser paga para cada $ 1,00 de valor a vista do bem. Para que haja precisão nos cálculos, iremos trabalhar com seis casas decimais após a vírgula.

Sistema 1 – Solução pela HP-12C:

Pressione	Visor	Significado
f CLX	0,00	Limpa todos os registradores.
f 6	0,000000	Fixa 6 casas decimais após a vírgula.
g END	0,000000	Posiciona no modo "END".
1 CHS PV	– 1,000000	Introduz o valor do principal.
4 i	4,00	Introduz a taxa de juros mensal.
4 n	4,00	Introduz o número de prestações.
PMT	0,275490	Calcula o valor do coeficiente.

De posse do coeficiente, o vendedor irá calcular a prestação da seguinte forma:

Valor da prestação = Valor do bem × coeficiente

Por exemplo: num financiamento de $ 500,00, qual o valor da prestação a ser paga segundo o sistema apresentado?

Valor da prestação = $ 500,00 × 0,275490
Valor da prestação = $ 137,75

Sistema 2 – Solução pela HP-12C:

Pressione	Visor	Significado
f CLX	0,00	Limpa todos os registradores.
f 6	0,000000	Fixa 6 casas decimais após a vírgula.
g END	0,000000	Posiciona no modo "END".
0.80 CHS PV	– 0,800000	Principal financiado ($ 1,00 – 20%).
4 i	4,00	Introduz a taxa de juros mensal.
6 n	6,00	Introduz o número de prestações.
PMT	0,152610	Calcula o valor do coeficiente.

10.3 Prestações iguais com termos antecipados (primeira prestação paga/recebida no ato da contratação)

10.3.1 Dado PV, achar PMT, ou seja, dados o valor do principal inicial, a taxa de juros e o número de prestações, encontrar o valor das prestações

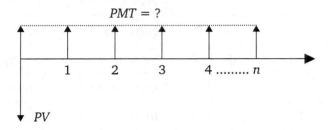

Fórmula:

$$PMT = PV \times \left[\frac{(1+i)^n \times i}{(1+i)^n - 1} \right] \times \frac{1}{(1+i)}$$

EXEMPLO:

Uma geladeira está anunciada por $ 800,00 para pagamento a vista ou em 12 prestações iguais e mensais, sendo a primeira paga no ato da compra (termos antecipados). Calcule o valor das prestações, sabendo que a taxa de juros compostos cobrada pela loja foi de 4,5% ao mês.

Dados:

$PV = \$\ 800,00$

$n = 12$ prestações (termos antecipados)

$i = 4,5\%$ ao mês

$PMT = ?$

Fluxo de caixa do financiador:

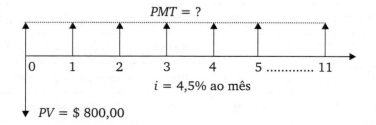

Solução pela fórmula:

$$PMT = PV \times \left[\frac{(1+i)^n \times i}{(1+i)^n - 1}\right] \times \frac{1}{(1+i)}$$

Substituindo na fórmula anterior, temos:

$$PMT = 800 \times \left[\frac{(1+0,045)^{12} \times 0,045}{(1+0,045)^{12} - 1}\right] \times \frac{1}{(1+0,045)}$$

$PMT = \$\ 83,95$

Solução pela HP-12C:

Pressione	Visor	Significado
f CLX	0,00	Limpa todos os registradores.
g BEGIN	0,00 BEGIN	Posiciona no modo "BEGIN".
800 CHS PV	– 800,00 BEGIN	Introduz o valor do principal.
4.5 i	4,50 BEGIN	Introduz a taxa de juros mensal.
12 n	12,00 BEGIN	Introduz o número de prestações.
PMT	83,95 BEGIN	Calcula o valor das prestações.

10.3.2 Dado PMT, achar PV, ou seja, dados o número, o valor de cada prestação e a taxa de juros, encontrar o valor do principal inicial

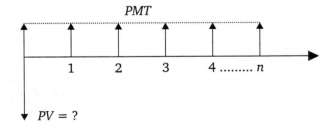

Fórmula:

$$PV = PMT \times \left[\frac{(1+i)^n - 1}{(1+i)^n \times i}\right] \times (1+i)$$

EXEMPLO:

Observe as condições de financiamento de um televisor:
Dados:

Taxa do financiamento (i) = 5% ao mês

Condições de pagamento: entrada de $ 180,00, mais cinco prestações iguais e mensais de $ 180,00 cada. Qual o valor a vista de tal televisor?

Fluxo de caixa do financiador:

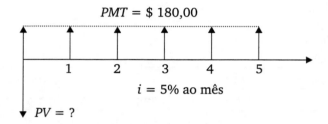

Solução pela fórmula:

$$PV = PMT \times \left[\frac{(1+i)^n - 1}{(1+i)^n \times i}\right] \times (1+i)$$

Substituindo na fórmula, temos:

$$PV = 180 \times \left[\frac{(1+0,05)^6 - 1}{(1+0,05)^6 \times 0,05}\right] \times (1+0,05)$$

PV = $ 959,31

Solução pela HP-12C:

	Pressione	Visor	Significado
f	CLX	0,00	Limpa todos os registradores.
g	BEG	0,00 BEGIN	Posiciona no modo "BEGIN".
180	PMT	180,00 BEGIN	Introduz o valor de cada prestação.
5	i	5,00 BEGIN	Introduz a taxa de juros mensal.
6	n	6,00 BEGIN	Introduz o número total de prestações.
PV		– 959,31 BEGIN	Calcula o valor do principal inicial.

10.3.3 Dado PMT, achar FV, ou seja, dados o número, o valor de cada prestação e a taxa de juros, encontrar o valor do montante acumulado

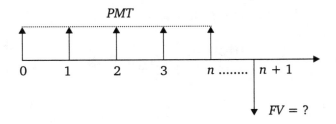

Fórmula:

$$FV = PMT \times \left[\frac{(1+i)^n - 1}{i}\right] \times (1+i)$$

EXEMPLO:

Quanto terei no final de sete meses se aplicar, a partir de hoje, a quantia de $ 1.000,00 mensalmente em uma instituição financeira que remunera as aplicações a uma taxa de juros compostos de 1,2% ao mês?

Dados:

PMT = $ 1.000,00

n = 7 prestações (termos antecipados)

i = 1,2 % ao mês

FV = ?

Fluxo de caixa da instituição financeira:

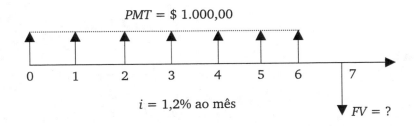

Solução pela fórmula:

$$FV = PMT \times \left[\frac{(1+i)^n - 1}{i}\right] \times (1+i)$$

Substituindo os valores na fórmula, temos:

$$FV = 1.000 \times \left[\frac{(1+0,012)^7 - 1}{0,012}\right] \times (1+0,012)$$

$$FV = \$ 7.344,19$$

Solução pela HP-12C:

Pressione	Visor	Significado
f CLX	0,00	Limpa todos os registradores.
g BEG	0,00 BEGIN	Posiciona no modo "BEGIN".
1000 CHS PMT	– 1.000,00 BEGIN	Introduz o valor de prestação.
1.2 i	1,20 BEGIN	Introduz a taxa de juros.
7 n	7,00 BEGIN	Introduz o número de prestações.
FV	7.344,19 BEGIN	Calcula o valor do resgate.

10.3.4 Dado FV, achar PMT, ou seja, dados o valor do montante acumulado, o número de prestações iguais e a taxa de juros, encontrar o valor das prestações

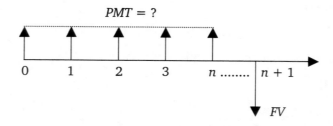

Fórmula:

$$PMT = FV \times \left[\frac{i}{(1+i)^n - 1}\right] \times \frac{1}{(1+i)}$$

EXEMPLO:

Quanto devo aplicar a partir de hoje, em um investimento de renda fixa que remunera os depósitos a uma taxa de juros compostos de 1,00% ao mês, para poder resgatar daqui a 18 meses a quantia de $ 5.000,00? Considere como uma série uniforme com termos antecipados.

Dados:

$FV = \$ 5.000,00$

$i = 1,00\%$ ao mês

$n = 18$ prestações (termos antecipados)

$PMT = ?$

Fluxo de caixa da instituição financeira:

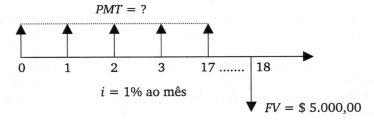

Solução pela fórmula:

$$PMT = FV \times \left[\frac{i}{(1 + i)^n - 1}\right] \times \frac{1}{(1 + i)}$$

Substituindo na fórmula, temos:

$$PMT = 5.000 \times \left[\frac{0,01}{(1 + 0,01)^{18} - 1}\right] \times \frac{1}{(1 + 0,01)}$$

$PMT = \$ 252,39$

Solução pela HP-12C:

Pressione		Visor	Significado
f	CLX	0,00	Limpa todos os registradores.
g	BEG	0,00 BEGIN	Posiciona no modo "BEGIN".
5000	FV	5.000,00 BEGIN	Introduz o valor de resgate.
1	i	1,00 BEGIN	Introduz a taxa de juros.
18	n	18,00 BEGIN	Introduz o número de prestações.
PMT		– 252,39 BEGIN	Calcula o valor das prestações.

10.3.5 Exemplos adicionais com termos antecipados

EXEMPLO 1:

Uma geladeira está anunciada para venda nas seguintes condições:

- a vista: 15% de desconto sobre o preço anunciado;
- a prazo: o preço anunciado é dividido para pagamento em quatro prestações iguais e mensais, vencendo a primeira no ato da compra.

Qual a taxa mensal de juros compostos cobrada na venda a prazo?

Para solucionarmos tal problema, vamos trabalhar com um preço anunciado hipotético de $ 100,00.

Portanto:

- a vista: $ 85,00 ($ 100 – 15%);
- a prazo: quatro prestações mensais e iguais de $ 25,00 cada ($ 100,00 ÷ 4), sendo a primeira paga no ato da compra.

Observe que o valor efetivamente financiado é $ 85,00, e se optar pela compra a prazo, o consumidor irá pagar quatro prestações iguais e mensais de $ 25,00 cada, vencendo a primeira no ato da compra. Qual a taxa de juros mensal paga em tal financiamento?

Solução pela HP-12C:

Pressione	Visor	Significado
f CLX	0,00	Limpa todos os registradores.
g BEG	0,00 BEGIN	Posiciona no modo "BEGIN".
85 CHS PV	85,00 BEGIN	Introduz o valor financiado.
25 PMT	25,00 BEGIN	Introduz o valor das prestações.
4 n	4,00 BEGIN	Introduz o número de prestações.
i	12,04 BEGIN	Calcula a taxa de juros mensal.

Resposta: A taxa cobrada foi de 12,04% ao mês.

EXEMPLO 2:

Veja este anúncio divulgado por uma loja de roupas masculinas:

Super promoção!

- pagamento a vista: 30% de desconto sobre o preço de etiqueta; ou
- pagamento a prazo: 20% de desconto sobre o preço da etiqueta para ser parcelado em três pagamentos mensais e iguais, vencendo o primeiro no ato da compra.

Qual a taxa mensal de juros compostos cobrada na venda a prazo?

Para solucionarmos tal problema, vamos trabalhar com um preço anunciado hipotético, por exemplo de $ 120,00.

Portanto:

- a vista: $ 84,00 ($ 120 – 30%);
- a prazo: três prestações mensais e iguais no valor de $ 32,00 cada ($ 120,00 – 20% $\Rightarrow$ $ 96,00 ÷ 3), sendo a primeira paga no ato da compra.

Observe que o valor efetivamente financiado é $ 84,00; se optar pela compra a prazo, o consumidor irá pagar três prestações iguais e mensais de $ 32,00 cada, vencendo a primeira no ato da compra. Qual a taxa de juros mensal paga em tal financiamento?

Solução pela HP-12C:

Pressione	Visor	Significado
f CLX	0,00	Limpa todos os registradores.
g BEG	0,00 BEGIN	Posiciona no modo "BEGIN".
84 CHS PV	84,00 BEGIN	Introduz o valor financiado.
32 PMT	32,00 BEGIN	Introduz o valor das prestações.
3 n	3,00 BEGIN	Introduz o número de prestações.
i	15,03 BEGIN	Calcula a taxa de juros mensal.

Resposta: A taxa cobrada foi de 15,03% ao mês.

EXEMPLO 3:

Qual o valor das prestações a serem pagas no financiamento a seguir:

- valor financiado: $ 1.000,00;
- forma de pagamento: quatro prestações iguais e mensais, vencendo a primeira 90 dias corridos após a data da contratação, ou seja, com carência para o pagamento da primeira parcela;
- taxa de juros compostos: 5% ao mês (cobrada inclusive no período de carência).

Dados:

$PV = $ $ 1.000,00

$n = 4$ prestações

$i = 5\%$ ao mês

$PMT = ?$

Fluxo de caixa do financiador:

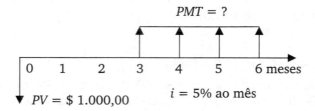

Solução pela HP-12C:

Passo 1: Calcular o valor da dívida de $ 1.000,00 no final do terceiro mês, utilizando a taxa de juros de 5% ao mês.

Solução pela HP-12C:

Pressione	Visor	Significado
f CLX	0,00	Limpa todos os registradores.
1000 CHS PV	– 1.000,00	Introduz o valor inicial financiado.
5 i	5,00	Introduz a taxa mensal de juros.
3 n	3,00	Introduz o prazo de carência.
FV	1.157,63	Valor do montante no final do 3º mês.

De posse do valor atualizado da dívida até o terceiro mês, podemos calcular o valor das prestações seguintes, com base no seguinte fluxo de caixa:

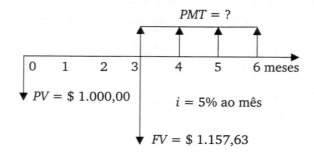

Calculando o valor da prestação pela HP-12C:

Pressione	Visor	Significado
f CLX	0,00	Limpa todos os registradores.
g BEG	0,00 BEGIN	Posiciona no modo "BEGIN".
1157.63 CHS PV	– 1.157,63 BEGIN	Valor do principal atualizado.
5 i	5,00 BEGIN	Introduz a taxa de juros mensal.
4 n	4,00 BEGIN	Introduz o número de prestações.
PMT	310,92 BEGIN	Calcula o valor das prestações.

10.4 Séries uniformes – exercícios adicionais resolvidos

Resolva:

a) O Sr. Moacir comprou uma geladeira de $ 1.000,00 pelo crediário, comprometendo-se a pagar 12 prestações iguais e mensais, vencendo a primeira 30 dias após a aquisição (END). Considerando que a loja cobra uma taxa de juros compostos de 4,5% ao mês, qual o valor das prestações a serem pagas pelo Sr. Moacir?

Solução pela HP-12C:

Pressione	Visor	Significado
f CLX	0,00	Limpa todos os registradores.
g END	0,00	Posiciona no modo "END".
1000 CHS PV	– 1.000,00	Introduz o valor do principal.
4.5 i	4,50	Introduz a taxa de juros mensal.
12 n	12,00	Introduz o número de prestações.
PMT	109,67	Calcula o valor das prestações.

b) Qual o valor do capital que devo aplicar hoje, a uma taxa de juros compostos de 2,00% ao mês, para poder receber a partir de 30 dias 24 parcelas iguais e mensais de $ 1.000,00 cada?

Solução pela HP-12C:

Pressione	Visor	Significado
f CLX	0,00	Limpa todos os registradores.
g END	0,00	Posiciona no modo "END".
1000 PMT	1.000,00	Introduz o valor da prestação.
2 i	2,00	Introduz a taxa de juros mensal.
24 n	24,00	Introduz o número de prestações.
PV	– 18.913,93	Calcula o valor do principal inicial.

c) Qual a taxa mensal de juros compostos cobrada em uma operação de Crédito Pessoal, em que o valor de $ 5.000,00 foi financiado para pagamento em seis prestações iguais e mensais de $ 1.000,00 cada, vencendo a primeira 30 dias após a contratação?

Solução pela HP-12C:

Pressione	Visor	Significado
f CLX	0,00	Limpa todos os registradores.
g END	0,00	Posiciona no modo "END".
5000 CHS PV	– 5.000,00	Introduz o valor do principal.
6 n	6,00	Introduz o número de prestações.
1000 PMT	1.000,00	Introduz o valor das prestações.
i	5,47	Calcula a taxa de juros mensal.

d) Um televisor de valor a vista $ 1.000,00 está sendo financiado para pagamento em 9 prestações iguais e mensais, vencendo a primeira no ato da compra. Sabendo que a loja financia tal bem cobrando uma taxa de juros compostos de 5% ao mês, qual o valor das prestações?

Solução pela HP-12C:

Pressione	Visor	Significado
f CLX	0,00	Limpa todos os registradores.
g BEGIN	0,00 BEGIN	Posiciona no modo "BEGIN".
1000 CHS PV	– 1.000,00 BEGIN	Introduz o valor do principal.
5 i	5,00 BEGIN	Introduz a taxa de juros mensal.
9 n	9,00 BEGIN	Introduz o número de prestações.
PMT	133,99 BEGIN	Calcula o valor das prestações.

e) Uma empresa financiou um equipamento por meio de uma operação de *leasing* no valor de $ 20.000,00, comprometendo-se a pagá-lo em 37 prestações iguais e mensais no valor de $ 800,00 cada, vencendo a primeira no ato da contratação. Qual a taxa mensal cobrada em tal financiamento?

Solução pela HP-12C:

Pressione	Visor	Significado
f CLX	0,00	Limpa todos os registradores.
g BEG	0,00 BEGIN	Posiciona no modo "BEGIN".
20000 CHS PV	– 20.000,00 BEGIN	Introduz o valor do principal.
37 n	37,00 BEGIN	Introduz o número de prestações.
800 PMT	800,00 BEGIN	Introduz o valor de prestações.
i	2,38 BEGIN	Calcula a taxa de juros mensal.

f) O Sr. Prevenido pretende depositar, a partir de hoje, quantias iguais e mensais em uma Caderneta de Poupança que remunera os depósitos a uma taxa média mensal de juros compostos de 0,65% ao mês. Qual o valor de cada depósito mensal que o Sr. Prevenido deve fazer para poder resgatar, no final de 18 meses, a quantia de $ 12.000,00?

Solução pela HP-12C:

Pressione	Visor	Significado
f CLX	0,00	Limpa todos os registradores.
g BEG	0,00 BEGIN	Posiciona no modo "BEGIN".
12000 CHS FV	– 12.000,00 BEGIN	Introduz o valor de resgate desejado.
0.65 i	0,65 BEGIN	Introduz a taxa de juros mensal.
18 n	18,00 BEGIN	Introduz o número de parcelas.
PMT	626,52 BEGIN	Calcula o valor das parcelas.

g) Quanto terei no final de 24 meses se aplicar mensalmente a quantia de $ 1.000,00 em uma instituição financeira que remunera tais depósitos a uma taxa de juros compostos de 1,2% ao mês? Considere termos antecipados (BEGIN).

Solução pela HP-12C:

Pressione	Visor	Significado
f CLX	0,00	Limpa todos os registradores.
g BEG	0,00 BEGIN	Posiciona no modo "BEGIN".
1000 CHS PMT	– 1.000,00 BEGIN	Introduz o valor da prestação.
1.2 i	1,20 BEGIN	Introduz a taxa de juros mensal.
24 n	24,00 BEGIN	Introduz o número de parcelas.
FV	27.954,21 BEGIN	Calcula o valor de resgate.

h) Um carro está sendo vendido nas seguintes condições:
- pagamento a vista: $ 15.000,00;
- pagamento a prazo: $ 5.000,00 de entrada e o saldo devedor de $ 10.000,00 a ser financiado em 36 prestações mensais e iguais de $ 392,33 cada, vencendo a primeira 30 dias após a contratação. Qual a taxa de juros mensal cobrada na venda a prazo?

Solução pela HP-12C:

Pressione	Visor	Significado
f CLX	0,00	Limpa todos os registradores.
g END	0,00	Posiciona no modo "END".
10000 CHS PV	– 10.000,00	Introduz o valor do principal.
36 n	36,00	Introduz o número de prestações.
392.33 PMT	392,33	Introduz o valor das prestações.
i	2,00	Calcula a taxa de juros mensal.

i) Uma loja de brinquedos está vendendo seus produtos nas seguintes condições:

- pagamento a vista: desconto de 10% sobre o preço fixado na etiqueta;
- pagamento a prazo: o valor fixado na etiqueta é dividido para pagamento em quatro prestações iguais e mensais, vencendo a primeira no ato da aquisição.

Qual a taxa mensal de juros compostos que tal loja está cobrando em suas vendas a prazo?

Solução pela HP-12C:

Trabalhando com um valor hipotético de etiqueta de $ 100,00, o valor a vista será de $ 90 e, caso opte em financiar, o consumidor irá pagar quatro parcelas de $ 25 ($ 100 ÷ 4).

Pressione	Visor	Significado
f CLX	0,00	Limpa todos os registradores.
g BEG	0,00 BEGIN	Posiciona no modo "BEGIN".
90 CHS PV	– 90,00 BEGIN	Introduz o valor a vista.
4 n	4,00 BEGIN	Introduz o número de prestações.
25 PMT	25,00 BEGIN	Introduz o valor das prestações.
i	7,51 BEGIN	Calcula a taxa de juros mensal.

j) O Sr. José deseja adquirir um televisor em cores para pagar a prazo. Após uma pesquisa de mercado, está diante das seguintes propostas:

Loja A:

A vista por $ 900,00, ou em seis prestações iguais e mensais de $ 190,00, vencendo a primeira no ato da contratação.

Loja B:

A vista por $ 930,00, ou em cinco prestações iguais e mensais de $ 223,79, vencendo a primeira 30 dias após a contratação.

Loja C:

A vista por $ 1.104,00, ou em seis parcelas mensais iguais "sem juros" de $ 184,00 cada, vencendo a primeira no ato da aquisição.

Loja D:

A vista por $ 950,00 ou em cinco prestações iguais e mensais de $ 200,00, vencendo a primeira 30 dias após a contratação.

Pergunta: Caso o Sr. José esteja disposto a pagar uma taxa máxima de juros compostos de 5% ao mês, por qual das lojas ele deve optar pela compra a prazo?

Para solucionarmos esse exercício, calcularemos o valor presente de cada uma das condições, utilizando a taxa de juros de 5% ao mês. O menor valor presente representa a melhor condição a prazo.

Loja A:

Pressione	Visor	Significado
f CLX	0,00	Limpa todos os registradores.
g BEG	0,00 BEGIN	Posiciona no modo "BEGIN".
190 CHS PMT	– 190,00 BEGIN	Introduz o valor da parcela.
6 n	6,00 BEGIN	Introduz o número de prestações.
5 i	5,00 BEGIN	Introduz a taxa de juros mensal.
PV	1.012,60 BEGIN	Calcula o valor presente dessa opção.

Loja B:

Pressione	Visor	Significado
f CLX	0,00	Limpa todos os registradores.
g END	0,00	Posiciona no modo "END".
223.79 CHS PMT	– 223,79	Introduz o valor da prestação.
5 i	5,00	Introduz a taxa de juros mensal.
5 n	5,00	Introduz o número de prestações.
PV	968,89	Calcula o valor do principal inicial.

Loja C:

Pressione	Visor	Significado
f CLX	0,00	Limpa todos os registradores.
g BEG	0,00 BEGIN	Posiciona no modo "BEGIN".
184 CHS PMT	– 184,00 BEGIN	Introduz o valor da parcela.
6 n	6,00 BEGIN	Introduz o número de prestações.
5 i	5,00 BEGIN	Introduz a taxa de juros mensal.
PV	980,62 BEGIN	Calcula o valor presente dessa opção.

Loja D:

Pressione	Visor	Significado
f CLX	0,00	Limpa todos os registradores.
g END	0,00	Posiciona no modo "END".
200 CHS PMT	– 200,00	Introduz o valor da prestação.
5 i	5,00	Introduz a taxa de juros mensal.
5 n	5,00	Introduz o número de prestações.
PV	865,90	Calcula o valor do principal inicial.

Portanto, a melhor opção para a compra a prazo é na Loja D.

11

Sistemas de Amortização de Empréstimos

   Quando contraímos uma dívida, devemos saldá-la por meio do pagamento do principal e juros contratados. Os critérios para amortização de dívidas podem obedecer a diversos métodos, entre os quais destacam-se:

11.1 Pagamento do principal e juros no final da operação

Nesse sistema, a dívida será paga no vencimento por meio de uma única prestação, contendo o valor do principal mais os juros do período. Os juros serão calculados segundo o regime de capitalização contratado (simples ou composto).

Tal sistema já foi amplamente visto nos Capítulos 5 e 6.

Fluxo de caixa do credor:

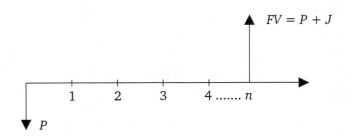

11.2 Sistema Americano de Amortização

Nesse sistema, há o pagamento periódico dos juros e a amortização do principal se dá no final da operação, conforme demonstrado no fluxo de caixa a seguir.

Fluxo de caixa do credor:

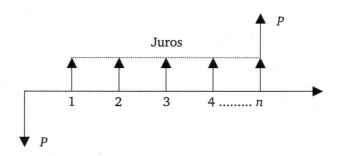

EXEMPLO:

Uma pessoa tomou emprestada de um banco a quantia de $ 100.000,00, pelo prazo de 10 meses, comprometendo-se a pagar, no final de cada mês, juros de 10% e o total do principal, junto com a última parcela de juros, no final do contrato. Construir uma tabela demonstrando mensalmente o estado da dívida e os valores pagos a título de juros e principal.

Solução:

Valor dos juros mensais = Principal × taxa

J = $ 100.000,00 × 0,10 = $ 10.000,00 por mês

Tabela demonstrando o estado mensal da dívida:

Prazo (meses)	Valor da prestação	Juros	Principal amortizado	Saldo devedor
0	–o–	–o–	–o–	$ 100.000,00
1	$ 10.000,00	$ 10.000,00	–o–	$ 100.000,00
2	$ 10.000,00	$ 10.000,00	–o–	$ 100.000,00
3	$ 10.000,00	$ 10.000,00	–o–	$ 100.000,00
4	$ 10.000,00	$ 10.000,00	–o–	$ 100.000,00
5	$ 10.000,00	$ 10.000,00	–o–	$ 100.000,00
6	$ 10.000,00	$ 10.000,00	–o–	$ 100.000,00
7	$ 10.000,00	$ 10.000,00	–o–	$ 100.000,00
8	$ 10.000,00	$ 10.000,00	–o–	$ 100.000,00
9	$ 10.000,00	$ 10.000,00	–o–	$ 100.000,00
10	$ 110.000,00	$ 10.000,00	$ 100.000,00	–o–
Total	$ 200.000,00	$ 100.000,00	$ 100.000,00	–o–

Com o objetivo de garantir a liquidação da dívida, no final do prazo contratado, é aconselhável o devedor constituir um fundo de amortização (*sinking fund*) com depósitos periódicos e de valores constantes, de forma que, na data de vencimento da dívida, o valor acumulado nesse fundo seja suficiente para liquidar o compromisso assumido.

No Brasil, esse sistema de amortização é pouco usado, devido aos riscos de crédito assumidos pelo financiador, uma vez que a maior parte da dívida será recebida somente no final do contrato. Da mesma forma, em momentos de incerteza com relação à flutuação da taxa de juros no mercado, os financiadores preferem não expor seu capital por prazos muito longos, em função da relação entre risco e retorno.

11.3 Sistema de Amortização Constante (SAC)

Esse sistema, amplamente utilizado no Brasil nos financiamentos imobiliários, consiste, como o próprio nome diz, em amortizar o principal da dívida por meio de parcelas constantes e sucessivas, obtidas pela divisão do valor do empréstimo pelo número de prestações do contrato.

O valor de cada prestação sucessiva no SAC é composto por uma parcela de juros vencidos, calculados sobre o saldo devedor, e outra correspondente a uma parcela fixa a título de amortização de capital.

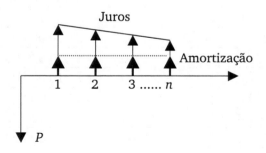

EXEMPLO 1:

Um empréstimo de $ 100.000,00 deverá ser pago por meio de 10 parcelas mensais e sucessivas, vencendo a primeira 30 dias após a contratação, segundo o Sistema de Amortização Constante (SAC). Sabendo que a taxa de juros cobrada em tal operação foi de 10% ao mês, construa uma tabela demonstrando mensalmente o estado da dívida.

$$\text{Valor da amortização constante} = \frac{\text{Valor do empréstimo}}{\text{Número de parcelas}}$$

$$\text{Valor da amortização constante} = \frac{100.000,00}{10}$$

Valor da amortização constante = $ 10.000,00

Tabela demonstrando mensalmente o estado da dívida:

Prazo (meses)	Prestação	Juros pagos	Principal amortizado	Saldo devedor
0	– o –	– o –	– o –	$ 100.000,00
1	$ 20.000,00	$ 10.000,00	$ 10.000,00	$ 90.000,00
2	$ 19.000,00	$ 9.000,00	$ 10.000,00	$ 80.000,00
3	$ 18.000,00	$ 8.000,00	$ 10.000,00	$ 70.000,00
4	$ 17.000,00	$ 7.000,00	$ 10.000,00	$ 60.000,00
5	$ 16.000,00	$ 6.000,00	$ 10.000,00	$ 50.000,00
6	$ 15.000,00	$ 5.000,00	$ 10.000,00	$ 40.000,00
7	$ 14.000,00	$ 4.000,00	$ 10.000,00	$ 30.000,00
8	$ 13.000,00	$ 3.000,00	$ 10.000,00	$ 20.000,00
9	$ 12.000,00	$ 2.000,00	$ 10.000,00	$ 10.000,00
10	$ 11.000,00	$ 1.000,00	$ 10.000,00	– o –
Total	$ 155.000,00	$ 55.000,00	$ 100.000,00	– o –

Observe que no SAC o saldo devedor do empréstimo decresce em progressão aritmética e por conseguinte os valores dos juros e da prestação também decrescem em razão fixa.

Para calcular o valor do saldo devedor após o pagamento de n parcelas sem fazer uso do quadro demonstrativo, podemos usar a seguinte fórmula:

$$SD_n = P \times \left(1 - \frac{n}{nt}\right)$$

onde:

SD_n = saldo devedor do empréstimo após o pagamento de n parcelas.
P = valor do principal emprestado.
n = número de parcelas pagas.
nt = número total de parcelas do financiamento.

EXEMPLO 2:

Utilizando os dados do exemplo 1, calcule, por meio da fórmula, o valor do saldo devedor após o pagamento da terceira parcela.

Solução pela fórmula: $SD_n = P \times \left(1 - \frac{n}{nt}\right)$

$$SD_n = 100.000 \times \left(1 - \frac{3}{10}\right)$$

$$SD_n = 100.000 \times 0{,}70 = \$\ 70.000{,}00$$

Caso desejássemos saber o valor de determinada prestação, sem fazer uso do quadro demonstrativo, poderíamos obtê-la por meio da seguinte fórmula:

$$PMT = \frac{P}{nt} + SD_{n-1} \times i$$

onde:

PMT = valor da prestação que desejamos encontrar.
P = principal inicial emprestado.
nt = número total de parcelas do contrato.
SD_{n-1} = saldo devedor após o pagamento da prestação anterior que desejamos encontrar.
i = taxa de juros na forma decimal.

EXEMPLO 3:

Utilizando os dados do exemplo 1, calcule o valor da quarta prestação por meio da fórmula.

Solução pela fórmula: $PMT = \dfrac{P}{nt} + SD_{n-1} \times i$

onde:

$P = \$\ 100.000{,}00$

$nt = 10$ parcelas

$i = 10\%$ ao mês $= 0{,}10$

SD_{n-1} = saldo devedor após o pagamento da terceira parcela.

$$SD_{n-1} = P \times \left(1 - \frac{n}{nt}\right)$$

$$SD_n = 100.000 \times \left(1 - \frac{3}{10}\right) \Rightarrow \Rightarrow SD_n = 100.000 \times 0{,}70 = \$\ 70.000{,}00$$

$$PMT = \frac{100.000{,}00}{10} + 70.000{,}00 \times 0{,}10 \Rightarrow PMT = \$\ 17.000{,}00$$

EXEMPLO 4:

Determinado financiamento imobiliário no valor de $ 100.000,00 foi contraído para pagamento em 180 prestações mensais, vencendo a primeira 30 dias após a contratação, à taxa de juros de 1% ao mês, segundo o Sistema de Amortização Constante (SAC). Calcule os valores da primeira, da 90ª e da última prestação, bem como o saldo devedor imediatamente após o pagamento da 90ª prestação.

Dados:

P = $ 100.000,00
n = 180 parcelas
i = 1% ao mês = 0,01

Solução:

🖫 Valor da primeira prestação:

$$PMT = \frac{P}{nt} + SD_{n-1} \times i$$

onde:

P = $ 100.000,00
nt = 180 parcelas
i = 1% ao mês = 0,01
SD_{n-1} = $ 100.000,00

$$PMT = \frac{100.000,00}{180} + 100.000,00 \times 0,01 \Rightarrow PMT = \$ 1.555,56$$

🖫 Valor da 90ª prestação:

$$PMT = \frac{P}{nt} + SD_{n-1} \times i$$

onde:

P = $ 100.000,00
nt = 180 parcelas
i = 1% ao mês = 0,01
SD_{n-1} = saldo devedor após o pagamento da 89ª parcela.

$$SD_{n-1} = P \times \left(1 - \frac{n}{nt}\right)$$

$$SD_n = 100.000 \times \left(1 - \frac{89}{180}\right) \Rightarrow SD_n = 100.000,00 \times 0,5055556 = \$\ 50.555,56$$

$$PMT = \frac{100.000,00}{180} + 50.555,56 \times 0,01 \Rightarrow PMT = \$\ 1.061,11$$

💾 Valor da 180ª prestação:

$$PMT = \frac{P}{nt} + SD_{n-1} \times i$$

onde:

$P = \$\ 100.000,00$

$nt = 180$ parcelas

$i = 1\%$ ao mês $= 0,01$

$SD_{n-1} =$ saldo devedor após o pagamento da 179ª parcela

$$SD_{n-1} = P \times \left(1 - \frac{n}{nt}\right)$$

$$SD_n = 100.000 \times \left(1 - \frac{179}{180}\right) \Rightarrow SD_n = 100.000,00 \times 0,0055556 = \$\ 555,56$$

$$PMT = \frac{100.000,00}{180} + 555,56 \times 0,01 \Rightarrow PMT = \$\ 561,11$$

💾 Valor do saldo devedor após o pagamento da 90ª prestação:

Solução pela fórmula:

$$SD_n = P \times \left(1 - \frac{n}{nt}\right)$$

$$SD_n = 100.000,00 \times \left(1 - \frac{90}{180}\right)$$

$$SD_n = 100.000,00 \times 0,50 = \$\ 50.000,00$$

A seguir, apresentamos dois gráficos representativos do exemplo 4:

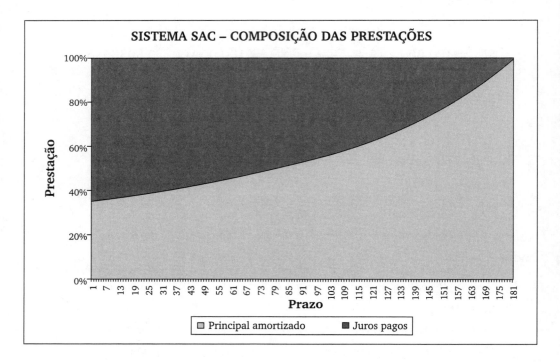

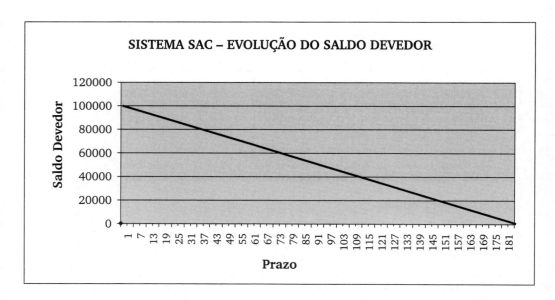

Pela análise da solução do exercício, gráficos e cálculos adicionais observamos:

- pelo próprio conceito do sistema, o valor da amortização nesse exemplo é constante, à razão de $ 555,56 por mês, ou seja, (100% ÷ 180 = 0,55556% do valor financiado);
- nesse exemplo, os valores das prestações mensais decrescem linearmente, à razão de 1% do valor da amortização constante, saindo de uma prestação inicial de $ 1.555,56 e chegando no final em $ 561,11 [$ 1.555,56 – ($ 555,56 × 1% × 179)];
- a exemplo do item anterior, os valores dos juros pagos também decrescem linearmente, à razão de 1% do valor da amortização constante, saindo de um valor de $ 1.000,00 incluído na primeira parcela (64,29% do valor dessa parcela) para chegar em $ 5,56 na última (0,36% do valor dessa parcela);
- o acompanhamento do saldo devedor nesse sistema de amortização é bastante simples, uma vez que decresce linearmente ao longo do tempo, ou seja, ao pagar 90 parcelas de um total de 180, a dívida foi amortizada em 50% e o saldo devedor representará, caso não haja atualização monetária, 50% do valor inicial financiado.

O Sistema de Amortização Constante foi introduzido no Brasil em 1971 e, atualmente, tem sido bastante utilizado pelos bancos para financiamentos imobiliários. A seguir, apresentamos o resultado da simulação de um financiamento imobiliário realizado no *Web site* de um banco privado nacional.

Dados iniciais fornecidos ao simulador financeiro:

Linha de Crédito	Carteira Hipotecária (CH)
Sistema de amortização	Sistema de Amortização Constante (SAC)
Valor do financiamento	R$ 100.000,00
Prazo	120 meses
Taxa	14% ao ano
Atualização monetária projetada	Taxa Referencial (TR) – 0,25% ao mês*
Localização do imóvel	São Paulo – SP

* Os valores das parcelas e do saldo devedor são, geralmente, reajustados mensalmente pelo mesmo índice de atualização das Cadernetas de Poupança.

Resultados da simulação:

- Valor aproximado da primeira prestação = R$ 2.007,20

Composição detalhada do valor da primeira parcela:

Componentes	Valores
Amortização	R$ 833,33
Juros	R$ 1.097,83
Seguro de morte ou invalidez permanente*	R$ 36,79
Seguro de danos físicos ao imóvel*	R$ 26,75
Tarifa de Serviços de Administração (TSA)	R$ 12,50
Total da primeira prestação	R$ 2.007,20

* O percentual do seguro varia de uma instituição financeira para outra, comprometendo de 3% a 7% do valor original da parcela;

Observe como foram encontrados os valores da amortização e os juros nessa simulação:

🖫 Valor da primeira prestação

Taxa de juros compostos: 14% ao ano
Taxa equivalente mensal:

$$ieq = \left[\left(1 + \frac{14}{100}\right)^{\frac{30}{360}} - 1\right] \times 100$$

ieq = 1,097885% ao mês

Valor dos juros da primeira prestação:

$$Juros = \$\ 100.000,00 \times \frac{1,097885}{100}$$

Juros = $ 1.097,89

Valor da amortização da primeira prestação:

$$Amortização = \frac{100.000,00}{120}$$

Amortização = $ 833,33

A seguir, são apresentados os gráficos realizados pelo simulador do banco, que demonstram a evolução projetada dos valores das prestações e saldo devedor, com base na atualização pela Taxa Referencial de 0,25% ao mês.

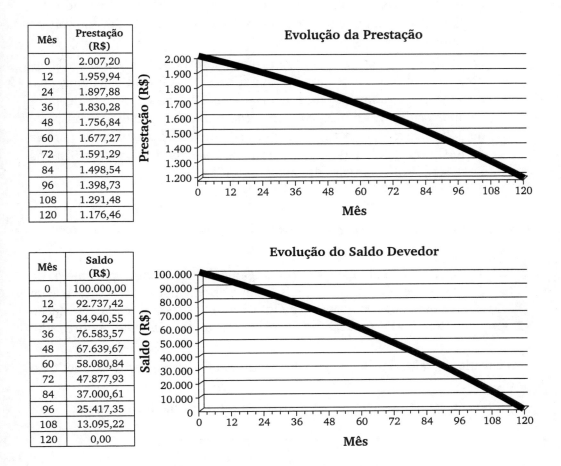

A exemplo das considerações contidas no simulador do banco, cabe destacar que os valores apresentados são puramente projeções, podendo haver distorções sensíveis caso o cenário econômico altere-se no decorrer do tempo.

Os bancos têm apontado os seguintes argumentos a favor desse sistema de amortização:

- nesse sistema, o valor das prestações tende a decrescer com o decorrer do tempo, caso não haja índices muito elevados de atualização monetária;
- a maioria dos bancos exige que o valor da prestação inicial comprometa no máximo entre 20% e 30% do valor da renda líquida do financiado. Dessa forma, como os valores das parcelas são decrescentes, ajustam-se,

de forma mais adequada, à curva de atualização salarial, diminuindo o risco de inadimplência;

- o saldo devedor desse sistema, comparado ao tradicional Sistema Price, que será visto a seguir, decresce mais rapidamente, minimizando distorções do tipo em que temos a sensação de que o saldo devedor nunca diminui;
- dependendo das condições de contrato, a prestação inicial no SAC chega a ser até 30% mais cara do que a prestação inicial calculada pelo Sistema Price; contudo, num contrato de 120 meses, à taxa de juros compostos de 1% ao mês, com correção monetária projetada constante de 0,25% ao mês, a partir da prestação de número 50, o valor da parcela do SAC será igual ao do Sistema Price, e a última prestação do Sistema Price será 70% mais cara do que a do SAC.

11.4 Sistema Price ou francês de amortização

Tal sistema consiste no pagamento da dívida por meio de prestações de valores iguais, com periodicidade constante e com termos vencidos (postecipados). Nesse sistema, cada prestação contém uma parcela de juros e outra de principal amortizado.

O cálculo do valor das prestações desse sistema foi amplamente estudado no Capítulo 10.

O valor das prestações no Sistema Price é obtido por meio da fórmula:

$$PMT = P \times \left[\frac{(1+i)^n \times i}{(1+i)^n - 1} \right]$$

Veja alguns exemplos:

EXEMPLO 1:

Um empréstimo no valor de $ 100.000,00 deve ser liquidado por meio do pagamento de 10 prestações iguais e mensais, vencendo a primeira 30 dias após a data da contratação, por meio do Sistema Francês de Amortização. Sabendo que a taxa de juros cobrada foi de 10% ao mês, pedimos:

a) o valor das prestações a serem pagas;
b) construir uma tabela demonstrando o estado mensal da dívida, contemplando o valor dos juros pagos, amortização do principal e saldo devedor imediatamente após o pagamento de cada prestação.

Dados:

$PV = \$ 100.000,00$

$n = 10$ prestações (sistema postecipado)

$i = 10\%$ ao mês

$PMT = ?$

Solução:

a) Valor das prestações:

Solução pela fórmula:

$$PMT = 100.000 \times \left[\frac{(1 + 0,10)^{10} \times 0,10}{(1 + 0,10)^{10} - 1} \right]$$

$PMT = \$ 16.274,54$

Solução pela HP-12C:

Pressione	Visor	Significado
f CLX	0,00	Limpa todos os registradores.
g END	0,00	Posiciona a calculadora no modo "END".
100000 CHS PV	– 100.000,00	Introduz o valor do principal financiado.
10 i	10,00	Introduz a taxa de juros mensal.
10 n	10,00	Introduz o número total de parcelas.
PMT	16.274,54	Calcula o valor de cada prestação.

b) Tabela demonstrando mensalmente o estado da dívida:

Para construção desta tabela, devemos considerar que cada prestação contém o valor do juro, calculado sobre o saldo devedor da dívida existente no final do período imediatamente anterior, e uma parcela do principal a ser amortizado.

N	Prestação	Juros Pagos	Principal Amortizado	Saldo Devedor
0	–o–	–o–	–o–	$ 100.000,00
1	$ 16.274,54	$ 100.000,00 × 0,10 = $10.000,00	$ 16.274,54 – $ 10.000,00 = $ 6.274,54	$ 100.000,00 – $ 6.274,54 = $ 93.725,46
2	$ 16.274,54	$ 93.725,46 × 0,10 = $ 9.372,55	$ 16.274,54 – $ 9.372,55 = $ 6.901,99	$ 93.725,46 – $ 6.901,99 = $ 86.823,47
3	$ 16.274,54	$ 86.823,47 × 0,10 = $ 8.682,35	$ 16.274,54 – $ 8.682,35 = $ 7.592,19	$ 86.823,47 – $ 7.592,19 = $ 79.231,27
4	$ 16.274,54	$ 79.231,27 × 0,10 = $ 7.923,13	$ 16.274,54 – $ 7.923,13 = $ 8.351,41	$ 79.231,27 – $ 8.351,41 = $ 70.879,86
5	$ 16.274,54	$ 70.879,86 × 0,10 = $ 7.087,99	$ 16.274,54 – $ 7.087,99 = $ 9.186,55	$ 70.879,86 – $ 9.186,55 = $ 61.693,31
6	$ 16.274,54	$ 61.693,31 × 0,10 = $ 6.169,33	$ 16.274,54 – $ 6.169,33 = $ 10.105,21	$ 61.693,31 – $ 10.105,21 = $ 51.588,10
7	$ 16.274,54	$ 51.588,10 × 0,10 = $ 5.158,81	$ 16.274,54 – $ 5.158,81 = $ 11.115,73	$ 51.588,10 – $ 11.115,73 = $ 40.472,37
8	$ 16.274,54	$ 40.472,37 × 0,10 = $ 4.047,24	$ 16.274,54 – $ 4.047,24 = $ 12.227,30	$ 40.472,37 – $ 12.227,30 = $ 28.245,07
9	$ 16.274,54	$ 28.245,07 × 0,10 = $ 2.824,51	$ 16.274,54 – $ 2.824,51 = $ 13.450,03	$ 28.245,07 – $ 13.450,03 = $ 14.795,04
10	$ 16.274,54	$ 14.795,04 × 0,10 = $ 1.479,50	$ 16.274,54 – $ 1.479,50 = $ 14.795,04	$ 14.795,04 – $ 14.795,04 = –o–
Total	$ 162.745,39	$ 62.745,39	$ 100.000,00	–o–

Por meio da análise da tabela, podemos observar que:

- o valor da amortização do principal vai aumentando à medida que as prestações vão vencendo, fazendo com que o saldo devedor, ao longo do tempo, fique menor;
- o valor dos juros contido em cada parcela vai tornando-se menor, em função da diminuição do saldo devedor ao longo do tempo.

11.4.1 Sistema Francês de Amortização pela HP-12C

A HP-12C permite calcular as partes de uma prestação que se referem a amortização do principal e juros, respectivamente, além do saldo devedor após um ou mais pagamentos. A principal função da HP-12C a ser utilizada para a montagem da Tabela Sistema Price será AMORT, acionada pela sequência de teclas [f] [n].

Observe a solução completa do exercício pela HP-12C:

Pressione	Visor	Significado
f CLX	0,00	Limpa todos os registradores.
g 8	0,00	Estabelece o sistema postecipado (END).
100000 CHS PV	– 100.000,00	Introduz o valor inicial do financiamento.
10 n	10,00	Introduz o número total de prestações.
10 i	10,00	Introduz a taxa de juros mensal.
PMT	16.274,54	Calcula o valor das prestações.
1 f AMORT	10.000,00	Valor dos juros incluído na 1ª prestação.
X ≷ Y	6.274,54	Valor da amortização incluído na 1ª prestação.
RCL PV	– 93.725,46	Saldo devedor após o pagamento da 1ª parcela.
1 f AMORT	9.372,55	Valor dos juros incluído na 2ª prestação.
X ≷ Y	6.901,99	Valor da amortização incluído na 2ª prestação.
RCL PV	– 86.823,47	Saldo devedor após o pagamento da 2ª parcela.
1 f AMORT	8.682,35	Valor dos juros incluído na 3ª prestação.
X ≷ Y	7.592,19	Valor da amortização incluído na 3ª prestação.
RCL PV	– 79.231,28	Saldo devedor após o pagamento da 3ª parcela.
1 f AMORT	7.923,13	Valor dos juros incluído na 4ª prestação.
X ≷ Y	8.351,41	Valor da amortização incluído na 4ª prestação.
RCL PV	– 70.879,87	Saldo devedor após o pagamento da 4ª parcela.
1 f AMORT	7.087,99	Valor dos juros incluído na 5ª prestação.
X ≷ Y	9.186,55	Valor da amortização incluído na 5ª prestação.
RCL PV	– 61.693,32	Saldo devedor após o pagamento da 5ª parcela.
1 f AMORT	6.169,33	Valor dos juros incluído na 6ª prestação.
X ≷ Y	10.105,21	Valor da amortização incluído na 6ª prestação.
RCL PV	– 51.588,11	Saldo devedor após o pagamento da 6ª parcela.
1 f AMORT	5.158,81	Valor dos juros incluído na 7ª prestação.
X ≷ Y	11.115,73	Valor da amortização incluído na 7ª prestação.
RCL PV	– 40.472,38	Saldo devedor após o pagamento da 7ª parcela.
1 f AMORT	4.047,24	Valor dos juros incluído na 8ª prestação.
X ≷ Y	12.227,30	Valor da amortização incluído na 8ª prestação.
RCL PV	– 28.245,08	Saldo devedor após o pagamento da 8ª parcela.
1 f AMORT	2.824,51	Valor dos juros incluído na 9ª prestação.
X ≷ Y	13.450,03	Valor da amortização incluído na 9ª prestação.
RCL PV	– 14.795,05	Saldo devedor após o pagamento da 9ª parcela.
1 f AMORT	1.479,51	Valor dos juros incluído na 10ª prestação.
X ≷ Y	14.795,03	Valor da amortização incluído na 10ª prestação.
RCL PV	– 0,02*	Saldo devedor após o pagamento da 10ª parcela.

* Pequena diferença por causa do sistema interno de arredondamento da HP-12C.

Caso desejássemos saber o saldo devedor imediatamente após o pagamento de determinada prestação, deveríamos calcular o valor atual das parcelas restantes por meio da fórmula:

$$P = PMT \times \left[\frac{(1+i)^n - 1}{(1+i)^n \times i}\right]$$

EXEMPLO 1:

Com base nos dados do exercício anterior, calcular o saldo devedor imediatamente após o pagamento da sexta parcela e comparar com o valor demonstrado na tabela.

Solução pela fórmula:

$$PV = PMT \times \left[\frac{(1+i)^n - 1}{(1+i)^n \times i}\right]$$

O saldo devedor imediatamente após o pagamento da sexta parcela será encontrado por meio do cálculo do valor presente das quatro parcelas a vencer, utilizando a taxa de juros do contrato.

Solução pela fórmula:

$$PV = 16.274,54 \times \left[\frac{(1 + 0,10)^4 - 1}{(1 + 0,10)^4 \times 0,10}\right]$$

$PV = \$ 51.588,10$

O valor do saldo devedor imediatamente após o pagamento da sexta parcela é de $ 51.588,10 e é igual ao valor demonstrado na Tabela Sistema Price e também pelo obtido pela HP-12C.

EXEMPLO 2:

O Sr. Real adquiriu um veículo no valor de US$ 20.000,00, por meio de uma operação de *leasing* financeiro, comprometendo-se a pagar 36 parcelas iguais e mensais, vencendo a primeira 30 dias após a contratação. Sabendo que o financiado irá pagar as prestações corrigidas pela variação cambial, mais juros compostos de 1% ao mês, segundo o Sistema Francês de Amortização, calcule:

a) o valor das prestações em dólar a serem pagas;
b) o saldo devedor em dólar imediatamente após o pagamento da 24ª prestação;
c) o valor em reais da 36ª parcela, considerando que, na data do pagamento dessa parcela, o valor do US$ estava em R$ 1,854.

Solução pela fórmula:

a) Valor das prestações em dólar:

$$PMT = 20.000,00 \times \left[\frac{(1 + 0,01)^{36} \times 0,01}{(1 + 0,01)^{36} - 1}\right]$$

$$PMT = US\$\ 664,29$$

b) Saldo devedor em dólar após o pagamento da 24ª prestação.

$$PV = 664,29 \times \left[\frac{(1 + 0,01)^{12} - 1}{(1 + 0,01)^{12} \times 0,01}\right] = US\$\ 7.476,59$$

c) O valor em reais da prestação número 36:

Valor da 36ª parcela = US$ 664,29 × 1,854

Valor da 36ª parcela = R$ 1.231,59

Solução pela HP-12C:

Pressione	Visor	Significado
f CLX	0,00	Limpa todos os registradores.
g 8	0,00	Estabelece o sistema postecipado (END).
20000 CHS PV	– 20.000,00	Introduz o valor do bem financiado.
36 n	36,00	Introduz o número total de prestações.
1 i	1,00	Introduz a taxa de juros real.
PMT	664,29	Calcula o valor das prestações em dólar.
1.854 x	1.231,59	Valor da 36ª parcela em real.
24 f AMORT	3.419,46	Juros acumulados nas 24 primeiras parcelas.
X ≷ Y	12.523,50	Valor do principal amortizado em 24 parcelas.
RCL PV	– 7.476,50	Saldo devedor após o 24º pagamento.

EXEMPLO 3:

O Sr. Kid Consumo adquiriu um televisor de valor a vista $ 1.000,00 para ser pago em 48 prestações iguais e mensais de $ 55,32 cada, segundo o Sistema Price de Amortização. De posse de tais informações, calcule:

a) a taxa mensal de juros compostos cobrada nessa operação;
b) o total acumulado de juros e principal pago nas 35 primeiras prestações;
c) o saldo devedor imediatamente após o pagamento da 35ª parcela;
d) o valor dos juros e principal contido na 36ª prestação;
e) o saldo devedor imediatamente após o pagamento da 36ª parcela.

Solução pela HP-12C:

Pressione	Visor	Significado
f CLX	0,00	Limpa todos os registradores.
g END	0,00	Estabelece o sistema postecipado (END).
1000 CHS PV	– 1.000,00	Introduz o valor financiado.
48 n	48,00	Introduz o número total de prestações.
55.32 PMT	55,32	Introduz o valor das parcelas.
i	5,00	Calcula a taxa de juros mensal cobrada.
35 f AMORT	1.455,82	Juros acumulados nas 35 primeiras parcelas.
X ≷ Y	480,38	Valor do principal amortizado em 35 parcelas.
RCL PV	– 519,62	Saldo devedor após o 35º pagamento.
1 f AMORT	25,98	Valor dos juros incluídos na 36ª parcela.
X ≷ Y	29,34	Valor da amortização incluída na 36ª parcela.
RCL PV	– 490,28	Saldo devedor após o pagamento da 36ª parcela.

Observação: O número introduzido antes de se pressionar f AMORT é considerado como a quantidade de pagamentos realizados após quaisquer amortizações de parcelas que já tenham ocorrido. No exemplo, para encontrar o valor dos juros e principal incluído na parcela 36, acumulamos os valores pagos nas 35 primeiras parcelas, para numa segunda etapa obtermos a amortização e juros da próxima parcela por meio de mais um pagamento. Caso digitássemos 12 em vez de 1 f AMORT, a HP-12C iria calcular o valor dos juros acumulados das 12 parcelas seguintes.

EXEMPLO 4:

O Banco Esquina de São Paulo realiza empréstimos para capital de giro com correção monetária pela variação da Taxa Referencial (TR). Num empréstimo de $ 10.000,00, para ser pago em quatro prestações mensais, segundo o Sistema Francês de Amortização, calcule:

a) o valor da prestação inicial, considerando uma taxa de juros compostos de 3% ao mês;

b) o estado mensal da dívida, considerando uma Taxa Referencial projetada de 1% ao mês.

Solução:

a) valor da prestação inicial (sem correção pela TR):

$$PMT = 10.000,00 \times \left[\frac{(1 + 0,03)^4 \times 0,03}{(1 + 0,03)^4 - 1} \right]$$

$PMT = \$ 2.690,27$

b) tabela que demonstra mensalmente o estado da dívida segundo uma correção pela TR projetada da ordem de 1% ao mês.

N	Prestação Corrigida	Juros Pagos	Principal Amortizado	Saldo Devedor
0	—o—	—o—	—o—	$ 10.000,00
1	$ 2.690,27 × 1,01 = $ 2.717,17	($ 10.000,00 × 1,01) × 0,03 = $ 303,00	$ 2.717,17 – $ 303,00 = $ 2.414,17	($ 10.000,00 × 1,01) – $ 2.414,17 = $ 7.685,83
2	$ 2.717,17 × 1,01 = $ 2.744,34	($ 7.685,83 × 1,01) × 0,03 = $ 232,88	$ 2.744,34 – $ 232,88 = $ 2.511,46	($ 7.685,83 × 1,01) – $ 2.511,46 = $ 5.251,23
3	$ 2.744,34 × 1,01 = $ 2.771,79	($ 5.251,23 × 1,01) × 0,03 = $ 159,11	$ 2.771,79 – $ 159,11 = $ 2.612,68	($ 5.251,23 × 1,01) – $ 2.612,68 = $ 2.691,06
4	$ 2.771,79 × 1,01 = $ 2.799,51	($ 2.691,06 × 1,01) × 0,03 = $ 81,54	$ 2.799,51 – $ 81,54 = $ 2.717,97	($ 2.691,06 × 1,01) – $ 2.717,97 = —o—
Total	$ 11.032,80	$ 776,53	$ 10.256,27	—o—

Tomando como referência o exemplo 4, caso quiséssemos calcular o valor projetado para pagamento de determinada parcela corrigida pela Taxa Referencial prevista, poderíamos recorrer à fórmula do montante a juros compostos ou ao teclado financeiro da HP-12C.

Por exemplo, qual o valor corrigido da quarta parcela do financiamento do exemplo 4?

Pela fórmula:

Dados:

$PV = \$\ 2.690{,}27$ (valor original da parcela).

$n = 4$ meses (prazo para a correção monetária).

$i = 1\%$ ao mês (índice de correção da TR previsto no exemplo).

$FV = ?$ (valor projetado da parcela corrigida pela TR).

$FV = P \times (1 + i)^n$

$FV = 2.690{,}27 \times (1 + 0{,}01)^4$

$FV = \$\ 2.799{,}51$

O valor da quarta parcela corrigida pela TR é idêntico ao encontrado por meio da planilha de cálculo.

Da mesma forma, podemos calcular diretamente pela HP-12C o saldo devedor corrigido imediatamente após o pagamento de qualquer parcela, utilizando o teclado financeiro da HP-12C ou por meio de fórmulas. Vejamos os dois métodos nos exemplos a seguir:

EXEMPLO 5:

Encontrar o valor do saldo devedor corrigido, imediatamente após o pagamento da terceira parcela do financiamento do exemplo 4, sem utilizar a planilha de cálculo.

Solução por fórmulas:

Primeiramente, devemos encontrar o saldo devedor desconsiderando a existência da correção pela Taxa Referencial.

Saldo devedor imediatamente após o pagamento da 3ª parcela.

$$PV = 2.690{,}27 \times \left[\frac{(1 + 0{,}03)^1 - 1}{(1 + 0{,}03)^1 \times 0{,}03} \right]$$

Saldo devedor $= \$\ 2.611{,}91$

Logo após, devemos corrigir o saldo devedor original pelo número de períodos decorridos desde a data da contratação, utilizando a fórmula de montante a juros compostos.

$FV = P \times (1 + i)^n$

$FV = 2.611{,}91 \times (1 + 0{,}01)^3$

$FV = \$\ 2.691{,}05$

O valor do saldo devedor corrigido imediatamente após o pagamento da terceira parcela é idêntico ao encontrado por meio da planilha de cálculo.

EXEMPLO 6:

Um imóvel no valor de $ 100.000,00 foi financiado para pagamento em 180 prestações iguais e mensais, vencendo a primeira 30 dias após a contratação, segundo o Sistema Francês de Amortização. Sabendo que a taxa de juros cobrada foi de 1% ao mês e o valor das parcelas será corrigido mensalmente pela Taxa Referencial (TR), perguntamos:

a) Qual o valor de cada prestação, caso não haja correção pela TR?

b) Qual o valor da última parcela a ser paga, considerando uma projeção constante para a TR de 0,25% ao mês?

c) Qual o saldo devedor imediatamente após o pagamento da 90ª parcela, caso não haja correção pela TR?

d) Qual o valor do saldo devedor corrigido imediatamente após o pagamento da 90ª parcela, considerando uma TR projetada constante de 0,25% ao mês?

a, b) Solução pela HP-12C:

Pressione	Visor	Significado
f CLX	0,00	Limpa todos os registradores.
g END	0,00	Estabelece o sistema postecipado (END).
100000 CHS PV	– 100.000,00	Introduz o valor do imóvel financiado.
180 n	180,00	Introduz o número total de prestações.
1 i	1,00	Introduz a taxa de juros mensal cobrada.
PMT	1.200,17	Calcula o valor original da parcela sem correção.
CHS PV	– 1.200,17	Armazena o valor original da parcela no PV.
0.25 i	0,25	Armazena o índice de correção projetado da TR.
0 PMT	0,00	Limpa o conteúdo do registrador PMT.
FV	1.881,18	Valor projetado da última parcela corrigida.

c, d) *Solução pela HP-12C:*

Pressione	Visor	Significado
f CLX	0,00	Limpa todos os registradores.
g END	0,00	Estabelece o sistema postecipado (END).
100000 CHS PV	– 100.000,00	Introduz o valor do imóvel financiado.
180 n	180,00	Introduz o número total de prestações.
1 i	1,00	Introduz a taxa de juros mensal cobrada.
PMT	1.200,17	Calcula o valor original da parcela sem correção.
90 f AMORT	79.018,03	Juros acumulados nas 90 primeiras parcelas.
X ≷ Y	28.997,27	Valor do principal amortizado em 90 parcelas.
RCL PV	– 71.002,73	Saldo devedor original após o 90º pagamento.
PV	– 71.002,73	Armazena o saldo devedor sem correção no PV.
0.25 i	0,25	Armazena o índice de correção projetado da TR.
0 PMT	0,00	Limpa o conteúdo do registrador PMT.
90 n	90,00	Introduz o prazo decorrido desde a contratação.
FV	88.893,37	Calcula o saldo devedor corrigido projetado.

Com o objetivo de facilitarmos a análise do exemplo 6, apresentamos a seguir os gráficos de decomposição das prestações em juros e amortização, bem como a evolução do saldo devedor no decorrer do contrato.

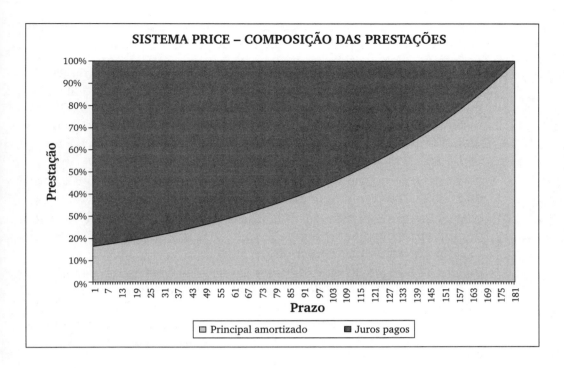

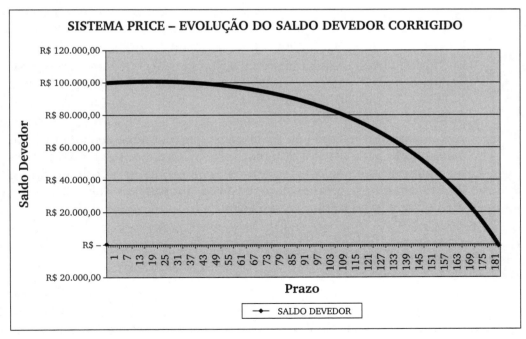

Esse exemplo 6 demonstra claramente os efeitos do Sistema Francês de Amortização nos financiamentos imobiliários de longo prazo. Por meio da análise das fórmulas, gráficos e outras ponderações realizadas por meio de planilhas em MS-Excel que podem ser obtidas no *site* www.tosi.com.br, podemos concluir:

- no exemplo, do valor total da primeira prestação, apenas 16,68% ($ 200,17) corresponde à parcela de amortização da dívida, ou seja, 0,20017% do valor originalmente financiado, e os outros 83,32% ($ 1.000,00) correspondem aos juros sobre o saldo devedor. Por outro lado, o valor da última prestação, caso não haja correção monetária, irá conter 99,01% ($ 1.188,29) de amortização e 0,09% ($ 11,88) a título de juros;
- a amortização do capital cresce exponencialmente a taxa de 1%, saindo de $ 200,17 na primeira prestação para $ 1.188,29 na última;
- considerando os efeitos da atualização monetária de 0,25%, o valor do primeiro pagamento será de $ 1.203,17 e do último, de $ 1.881,18 (56,35% de acréscimo no período);
- quanto à evolução do saldo devedor observamos que, após o pagamento da 90ª parcela (metade do prazo contratual), seu valor original, sem considerar os efeitos da atualização monetária, é de $ 71.002,73 (71% do valor financiado), sendo que nesse período foram pagos a título de juros $ 79.018,03. Por outro lado, se considerarmos a atualização monetária de 0,25% ao mês, o saldo devedor sobe para $ 88.893,37;
- somente após o pagamento da 126ª parcela, ou seja, 70% do prazo contratual, o saldo devedor, sem correção monetária, alcançará o valor de $ 50.000,00, que corresponde à metade da dívida original;
- se considerarmos o efeito da atualização monetária, somente após o pagamento da 35ª parcela o saldo devedor sairá de $ 100.031,70 para $ 99.971,56, ou seja, quase três anos após a data da contratação, o valor original da dívida continua o mesmo;
- se compararmos os valores da primeira parcela desse exemplo com o valor obtido pelo Sistema de Amortização Constante (ambos os contratos atualizados monetariamente), observamos que a parcela do SAC é 29,61% mais cara, contudo, a partir da 65ª prestação, o valor da parcela do SAC será igual ao do Sistema Price.

11.5 Sistema de Amortização Misto (SAM)

Por meio da análise dos exemplos anteriores, ficou claro que, para um mesmo prazo, uma mesma taxa de juros e um mesmo capital financiado, as prestações iniciais calculadas segundo o Sistema Price são menores que as do Sistema de Amortização Constante. Por outro lado, uma vez que a amortização no SAC é mais rápida, o total de juros acumulados, quando adotado Sistema Price, é maior do que se fosse utilizado o SAC.

Para buscar um equilíbrio entre os dois sistemas, o extinto Banco Nacional da Habitação criou e utilizou no passado o Sistema de Amortização Misto (SAM). Nesse sistema, os valores das prestações, juros, amortização e saldo devedores são obtidos pela média aritmética entre os valores resultantes do Sistema Price e SAC, daí a origem do nome Sistema Misto. Vejamos um exemplo para ficar mais claro.

EXEMPLO 1:

Um empréstimo de $ 100.000,00 deverá ser pago por meio de 10 parcelas mensais e sucessivas, vencendo a primeira 30 dias após a contratação, segundo o Sistema de Amortização Misto. Sabendo que a taxa de juros cobrada em tal operação foi de 10% ao mês, construir uma tabela demonstrando mensalmente o estado da dívida.

Primeiramente, devemos construir uma tabela para o Sistema de Amortização Constante – SAC:

Tabela SAC

Prazo (meses)	Prestação	Juros pagos	Principal amortizado	Saldo devedor
0	$ 0,00	$ 0,00	$ 0,00	$ 100.000,00
1	$ 20.000,00	$ 10.000,00	$ 10.000,00	$ 90.000,00
2	$ 19.000,00	$ 9.000,00	$ 10.000,00	$ 80.000,00
3	$ 18.000,00	$ 8.000,00	$ 10.000,00	$ 70.000,00
4	$ 17.000,00	$ 7.000,00	$ 10.000,00	$ 60.000,00
5	$ 16.000,00	$ 6.000,00	$ 10.000,00	$ 50.000,00
6	$ 15.000,00	$ 5.000,00	$ 10.000,00	$ 40.000,00
7	$ 14.000,00	$ 4.000,00	$ 10.000,00	$ 30.000,00
8	$ 13.000,00	$ 3.000,00	$ 10.000,00	$ 20.000,00
9	$ 12.000,00	$ 2.000,00	$ 10.000,00	$ 10.000,00
10	$ 11.000,00	$ 1.000,00	$ 10.000,00	$ 0,00
Total	$ 155.000,00	$ 55.000,00	$ 100.000,00	$ 0,00

Logo após, devemos construir uma tabela para o Sistema Francês de Amortização (Price):

Tabela Sistema Price

Prazo (meses)	Prestação	Juros pagos	Principal amortizado	Saldo devedor
0	$ 0,00	$ 0,00	$ 0,00	$ 100.000,00
1	$ 16.274,54	$ 10.000,00	$ 6.274,54	$ 93.725,46
2	$ 16.274,54	$ 9.372,55	$ 6.901,99	$ 86.823,47
3	$ 16.274,54	$ 8.682,35	$ 7.592,19	$ 79.231,27
4	$ 16.274,54	$ 7.923,13	$ 8.351,41	$ 70.879,86
5	$ 16.274,54	$ 7.087,99	$ 9.186,55	$ 61.693,31
6	$ 16.274,54	$ 6.169,33	$ 10.105,21	$ 51.588,10
7	$ 16.274,54	$ 5.158,81	$ 11.115,73	$ 40.472,37
8	$ 16.274,54	$ 4.047,24	$ 12.227,30	$ 28.245,07
9	$ 16.274,54	$ 2.824,51	$ 13.450,03	$ 14.795,04
10	$ 16.274,54	$ 1.479,50	$ 14.795,04	$ 0,00
Total	$ 162.745,39	$ 62.745,39	$ 100.000,00	$ 0,00

Para obtermos a tabela do Sistema de Amortização Misto (SAM), devemos calcular a média aritmética entre os valores das prestações, juros, amortização e saldo devedor.

Tabela Sistema Misto – SAM

Prazo (meses)	Prestação	Juros pagos	Principal amortizado	Saldo devedor
0	$ 0,00	$ 0,00	$ 0,00	$ 100.000,00
1	$ 18.137,27	$ 10.000,00	$ 8.137,27	$ 91.862,73
2	$ 17.637,27	$ 9.186,27	$ 8.451,00	$ 83.411,73
3	$ 17.137,27	$ 8.341,17	$ 8.796,10	$ 74.615,64
4	$ 16.637,27	$ 7.461,56	$ 9.175,71	$ 65.439,93
5	$ 16.137,27	$ 6.543,99	$ 9.593,28	$ 55.846,65
6	$ 15.637,27	$ 5.584,67	$ 10.052,60	$ 45.794,05
7	$ 15.137,27	$ 4.579,41	$ 10.557,86	$ 35.236,19
8	$ 14.637,27	$ 3.523,62	$ 11.113,65	$ 24.122,53
9	$ 14.137,27	$ 2.412,25	$ 11.725,02	$ 12.397,52
10	$ 13.637,27	$ 1.239,75	$ 12.397,52	$ 0,00
Total	$ 158.872,70	$ 58.872,70	$ 100.000,00	$ 0,00

11.6 Sistema de Amortização Crescente (SACRE)

Este sistema foi desenvolvido pela Caixa Econômica Federal com o objetivo de permitir, nos financiamentos imobiliários de longo prazo, uma amortização mais rápida, reduzindo a parcela de juros sobre o saldo devedor.

Na realidade, esse sistema é uma adaptação do Sistema de Amortização Constante, utilizando a metodologia deste último para o cálculo e recálculo anual das prestações.

Os financiamentos da Caixa Econômica Federal que seguem esse sistema têm as seguintes características e metodologia de cálculo:

- no SACRE, no primeiro e segundo anos de contrato, o cálculo da prestação é feito uma vez por ano; a partir do terceiro ano, poderá ser trimestral, caso haja um aumento considerável nos índices de atualização monetária;
- o valor das 12 primeiras parcelas é fixo e, após esse período, a prestação será recalculada para o próximo período de 12 meses;
- o saldo devedor é reajustado mensalmente pela Taxa Referencial (TR);
- o dia da assinatura da minuta contratual (aniversário do contrato) é o dia que passa a vencer e a ser calculada a prestação mensal;
- sobre valor inicial das prestações calculadas serão somadas as importâncias a serem pagas mensalmente a título de seguros e tarifas de administração;
- por esse sistema, a prestação inicial pode comprometer até 30% da renda do financiado;
- o cálculo do valor da primeira prestação é feito segundo a metodologia do Sistema de Amortização Constante (SAC), ou seja, dividimos o valor financiado pelo número total de parcelas do contrato e logo após somamos o valor dos juros calculado sobre o valor do saldo devedor. O financiado irá pagar durante um ano o valor dessas prestações fixas;
- mensalmente, o saldo devedor é corrigido pela Taxa Referencial e o valor dos juros será calculado sobre esse saldo atualizado. Uma vez obtido o valor dos juros, o descontamos do valor da prestação fixa, encontrando a parcela de amortização que irá diminuir o saldo devedor existente a cada período;
- imediatamente após o pagamento da 12ª parcela, apuramos o saldo devedor e recalculamos o valor da prestação que vigorará para os próximos 12 meses, seguindo o mesmo método de cálculo do início do contrato, lembrando que o número total de parcelas ficou reduzido em 12.

O exemplo a seguir demonstra a forma de cálculo desse sistema:

EXEMPLO:

Um imóvel no valor de $ 100.000,00 foi financiado para pagamento em 180 prestações iguais e mensais, vencendo a primeira 30 dias após a contratação, segundo o Sistema de Amortização Crescente. Sabendo que a taxa de juros cobrada foi de 1% ao mês e o valor das parcelas será corrigido mensalmente pela Taxa Referencial (TR), perguntamos:

a) Qual o valor da primeira prestação?
b) Qual o valor da décima terceira parcela a ser paga, considerando uma projeção para a TR de 0,25% ao mês constante?

Solução:

a) **Qual o valor da primeira prestação?**

$$PMT = \frac{P}{n} + P \times i$$

onde:

$P = \$ 100.000,00$

$n = 180$ parcelas

$i = 1\%$ ao mês $= 0,01$

$$PMT = \frac{100.000,00}{180} + 100.000,00 \times 0,01 \Rightarrow PMT = \$ 1.555,56$$

Ou seja, o valor da primeira parcela é igual ao encontrada pelo método do Sistema de Amortização Constante.

b) **Qual o valor da décima terceira parcela a ser paga, considerando uma projeção para a TR de 0,25% ao mês constante?**

Esta questão será resolvida por meio do quadro demonstrativo do estado da dívida dos 15 primeiros meses do financiamento, construído no MS-Excel (disponível no *site* www.tosi.com.br):

Tabela Sistema Sacre

N	TR (%)	Saldo devedor atualizado	Principal amortizado	Juros pagos	Valor da parcela	Saldo devedor após o pagamento
0	0,25%	$ 100.000,00	$ -	$ -	$ -	$ 100.000,00
1	0,25%	$ 100.250,00	$ 553,06	$ 1.002,50	$ 1.555,56	$ 99.696,94
2	0,25%	$ 99.946,19	$ 556,09	$ 999,46	$ 1.555,56	$ 99.390,09
3	0,25%	$ 99.638,57	$ 559,17	$ 996,39	$ 1.555,56	$ 99.079,40
4	0,25%	$ 99.327,10	$ 562,28	$ 993,27	$ 1.555,56	$ 98.764,81
5	0,25%	$ 99.011,72	$ 565,44	$ 990,12	$ 1.555,56	$ 98.446,29
6	0,25%	$ 98.692,40	$ 568,63	$ 986,92	$ 1.555,56	$ 98.123,77
7	0,25%	$ 98.369,08	$ 571,86	$ 983,69	$ 1.555,56	$ 97.797,21
8	0,25%	$ 98.041,71	$ 575,14	$ 980,42	$ 1.555,56	$ 97.466,57
9	0,25%	$ 97.710,24	$ 578,45	$ 977,10	$ 1.555,56	$ 97.131,78
10	0,25%	$ 97.374,61	$ 581,81	$ 973,75	$ 1.555,56	$ 96.792,80
11	0,25%	$ 97.034,78	$ 585,21	$ 970,35	$ 1.555,56	$ 96.449,58
12	0,25%	$ 96.690,70	$ 588,65	$ 966,91	$ 1.555,56	$ 96.102,05
13	0,25%	$ 96.342,31	$ 569,63	$ 963,42	$ 1.533,06	$ 95.772,67
14	0,25%	$ 96.012,11	$ 572,94	$ 960,12	$ 1.533,06	$ 95.439,17
15	0,25%	$ 95.677,77	$ 576,28	$ 956,78	$ 1.533,06	$ 95.101,49

Na tabela, os valores dos juros, amortização e saldo devedor foram obtidos segundo a seguinte metodologia:

- **Valor dos juros da primeira parcela:**

    Juros da primeira parcela = Saldo devedor atualizado pela TR × Taxa de juros

    Saldo devedor atualizado = Saldo devedor inicial $\times \left(1 + \dfrac{TR}{100}\right)$

    Saldo devedor atualizado = $ 100.000,00 $\times \left(1 + \dfrac{0,25}{100}\right)$

    Saldo devedor atualizado = $ 100.250,00

    Juros da primeira parcela = $ 100.250,00 $\times \dfrac{1}{100}$

    Juros da primeira parcela = $ 1.002,50

- **Amortização da primeira parcela:**

    Amortização da primeira parcela = Valor da primeira prestação – juros da primeira prestação

    Amortização da primeira parcela = $ 1.555,56 – $ 1.002,50

    Amortização da primeira parcela = $ 553,06

- **Saldo devedor imediatamente após o pagamento da primeira prestação:**

    Saldo devedor após o 1º pagamento = Saldo devedor atualizado – Amortização do principal

    Saldo devedor após o 1º pagamento = $ 100.250,00 – $ 553,06

    Saldo devedor após o 1º pagamento = $ 99.696,94

- **Valor dos juros da segunda parcela:**

    Juros da segunda parcela = Saldo devedor atualizado pela TR × Taxa de juros

    Saldo devedor atualizado = Saldo devedor do mês anterior × $\left(1 + \dfrac{TR}{100}\right)$

    Saldo devedor atualizado = $ 99.946,18

    Juros da segunda parcela = $ 99.946,18 × $\dfrac{1}{100}$

    Juros da segunda parcela = $ 999,46

- **Amortização da segunda parcela:**

    Amortização da segunda parcela = Valor da segunda prestação – juros da segunda prestação

    Amortização da segunda parcela = $ 1.555,56 – $ 999,46

    Amortização da segunda parcela = $ 556,10

- **Saldo devedor imediatamente após o pagamento da segunda prestação:**

    Saldo devedor após o 2º pagamento = Saldo devedor atualizado – Amortização do principal

    Saldo devedor após o 2º pagamento = $ 99.946,18 – $ 556,10

    Saldo devedor após o 2º pagamento = $ 99.390,08

- **Valor da décima terceira prestação:**

Observação: Será utilizado o saldo devedor após o pagamento da 12ª parcela obtido por meio de consulta a planilha inicial do exemplo.

$$PMT = \frac{P}{n} + P \times i$$

onde:

$P = \$\ 96.102,05$

$n = 168\ (180 - 12)$ parcelas

$i = 1\%$ ao mês $= 0,01$

$$PMT = \frac{96.102,05}{168} + 96.102,05 \times 0,01 \Rightarrow PMT = \$\ 1.533,06$$

O valor dessa prestação será fixo pelos próximos 12 meses segundo o Sistema de Amortização Crescente utilizado pela Caixa Econômica Federal.

11.7 Quadro comparativo entre os sistemas Price, SAC e SACRE

O quadro a seguir traz um resumo comparativo entre os Sistemas Price, Amortização Constante e Amortização Crescente, com base nos dados do último exemplo. Cabe destacar que alguns valores foram obtidos por meio da construção de planilhas de cálculo no MS-Excel que podem ser obtidas por meio de consulta ao *site* www.tosi.com.br.

Itens comparados*	Price	SAC	SACRE
Valor da primeira prestação.	$ 1.203,17	$ 1.559,44	$ 1.555,56
Valor da última prestação.	$ 1.881,18	$ 879,50	$ 858,85
Valor da amortização incluído da 1ª parcela.	$ 200,67	$ 556,94	$ 553,06
Valor da amortização da última parcela.	$ 1.862,56	$ 870,80	$ 853,93
Valor dos juros da primeira parcela.	$ 1.002,50	$ 1.002,50	$ 1.002,50
Valor dos juros da última parcela.	$ 18,63	$ 8,71	$ 4,92
Saldo devedor após a 36ª parcela paga.	$ 99.971,56	$ 87.524,11	$ 87.274,76
Saldo devedor após a 90ª parcela paga.	$ 88.893,71	$ 62.598,56	$ 61.869,74
Saldo devedor após a 120ª parcela paga.	$ 72.802,48	$ 44.978,45	$ 43.882,17
Saldo devedor após a 140ª parcela paga.	$ 55.896,98	$ 31.521,06	$ 30.405,77
Saldo devedor após a 160ª parcela paga.	$ 32.293,36	$ 16.567,56	$ 15.575,24
Total de juros pagos no contrato.	$ 138.538,21	$ 105.908,83	$ 104.760,76
Total do principal amortizado corrigido.	$ 134.548,18	$ 126.411,18	$ 126.849,42
Total pago no financiamento.	$ 273.086,39	$ 232.320,01	$ 231.247,91

* Considerando a atualização monetária de 0,25% ao mês.

Embora comecem com prestações mensais mais altas, se comparados ao Sistema Price, os Sistemas SAC e SACRE permitem maior amortização imediata do valor emprestado, porque reduzem simultaneamente a parcela dos juros sobre o saldo devedor do financiamento.

12

Métodos para Análise de Alternativas de Investimentos

12.1 Introdução

Nos capítulos anteriores, foram estudados problemas financeiros em que o principal de uma operação (*PV* – Valor Presente) era emprestado ou aplicado a determinada taxa de juros, sendo liquidado por meio de um montante futuro (*FV*) ou por meio de uma série de prestações iguais, consecutivas e com periodicidade constante (*PMT*). Os diagramas de fluxo de caixa a seguir demonstram, de forma resumida, os tipos de exercícios estudados.

EXEMPLOS:

- Dado *PV*, achar *FV* ou vice-versa.
- Dado *PV*, achar *PMT* ou vice-versa.

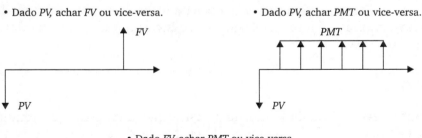

- Dado *FV*, achar *PMT* ou vice-versa.

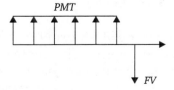

Neste capítulo, serão tratados os dois principais métodos de análise de alternativas econômicas: Valor Presente Líquido (*NPV*, do inglês: *Net Present Value*) e Taxa Interna de Retorno (*IRR*, do inglês: *Internal Rate Return*), aplicados à solução de problemas com fluxos de caixa variáveis, ou seja, em que as entradas e saídas de caixa ao longo do tempo podem ser de valores e prazos variados.

EXEMPLOS:

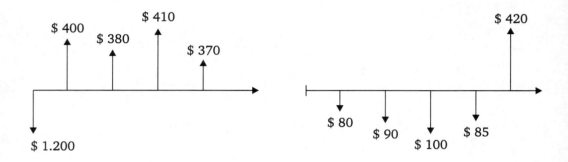

12.2 Método do valor presente líquido

12.2.1 Conceito

O método do valor presente líquido consiste na comparação de todas as entradas e saídas de dinheiro de um fluxo de caixa na data focal 0. O valor atual de determinado projeto será calculado descontando-se todos os valores futuros do fluxo de caixa, empregando-se determinada taxa de juros (taxa de atratividade), que mede a taxa mínima de juros que convém ao investidor ao optar por um investimento e não por outro.

EXEMPLO 1:

Quanto devo aplicar hoje em uma instituição financeira que remunera os depósitos a uma taxa efetiva de juros compostos de 2% ao mês, para poder fazer as seguintes retiradas ao longo do tempo:

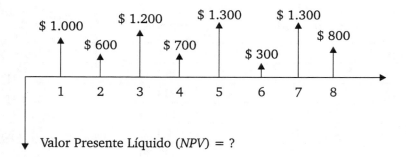

Valor Presente Líquido (NPV) = ?

Solução:

O cálculo do valor a ser investido consiste em determinar a somatória dos valores presentes de cada um dos recebimentos futuros desejados, de acordo com a taxa de juros prefixada definida pela instituição financeira.

Sendo:

$$FV = P \times (1 + i)^n$$

e

$$P = \frac{FV}{(1 + i)^n}$$

Temos:

$$P \text{ ou } NPV = \frac{FV_1}{(1 + i)^1} + \frac{FV_2}{(1 + i)^2} + \frac{FV_3}{(1 + i)^3} + \ldots + \frac{FV_n}{(1 + i)^n}$$

No exemplo anterior, teríamos:

$$NPV \text{ ou } VPL = \frac{1.000}{(1 + 0,02)^1} + \frac{600}{(1 + 0,02)^2} + \frac{1.200}{(1 + 0,02)^3} + \frac{700}{(1 + 0,02)^4} +$$

$$\frac{1.300}{(1 + 0,02)^5} + \frac{300}{(1 + 0,02)^6} + \frac{1.300}{(1 + 0,02)^7} + \frac{800}{(1 + 0,02)^8}$$

$$NPV = \$ \ 6.592,93$$

Para fazer frente às retiradas mencionadas, deve ser aplicada, à taxa de juros compostos de 2% ao mês, a quantia de $ 6.592,93.

Vejamos se corresponde à realidade:

Prazo (meses)	Valor atualizado	Retirada	Saldo
0	–o–	–o–	$ 6.592,93
1	$ 6.724,79	$ 1.000,00	$ 5.724,79
2	$ 5.839,28	$ 600,00	$ 5.239,28
3	$ 5.344,07	$ 1.200,00	$ 4.144,07
4	$ 4.226,95	$ 700,00	$ 3.526,95
5	$ 3.597,49	$ 1.300,00	$ 2.297,49
6	$ 2.343,44	$ 300,00	$ 2.043,44
7	$ 2.084,31	$ 1.300,00	$ 784,31
8	$ 800,00	$ 800,00	$ (0,00)

12.3 Funções de fluxo de caixa da HP-12C

A seguir, são apresentadas as funções de fluxo de caixa da HP-12C, as quais serão explicadas no decorrer deste capítulo.

Sequência	Função
g PV CFo	Cfo – Fluxo líquido de caixa inicial (na data zero).
g PMT CFj	CFj – Fluxo líquido de caixa nas datas futuras (após a data zero).
g FV Nj	Nj – Função de repetição do último fluxo de caixa registrado.
g PV CFo	NPV – *Net Present Value*, ou seja, Valor Presente Líquido.
g FV Nj	IRR – *Internal Rate Return*, ou seja, Taxa Interna de Retorno.

12.3.1 Cálculo do valor presente líquido pela HP-12C (função NPV)

Por meio da função f PV CFo , calcula-se o valor atual de uma série de entradas e saídas de dinheiro de um fluxo de caixa, descontadas a determinada taxa de juros compostos.

 Observações importantes:

- será utilizada a convenção de fluxo de caixa adotada até então, ou seja, todas as entradas de dinheiro terão sinais positivos, enquanto as saídas terão sinais negativos;
- para o cálculo do Valor Presente Líquido (*NPV*), devemos informar a taxa na mesma unidade de tempo em que acontecem as entradas ou

saídas de caixa. Exemplo: se a periodicidade das entradas e saídas é mensal, a taxa de juros deve ser mensal;
- os valores dos fluxos de caixa futuros devem estar ordenados, de forma crescente, de acordo com as datas de seus respectivos acontecimentos;
- a HP-12C tradicional suporta até 20 fluxos de caixa de valores diferentes, além do investimento inicial (Cfo); contudo, se um ou mais fluxos de caixa consecutivos forem iguais, ela poderá extrapolar essa quantidade, utilizando a função Nj, que será vista a seguir;
- se a calculadora tiver um ou mais programas armazenados, o número de memórias disponíveis para o armazenamento dos fluxos de caixa será menor do que mencionado anteriormente. O número máximo de fluxos de caixa (além de Cfo) é obtido pressionando [g] [9]. Ao pressionar tal sequência, se o visor apresentar a indicação P-08 r-20, o r-20 significa que estão disponíveis 20 memórias para armazenamento dos fluxos de caixa.

Solução do exemplo inicial pela HP-12C:

Pressione	Visor	Significado
f CLX	0,00	Limpa todos os registradores.
0 g Cfo	0,00	Introduz o fluxo de caixa na data 0.
1000 g CFj	1.000,00	Introduz o fluxo de caixa na data 1.
600 g CFj	600,00	Introduz o fluxo de caixa na data 2.
1200 g CFj	1.200,00	Introduz o fluxo de caixa na data 3.
700 g CFj	700,00	Introduz o fluxo de caixa na data 4.
1300 g CFj	1.300,00	Introduz o fluxo de caixa na data 5.
300 g CFj	300,00	Introduz o fluxo de caixa na data 6.
1300 g CFj	1.300,00	Introduz o fluxo de caixa na data 7.
800 g CFj	800,00	Introduz o fluxo de caixa na data 8.
2 i	2,00	Informa a taxa mensal de juros compostos.
f NPV	6.592,93	Calcula o Valor Presente Líquido (NPV).

EXEMPLO 2:

O Sr. Indeciso deseja obter uma rentabilidade mínima de 10% ao mês para aplicar seus $ 5.000,00 pelos próximos três meses. Os bancos a seguir fizeram suas propostas, conforme representado nos respectivos diagramas de fluxos de caixa. Por qual dos bancos o Sr. Indeciso deve optar?

1. Banco Bom de Bico:

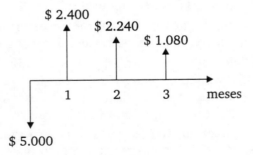

2. Banco Confiança:

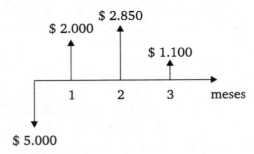

3. Banco Caridade:

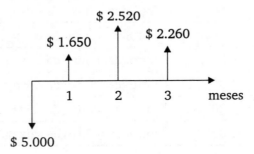

A solução para tal exercício está em verificar qual dos três fluxos de caixa, descontado a uma taxa de atratividade de 10% ao mês, proporciona o maior Valor Presente Líquido.

Métodos para Análise de Alternativas de Investimentos 221

Fluxo 1: Banco Bom de Bico

Solução pela HP-12C:

Pressione	Visor	Significado
f CLX	0,00	Limpa todos os registradores.
5000 CHS g Cfo	– 5.000,00	Introduz o fluxo de caixa na data 0.
2400 g CFj	2.400,00	Introduz o fluxo de caixa na data 1.
2240 g CFj	2.240,00	Introduz o fluxo de caixa na data 2.
1080 g CFj	1.080,00	Introduz o fluxo de caixa na data 3.
10 i	10,00	Informa a taxa de juros mensal.
f NPV	– 155,52	Calcula o valor presente líquido do fluxo.

O valor presente líquido encontrado de – $ 155,52 demonstra que o investimento de $ 5.000,00, por meio das retiradas de $ 2.400, $ 2.240 e $ 1.080, não proporciona o retorno esperado, pois o valor do investimento (saída de caixa) é maior do que o valor presente das entradas de caixa na data zero, ou seja, a taxa que equaliza o fluxo de caixa é menor que a taxa de atratividade desejada (10% ao mês). Portanto, ainda não é um bom negócio para o Sr. Indeciso.

Fluxo 2: Banco Confiança

Solução pela HP-12C:

Pressione	Visor	Significado
f CLX	0,00	Limpa todos os registradores.
5000 CHS g Cfo	– 5.000,00	Introduz o fluxo de caixa na data 0.
2000 g CFj	2.000,00	Introduz o fluxo de caixa na data 1.
2850 g CFj	2.850,00	Introduz o fluxo de caixa na data 2.
1100 g CFj	1.100,00	Introduz o fluxo de caixa na data 3.
10 i	10,00	Informa a taxa de juros mensal.
f NPV	0,00	Calcula o valor presente líquido do fluxo.

O Valor Presente Líquido encontrado, de 0 (nulo), corresponde a dizer que o fluxo de caixa proposto por esse banco remunera exatamente a uma taxa de 10% ao mês, ou seja, faz com que as retiradas desejadas, descontada a taxa de atratividade, sejam iguais ao valor do investimento inicial de $ 5.000,00. Portanto, esse é um negócio que proporciona a rentabilidade mínima esperada pelo Sr. Indeciso.

Fluxo 3: Banco Caridade

Solução pela HP-12C:

Pressione	Visor	Significado
f CLX	0,00	Limpa todos os registradores.
5000 CHS g Cfo	– 5.000,00	Introduz o fluxo de caixa na data 0.
1650 g CFj	1.650,00	Introduz o fluxo de caixa na data 1.
2520 g CFj	2.520,00	Introduz o fluxo de caixa na data 2.
2260 g CFj	2.260,00	Introduz o fluxo de caixa na data 3.
10 i	10,00	Informa a taxa de juros mensal.
f NPV	280,62	Calcula o valor presente do fluxo.

Nesse caso, o valor das entradas, descontadas a valor presente, a uma taxa de 10% ao mês, superou o investimento inicial de $ 5.000,00 em $ 280,62, ou seja, tal investimento dá um retorno superior a 10% ao mês. Portanto, esse é o melhor investimento, sob o ponto de vista financeiro, para o Sr. Indeciso.

Em resumo:

- se VPL = 0 ⇨ Taxa do Negócio = Taxa de Atratividade.
- se VPL < 0 ⇨ Taxa do Negócio < Taxa de Atratividade.
- se VPL > 0 ⇨ Taxa do Negócio > Taxa de Atratividade.

Dessa forma, sob o ponto de vista matemático e financeiro, quanto maior o Valor Presente Líquido, maior o retorno do investimento realizado, propiciando condições de comparação entre as diversas alternativas de projetos de investimentos.

EXEMPLO 3:

Um escritório de contabilidade necessita de um serviço de entregas rápidas. Para isso, está estudando duas possibilidades, a saber:

Alternativa 1: estruturar tal serviço internamente

Custos envolvidos:

- compra de uma motocicleta nova por $ 6.000,00;
- gastos mensais: manutenção; combustível, mão de obra e encargos sociais:
  - primeiro ano: $ 1.500,00 por mês;
  - segundo ano: $ 1.600,00 por mês;
  - terceiro ano: $ 1.700,00 por mês;
  - quarto ano: $ 1.800,00 por mês.

Após quatro anos de uso, a motocicleta poderá ser vendida por um valor residual de $ 2.300,00.

Alternativa 2: contratar uma empresa especializada

Custos envolvidos:

- contrato de quatro anos com custos mensais de:
  - primeiro ano: $ 1.550,00;
  - segundo ano: $ 1.600,00;
  - terceiro ano: $ 1.650,00;
  - quarto ano: $ 1.700,00.

Considerando que o escritório trabalha com uma taxa de atratividade de 2% ao mês, qual das duas alternativas, sob o ponto de vista financeiro, deve a empresa escolher?

Solução:

Vamos encontrar o Valor Presente Líquido de cada uma das alternativas e compará-los, decidindo por aquele que proporcionar o menor custo a valor presente.

 Observe que o valor dos custos mensais será repetido 12 vezes por ano; dessa forma utilizaremos, para facilitar nosso trabalho na solução pela HP-12C, a função [g] [FV Nj]. Essa função permite repetir o valor de um fluxo de caixa igual e consecutivo pela quantidade de vezes que ele acontece (na HP-12C tradicional até 99, no máximo).

Solução pela HP-12C:

Alternativa 1: estruturar tal serviço internamente

Pressione	Visor	Significado
f CLX	0,00	Limpa todos os registradores.
6000 CHS g Cfo	– 6.000,00	Introduz o fluxo de caixa na data 0.
1500 CHS g CFj	– 1.500,00	Introduz o fluxo de caixa do mês 1.
12 g Nj	12,00	Número de vezes que o fluxo se repete.
1600 CHS g CFj	– 1.600,00	Introduz o fluxo de caixa do mês 13.
12 g Nj	12,00	Número de vezes que o fluxo se repete.
1700 CHS g CFj	– 1.700,00	Introduz o fluxo de caixa do mês 25.
12 g Nj	12,00	Número de vezes que o fluxo se repete.
1800 CHS g CFj	– 1.800,00	Introduz o fluxo de caixa do mês 37.
11 g Nj	11,00	Número de vezes que o fluxo se repete.
500 g CFj	500,00	Introduz o fluxo de caixa do mês 48.
2 i	2,00	Informa a taxa de juros mensal.
f NPV	– 54.824,77	Calcula o valor presente líquido do fluxo.

O custo total a valor presente será de $ 54.824,77.

Alternativa 2: contratar uma empresa especializada

Pressione	Visor	Significado
f CLX	0,00	Limpa todos os registradores.
0 g Cfo	0,00	Introduz o fluxo de caixa na data 0.
1550 CHS g CFj	– 1.550,00	Introduz o fluxo de caixa do mês 1.
12 g Nj	12,00	Número de vezes que o fluxo se repete.
1600 CHS g CFj	– 1.600,00	Introduz o fluxo de caixa do mês 13.
12 g Nj	12,00	Número de vezes que o fluxo se repete.
1650 CHS g CFj	– 1.650,00	Introduz o fluxo de caixa do mês 25.
12 g Nj	12,00	Número de vezes que o fluxo se repete.
1700 CHS g CFj	– 1.700,00	Introduz o fluxo de caixa do mês 37.
12 g Nj	12,00	Número de vezes que o fluxo se repete.
2 i	2,00	Informa a taxa mensal.
f NPV	– 49.395,40	Calcula o valor presente líquido do fluxo.

O custo total da Alternativa 2 é de $ 49.395,40, portanto, esta seria a melhor opção, sob o ponto de vista financeiro, para a empresa.

EXEMPLO 4:

A empresa Alfa deve pagar para a empresa Beta por três duplicatas, cujos valores e prazos de vencimento são informados no diagrama de fluxo de caixa a seguir. A empresa Beta propõe à empresa Alfa a liquidação antecipada dos títulos, por meio do pagamento da importância de $ 50.000,00. Considerando que a empresa Alfa trabalha com uma taxa de atratividade de 1,5% ao mês, calcule o Valor Presente Líquido da dívida e verifique se é vantajoso para a empresa Alfa aceitar tal proposta.

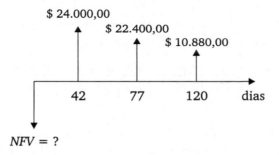

Solução:

Esse exemplo possui uma importante diferença em relação aos anteriores, pois considera os fluxos de caixa dispostos num calendário de vencimentos com prazos diferentes.

Para resolvermos esse caso, devemos trabalhar com um fluxo de caixa diário, verificando dia a dia as entradas e saídas de dinheiro. Da mesma forma, teremos que encontrar uma taxa equivalente diária a juros compostos para igualar a periodicidade de acontecimento dos fluxos de caixa.

Vejamos a solução completa do exemplo:

Cálculo da taxa equivalente ao dia relativa a 1,5% ao mês:

$$\text{Taxa equivalente} = \left[\left(1 + \frac{1,5}{100}\right)^{\frac{1}{30}} - 1\right] \times 100 \Rightarrow 0,0496\% \text{ ao dia}$$

Solução pela HP-12C:

Pressione	Visor	Significado
f CLX	0,00	Limpa todos os registradores.
0 g Cfo	0,00	Introduz o fluxo de caixa na data 0.
0 g CFj	0,00	Introduz o fluxo de caixa do 1º dia.
41 g Nj	41,00	Número de vezes que o fluxo se repete.
24000 g CFj	24.000,00	Introduz o fluxo de caixa do 42º dia.
0 g CFj	0,00	Introduz o fluxo de caixa do 43º dia.
34 g Nj	34,00	Número de vezes que o fluxo se repete.
22400 g CFj	22.400,00	Introduz o fluxo de caixa do 77º dia.
0 g CFj	0,00	Introduz o fluxo de caixa do 78º dia.
42 g Nj	42,00	Número de vezes que o fluxo se repete.
10880 g CFj	10.880,00	Introduz o fluxo de caixa do 112º dia.
0,0496 i	0,0496	Informa a taxa de juros compostos ao dia.
f NPV	– 55.317,63	Calcula o valor presente líquido do fluxo.

Resposta: A empresa Alfa deve aceitar a proposta, pois sua dívida calculada a valor presente, segundo uma taxa de 1,5% ao mês, é superior aos $ 50.000,00 oferecidos para a quitação do débito.

EXEMPLO 5:

O Sr. João contratou uma empresa para construção total de uma casa de campo, e lhe foi proposto o seguinte cronograma de pagamentos:

Data	Prazo (dias)	Pagamento
02-09-2014	0	$ 30.000,00
21-10-2014	49	$ 20.000,00
29-11-2014	88	$ 24.000,00
06-01-2015	126	$ 22.000,00
17-02-2015	168	$ 28.000,00

O Sr. João possui recursos financeiros aplicados em um fundo de investimento com liquidez diária que lhe proporcionam um rendimento mensal efetivo de 0,80%. Caso o Sr. João feche o contrato com a construtora no dia 2-09-2014, qual o volume de recursos aplicados que o mesmo deverá possuir para fazer frente a esses pagamentos?

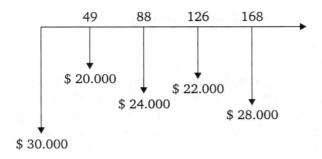

Solução:

Cálculo da taxa equivalente ao dia relativa a 0,80% ao mês

$$\text{Taxa equivalente} = \left[\left(1 + \frac{0,80}{100}\right)^{\frac{1}{30}} - 1\right] \times 100 \Rightarrow 0,0266\% \text{ ao dia}$$

Solução pela HP-12C:

Pressione			Visor	Significado
f	CLX		0,00	Limpa todos os registradores.
30000	CHS g	Cfo	– 30.000,00	Introduz o fluxo de caixa na data 0.
0	g	CFj	0,00	Introduz o fluxo de caixa do 1º dia.
48	g	Nj	48,00	Número de vezes que o fluxo se repete.
20000	CHS g	CFj	– 20.000,00	Introduz o fluxo de caixa do 49º dia.
0	g	CFj	0,00	Introduz o fluxo de caixa do 50º dia.
38	g	Nj	38,00	Número de vezes que o fluxo se repete.
24000	CHS g	CFj	– 24.000,00	Introduz o fluxo de caixa do 88º dia.
0	g	CFj	0,00	Introduz o fluxo de caixa do 89º dia.
37	g	Nj	37,00	Número de vezes que o fluxo se repete.
22000	CHS g	CFj	– 22.000,00	Introduz o fluxo de caixa do 126º dia.
0	g	CFj	0,00	Introduz o fluxo de caixa do 127º dia.
41	g	Nj	41,00	Número de vezes que o fluxo se repete.
28000	CHS g	CFj	– 28.000,00	Introduz o fluxo de caixa do 168º dia.
0,0266	i		0,0266	Informa a taxa de juros compostos ao dia.
f	NPV		– 121.237,25	Calcula o valor presente líquido do fluxo.

O Sr. João deve possuir $ 121.237,25 aplicados a partir de 02-09-2014.

12.4 Método da taxa interna de retorno

12.4.1 Conceito

A Taxa Interna de Retorno (IRR) é a taxa de juros compostos que torna nulo o valor presente líquido de um investimento, ou seja, é a taxa que, aplicada à solução de um diagrama de fluxo de caixa, faz com que, a valor presente, a somatória das entradas de caixa seja igual à somatória das saídas.

Uma vez identificada, num projeto único de investimento, a taxa interna de retorno deve ser comparada com a taxa mínima de retorno esperada pelo investidor (taxa de atratividade).

EXEMPLO 1:

O Sr. Endividado possui uma dívida bancária de $ 100.000,00 que será liquidada por meio do pagamento de três notas promissórias; a primeira de $ 50.000,00, a segunda de $ 40.000,00 e a terceira de $ 30.000,00, vencíveis, respectivamente, em 30, 60 e 90 dias da data da contratação. De acordo com o fluxo de caixa a seguir, determine a taxa de juros compostos cobrada em tal empréstimo.

Fluxo de caixa do Banco:

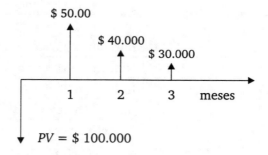

O valor emprestado pelo Banco ($ 100.000,00) será retornado por meio do recebimento futuro das notas promissórias mencionadas. Assim, podemos dizer que a taxa de juros cobrada em tal operação é aquela que satisfaz à seguinte equação:

$$100.000,00 = \frac{50.000,00}{(1+i)^1} + \frac{40.000,00}{(1+i)^2} + \frac{30.000,00}{(1+i)^3}$$

Nesse caso, devemos encontrar uma única taxa de juros que faça com que a somatória dos valores presentes das prestações seja igual ao valor do principal emprestado na data 0.

Essa taxa de juros que torna nulo o valor presente líquido do fluxo de caixa chama-se, como vimos anteriormente, Taxa Interna de Retorno.

O cálculo da Taxa Interna de Retorno é bastante complexo e não é obtido, em quase todos os casos, por resolução matemática, ou seja, não é possível, na maioria das vezes, colocar a incógnita *i* em evidência nas equações.

Dessa forma, por questões práticas, o exemplo será resolvido com o auxílio da calculadora HP-12C.

12.4.2 Cálculo da Taxa Interna de Retorno pela HP-12C (função IRR)

Por meio da função IRR, obtida ao pressionar [f] [FV/Nj], calculamos a taxa interna de retorno de uma sequência de fluxos de caixa, com periodicidade constante. Os valores dos fluxos de caixa não precisam ser uniformes.

Observações:

- será utilizada a convenção de fluxo de caixa adotada até então, ou seja, todas as entradas de dinheiro terão sinais positivos, enquanto as saídas terão sinais negativos;
- a Taxa Interna de Retorno (IRR) será calculada na mesma unidade de tempo em que acontecem as entradas ou saídas de caixa. Exemplo: se a periodicidade das entradas e saídas é mensal, a taxa de juros obtida no cálculo será mensal;
- os valores dos fluxos de caixa devem estar ordenados, de forma crescente, em função das datas de seus respectivos acontecimentos e devem conter pelo menos uma entrada (sinal positivo) e uma saída (sinal negativo) de caixa.

Observe, agora, a solução do exemplo anterior pela HP-12C:

Pressione	Visor	Significado
f CLX	0,00	Limpa todos os registradores.
100000 CHS g Cfo	– 100.000,00	Introduz o fluxo de caixa na data 0.
50000 g CFj	50.000,00	Introduz o fluxo de caixa do 1º mês.
40000 g CFj	40.000,00	Introduz o fluxo de caixa do 2º mês.
30000 g CFj	30.000,00	Introduz o fluxo de caixa do 3º mês.
f IRR	10,65	Calcula a taxa interna de retorno.

Ou seja, tal operação de empréstimo está embutindo uma taxa de juros compostos de 10,65% ao mês.

EXEMPLO 2:

Retomemos ao caso anterior do Sr. Indeciso (Exemplo 2 da função *NPV*), que queria investir a quantia de $ 5.000,00 e obter uma rentabilidade mínima de 10% ao mês, sendo-lhe feitas três propostas de investimentos (Banco Bom de Bico, Banco Confiança e Banco Caridade).

A solução desse exemplo pelo método do Valor Presente Líquido apontou que a melhor opção seria o Banco Caridade, pois proporcionava o maior valor presente líquido, descontando-se o fluxo de caixa a uma taxa de 10% ao mês.

E pelo método da Taxa Interna de Retorno, qual das propostas apresentadas tem a maior taxa?

Fluxo 1: Banco Bom de Bico

Pressione	Visor	Significado
f CLX	0,00	Limpa todos os registradores.
5000 CHS g Cfo	– 5.000,00	Introduz o fluxo de caixa na data 0.
2400 g CFj	2.400,00	Introduz o fluxo de caixa do 1º mês.
2240 g CFj	2.240,00	Introduz o fluxo de caixa do 2º mês.
1080 g CFj	1.080,00	Introduz o fluxo de caixa do 3º mês.
f IRR	8,00	Calcula a taxa interna de retorno do fluxo.

Portanto, o Banco Bom de Bico não oferece a rentabilidade mínima de 10% ao mês (taxa de atratividade) que o Sr. Indeciso deseja.

Fluxo 2: Banco Confiança

Pressione	Visor	Significado
f CLX	0,00	Limpa todos os registradores.
5000 CHS g Cfo	– 5.000,00	Introduz o fluxo de caixa na data 0.
2000 g CFj	2.000,00	Introduz o fluxo de caixa do mês 1.
2850 g CFj	2.850,00	Introduz o fluxo de caixa do mês 2.
1100 g CFj	1.100,00	Introduz o fluxo de caixa do mês 3.
f IRR	10,00	Calcula a taxa interna de retorno do fluxo.

Essa opção dá exatamente o retorno mínimo esperado pelo Sr. Indeciso.

Fluxo 3: Banco Caridade

Pressione	Visor	Significado
f CLX	0,00	Limpa todos os registradores.
5000 CHS g Cfo	– 5.000,00	Introduz o fluxo de caixa na data 0.
1650 g CFj	1.650,00	Introduz o fluxo de caixa do mês 1.
2520 g CFj	2.520,00	Introduz o fluxo de caixa do mês 2.
2260 g CFj	2.260,00	Introduz o fluxo de caixa do mês 3.
f IRR	13,00	Calcula a taxa interna de retorno do fluxo.

Essa é a melhor opção, sob o ponto de vista financeiro, para o Sr. Indeciso, pois oferece o maior Valor Presente Líquido e uma Taxa Interna de Retorno bem superior à taxa mínima de atratividade que ele havia estabelecido como parâmetro para sua decisão de investimento.

> Observe os comentários a seguir; eles são bastante importantes.

Observações:

- quando a função IRR é acionada, a resposta demora de segundos até minutos para ser apresentada, em função da complexidade dos cálculos envolvidos. Durante esse tempo de processamento, o visor apresentará a palavra *running* (em execução);
- o método utilizado pela calculadora para obtenção da taxa interna de retorno é o iterativo (de repetição progressiva ou tentativa e erro). Na prática, significa dizer que a calculadora estima uma taxa de juros e calcula o valor presente líquido do fluxo. Caso o valor presente líquido não seja nulo, ou quase nulo, a calculadora repete o processo utilizando uma nova estimativa para a taxa;
- uma vez calculada, a taxa interna de retorno será armazenada no registrador financeiro [i]. Para analisar a precisão, ou seja, a qualidade da taxa obtida pelo processo de tentativa e erro, basta calcular o Valor Presente Líquido, pressionando-se [f] [FV]. Quanto mais próximo de 0 (zero) for o valor presente líquido melhor a qualidade da taxa estimada no cálculo.

EXEMPLO 3:

Uma indústria adquiriu um equipamento no valor de $ 300.000,00 para ser pago da seguinte forma:

- três primeiras prestações, mensais e iguais de $ 85.000,00, vencendo a primeira 30 dias após a contratação;
- a quarta prestação no valor de $ 90.000,00;
- não há pagamento no quinto mês, sendo a sexta prestação no valor de $ 50.000,00.

Determine a taxa mensal de juros compostos cobrada em tal financiamento e, logo após, valide-a por meio do cálculo do valor presente líquido.

Solução pela HP-12C:

Pressione			Visor	Significado
f	CLX		0,00	Limpa todos os registradores.
300000	CHS g	Cfo	– 300.000,00	Introduz o fluxo de caixa na data 0.
85000	g	CFj	85.000,00	Introduz o fluxo de caixa do 1º mês.
3	g	Nj	3,00	Número de vezes que o fluxo se repete.
90000	g	CFj	90.000,00	Introduz o fluxo de caixa do 4º mês.
0	g	CFj	0,00	Introduz o fluxo de caixa do 5º mês.
50000	g	CFj	50.000,00	Introduz o fluxo de caixa do 6º mês.
f	IRR		10,14	Calcula a taxa interna de retorno.
f	NPV		0,00	Calcula o valor presente líquido com base na taxa interna de retorno calculada.

EXEMPLO 4:

Uma empresa descontou num banco as duplicatas a seguir relacionadas, recebendo a quantia líquida de $ 139.152,16. Qual a taxa mensal de juros compostos cobrada em tal operação?

Relação de duplicatas	
Valor	Vencimento
$ 40.000,00	36 dias
$ 50.000,00	45 dias
$ 60.000,00	54 dias

Solução pela HP-12C:

Pressione	Visor	Significado
f CLX	0,00	Limpa todos os registradores.
139152.16 CHS g CFo	– 139.152,10	Introduz o fluxo de caixa inicial.
0 g CFj	0,00	Introduz o fluxo de caixa do 1º dia.
35 g Nj	35,00	Número de vezes que o fluxo se repete.
40000 g CFj	40.000,00	Introduz o fluxo de caixa do 36º dia.
0 g CFj	0,00	Introduz o fluxo de caixa do 37º dia.
8 g Nj	8,00	Número de vezes que o fluxo se repete.
50000 g CFj	50.000,00	Introduz o fluxo de caixa do 45º dia.
0 g CFj	0,00	Introduz o fluxo de caixa do 46º dia.
8 g Nj	8,00	Número de vezes que o fluxo se repete.
60000 g CFj	60.000,00	Introduz o fluxo de caixa do 54º dia.
f IRR	0,162766	Calcula a taxa interna de retorno diária.

Cálculo da taxa equivalente mensal relativa a 0,162766% ao dia:

$$\text{Taxa equivalente} = \left[\left(1 + \frac{0{,}162766}{100}\right)^{\frac{30}{1}} - 1\right] \times 100 \Rightarrow 5\% \text{ ao mês}.$$

EXEMPLO 5:

Observe, a seguir, o cronograma das aplicações realizadas pelo Sr. Investidor num fundo de investimento com liquidez diária:

Valor aplicado	Data da aplicação	Data de resgate
$ 20.000,00	1-08-2014	8-12-2014
$ 10.000,00	22-09-2014	8-12-2014
$ 15.000,00	9-10-2014	8-12-2014
$ 30.000,00	3-11-2014	8-12-2014

Considerando-se que em 8-12-2014 o Sr. Investidor efetuou o resgate total das aplicações financeiras mencionadas, recebendo um montante líquido de $ 77.858,00, qual a taxa média mensal de retorno desse investimento? Observação: o Sr. Investidor não possuía aplicações anteriores a 1-08-2014 e durante o período das aplicações não efetuou saques parciais.

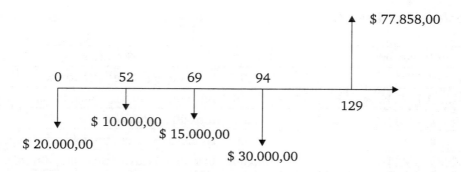

Solução pela HP-12C:

Pressione	Visor	Significado
f CLX	0,00	Limpa todos os registradores.
20000 CHS g CFo	– 20.000,00	Introduz o fluxo de caixa inicial.
0 g CFj	0,00	Introduz o fluxo de caixa do 1º dia.
51 g Nj	51,00	Número de vezes que o fluxo se repete.
10000 CHS g CFj	– 10.000,00	Introduz o fluxo de caixa do 51º dia.
0 g CFj	0,00	Introduz o fluxo de caixa do 52º dia.
16 g Nj	16,00	Número de vezes que o fluxo se repete.
15000 CHS g CFj	– 15.000,00	Introduz o fluxo de caixa do 67º dia.
0 g CFj	0,00	Introduz o fluxo de caixa do 68º dia.
25 g Nj	25,00	Número de vezes que o fluxo se repete.
30000 CHS g CFj	– 30.000,00	Introduz o fluxo de caixa do 93º dia.
0 g CFj	0,00	Introduz o fluxo de caixa do 94º dia.
34 g Nj	34,00	Número de vezes que o fluxo se repete.
77858 g CFj	77.858,00	Introduz o fluxo de caixa do 128º dia.
f IRR	0,052208	Calcula a taxa interna de retorno diária.

Solução final:

Cálculo da taxa equivalente ao mês relativa a 0,052208% ao dia:

$$\text{Taxa equivalente} = \left[\left(1 + \frac{0,052208}{100}\right)^{\frac{30}{1}} - 1\right] \times 100 \Rightarrow 1,5782\% \text{ ao mês.}$$

Observações:

- o método da taxa interna de retorno apresenta, em algumas situações, inconvenientes que podem dificultar sua aplicação. O mesmo assume, como pressuposto, que todos os fluxos de caixa são reinvestidos ou descontados na taxa de retorno computada, o que nem sempre acontece;
- outro inconveniente é sua limitação em função do número de variações de sinal de um fluxo de caixa. A cada troca de sinal, a resposta da taxa interna tem um potencial para uma resposta adicional, conforme será visto a seguir.

12.4.3 Taxas Internas de Retorno Múltiplas

Por tratar-se de um cálculo matemático bastante complexo, dependendo da quantidade de fluxos e variações de sinais dos mesmos, o cálculo da taxa interna de retorno pode ter uma ou mais respostas positivas, negativas ou mesmo uma combinação das mesmas.

Por exemplo: considerando o fluxo de caixa, pouco convencional, a seguir, vamos calcular a taxa interna de retorno.

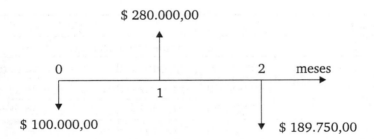

Solução pela HP-12C:

Pressione	Visor	Significado
f CLX	0,00	Limpa todos os registradores.
100000 CHS g Cfo	– 100.000,00	Introduz o fluxo de caixa na data 0.
280000 g CFj	280.000,00	Introduz o fluxo de caixa do 1º mês.
189750 CHS g CFj	– 189.750,00	Introduz o fluxo de caixa do 2º mês.
f IRR	ERROR 3	Calcula a taxa interna de retorno do fluxo.

A mensagem de erro apresentada (ERROR 3) significa que o cálculo é complexo e pode envolver múltiplas respostas e a calculadora não poderá prosseguir, a menos que seja fornecida uma estimativa de IRR. Para continuar, digite uma estimativa para a taxa e pressione [RCL] [g] [R/S].

Essa estimativa auxiliará a calculadora na busca da taxa; contudo, ela não indicará se existem outras soluções possíveis para a taxa interna de retorno.

Uma das formas de se saber se existe uma ou mais respostas da taxa interna de retorno é verificar o número de mudanças dos sinais do fluxo de caixa (de positivo para negativo ou vice-versa). Se existir apenas uma mudança de sinal, então o fluxo de caixa tem apenas uma taxa interna de retorno, caso contrário, a taxa interna de retorno fica limitada pelo número de variações do sinal do fluxo de caixa.

Para exemplificarmos, tomaremos os dados do exemplo. Para que o valor presente líquido do fluxo seja nulo, devemos encontrar o valor da incógnita i na equação a seguir:

$$-100.000 + 280.000 \times (1+i)^{-1} - 189.750 \times (1+i)^{-2} = 0$$

Essa equação do segundo grau possui como respostas: $i = 15\%$ e $i = 65\%$. Vejamos se as respostas estão corretas, calculando o valor presente líquido.

Solução pela HP-12C:

Pressione	Visor	Significado
f CLX	0,00	Limpa todos os registradores.
100000 CHS g Cfo	– 100.000,00	Introduz o fluxo de caixa na data 0.
280000 g CFj	280.000,00	Introduz o fluxo de caixa do 1º mês.
189750 CHS g CFj	– 189.750,00	Introduz o fluxo de caixa do 2º mês.
15 i	15,00	Introduz a taxa de juros mensal.
f NPV	0,00	Calcula o valor presente líquido.
65 i	0,00	Introduz a taxa de juros mensal.
f NPV	0,00	Calcula o valor presente líquido.

Observamos que as duas respostas da taxa interna de retorno fazem com que o valor presente líquido do fluxo de caixa seja nulo. Dessa forma, sob o ponto de vista matemático, ambas as soluções estão corretas.

Diante do exposto, o que fazer?

O método da taxa interna de retorno não é aconselhável como critério para avaliação de projetos quando existirem respostas múltiplas de taxas. Nesse caso, é recomendável a utilização do método do valor presente líquido, definindo-se preliminarmente a taxa de desconto do fluxo a ser usada (taxa de atratividade).

12.5 Exercícios adicionais resolvidos

1. A Sra. Rosângela deseja depositar hoje determinada quantia em uma instituição financeira que remunera as aplicações a 1% ao mês para poder, a partir do próximo mês, fazer as seguintes retiradas:
   - do primeiro ao décimo mês – parcelas mensais de $ 1.000,00 cada;
   - do décimo primeiro ao vigésimo mês – parcelas mensais de $ 1.200,00 cada;
   - do vigésimo primeiro ao vigésimo quarto mês – parcelas mensais de $ 1.500,00 cada.

   De posse de tais informações, determine o valor inicial a ser depositado.

   Solução pela HP-12C:

Pressione	Visor	Significado
f CLX	0,00	Limpa todos os registradores.
0 g Cfo	0,00	Introduz o fluxo de caixa na data 0.
1000 g CFj	1.000,00	Introduz o fluxo de caixa do 1º mês.
10 g Nj	10,00	Número de repetições do fluxo de caixa.
1200 g CFj	1.200,00	Introduz o fluxo de caixa do 11º mês.
10 g Nj	10,00	Número de repetições do fluxo de caixa.
1500 g CFj	1.500,00	Introduz o fluxo de caixa do 21º mês.
4 g Nj	4,00	Número de repetições do fluxo de caixa.
1 i	1,00	Introduz a taxa mensal de juros.
f NPV	24.557,15	Calcula o valor presente líquido do fluxo.

2. A empresa Rosca de Ouro, fabricante de parafusos, está estudando a compra de determinada máquina especializada; para tanto, são-lhe oferecidas duas propostas a saber:

   Equipamento A: Investimento inicial de $ 100.000,00, vida útil de três anos e valor residual de venda após três anos de uso de $ 15.000,00. Tal equipamento irá gerar um lucro mensal para a empresa de $ 6.000,00 no primeiro ano de uso, $ 5.500,00 no segundo e $ 4.500,00 no terceiro.

   Equipamento B: Investimento inicial de $ 100.000,00, vida útil de três anos e valor residual de venda após três anos de uso nulo. Tal equipamento irá gerar um lucro mensal de $ 6.500,00 no primeiro ano de uso, $ 6.000,00 no segundo e $ 4.000,00 no último. Com base no valor presente líquido e taxa interna de retorno de cada investimento, por qual dos dois equipamentos a empresa deve optar, sabendo que a taxa de atratividade é de 3% ao mês?

Solução pela HP-12C:

Equipamento A:

Pressione			Visor	Significado
f	CLX		0,00	Limpa todos os registradores.
100000	CHS	g Cfo	– 100.000,00	Introduz o fluxo de caixa na data 0.
6000	g	CFj	6.000,00	Introduz o fluxo de caixa do 1º mês.
12	g	Nj	12,00	Número de repetições do fluxo de caixa.
5500	g	CFj	5.500,00	Introduz o fluxo de caixa do 13º mês.
12	g	Nj	12,00	Número de repetições do fluxo de caixa.
4500	g	CFj	4.500,00	Introduz o fluxo de caixa do 25º mês.
11	g	Nj	11,00	Número de repetições do fluxo de caixa.
19500	g	CFj	19.500,00	Introduz o fluxo de caixa do 36º mês.
3	i		3,00	Introduz a taxa mensal de juros compostos.
f	NPV		25.333,17	Calcula o valor presente líquido.
0	i		0,00	Zera a taxa de juros.
f	IRR		4,62	Calcula a taxa interna de retorno mensal.

Equipamento B:

Pressione			Visor	Significado
f	CLX		0,00	Limpa todos os registradores.
100000	CHS	g Cfo	– 100.000,00	Introduz o fluxo de caixa na data 0.
6500	g	CFj	6.500,00	Introduz o fluxo de caixa do 1º mês.
12	g	Nj	12,00	Número de repetições do fluxo de caixa.
6000	g	CFj	6.000,00	Introduz o fluxo de caixa do 13º mês.
12	g	Nj	12,00	Número de repetições do fluxo de caixa.
4000	g	CFj	4.000,00	Introduz o fluxo de caixa do 25º mês.
12	g	Nj	12,00	Número de repetições do fluxo de caixa.
3	i		3,00	Introduz a taxa mensal de juros compostos.
f	NPV		26.177,10	Calcula o valor presente líquido.
0	i		0,00	Zera a taxa de juros.
f	IRR		4,85	Calcula a taxa interna de retorno mensal.

A empresa deve optar pelo equipamento B.

Métodos para Análise de Alternativas de Investimentos   239

3. Quanto devo aplicar hoje em um fundo de renda fixa que remunera os depósitos à variação cambial mais juros reais de 1% ao mês, para poder efetuar retiradas mensais conforme o cronograma a seguir:
   - primeiro ano: 12 parcelas mensais iguais de US$ 250,00;
   - segundo ano: 12 parcelas mensais iguais de US$ 300,00;
   - terceiro ano: 12 parcelas mensais iguais de US$ 320,00;
   - quarto ano: 12 parcelas mensais iguais de US$ 350,00.

   Solução pela HP-12C:

Pressione	Visor	Significado
f CLX	0,00	Limpa todos os registradores.
0 g Cfo	0,00	Introduz o fluxo de caixa na data 0.
250 g CFj	250,00	Introduz o fluxo de caixa do 1º mês.
12 g Nj	12,00	Número de repetições do fluxo de caixa.
300 g CFj	300,00	Introduz o fluxo de caixa do 13º mês.
12 g Nj	12,00	Número de repetições do fluxo de caixa.
320 g CFj	320,00	Introduz o fluxo de caixa do 25º mês.
12 g Nj	12,00	Número de repetições do fluxo de caixa.
350 g CFj	350,00	Introduz o fluxo de caixa do 37º mês.
12 g Nj	12,00	Número de repetições do fluxo de caixa.
1 i	1,00	Introduz a taxa mensal de juros.
f NPV	11.400,04	Calcula o valor presente líquido do fluxo.

4. Uma empresa adquiriu um equipamento no valor de $ 65.000,00, para pagamento nas seguintes condições: entrada de $ 8.000,00, mais 9 parcelas mensais e consecutivas, vencendo a primeira 30 dias após a entrada, sendo as três primeiras de $ 11.000,00 cada, a quarta de $ 6.000,00 e o restante das parcelas de $ 10.000,00 cada. Determine a taxa mensal de juros compostos cobrada nesta venda.

   Solução pela HP-12C:

Pressione	Visor	Significado
f CLX	0,00	Limpa todos os registradores.
57000 CHS g Cfo	– 57.000,00	Introduz o fluxo de caixa na data 0.
11000 g CFj	11.000,00	Introduz o fluxo de caixa do 1º mês.
3 g Nj	3,00	Número de repetições do fluxo de caixa.
6000 g CFj	6.000,00	Introduz o fluxo de caixa do 4º mês.
10000 g CFj	10.000,00	Introduz o fluxo de caixa do 5º mês.
5 g Nj	5,00	Número de repetições do fluxo de caixa.
f IRR	10,16	Calcula a taxa interna de retorno do fluxo.

13

Algumas Modalidades de Aplicações Financeiras

13.1 Caderneta de Poupança

13.1.1 Conceito e posição atual do produto no mercado financeiro brasileiro

A Caderneta de Poupança é uma conta de livre depósito, não movimentável por cheques, que pode ser aberta tanto por pessoas físicas como jurídicas. Foi criada em 1964 com o objetivo de captar os recursos das poupanças populares e direcioná-los para o financiamento habitacional.

Durante esses vários anos de existência a poupança, como é conhecida popularmente, sofreu diversas alterações, desde a mudança dos índices utilizados para atualização monetária dos saldos até a forma e a periodicidade de pagamento dos rendimentos.

Segundo dados do Banco Central do Brasil de dezembro/2014, no país existiam aproximadamente R$ 662 bilhões de recursos investidos em Caderneta de Poupança.

A seguir, apresentamos uma tabela demonstrando a distribuição do saldo das contas de poupança por faixa de valores.

Conta de Poupança: Distribuição do saldo depositantes por faixa de valor							Dez. 2012
	Saldo			Número de clientes		
Faixa de valor em R$	R$ milhões	% por faixa	% acumulado	Milhares	% por faixa	% acumulado
Até 100,00	720	0,19	0,19	45.312	50,17	50,17
De 100,01 a 500,00	3.167	0,81	1,00	12.541	13,89	64,06
De 500,01 a 1.000,00	4.699	1,21	2,21	6.574	7,28	71,34
De 1.000,01 a 5.000,00	32.680	8,41	10,62	13.559	15,01	86,35
De 5.000,01 a 20.000,00	82.684	21,28	31,89	8.171	9,05	95,40
De 20.000,01 a 30.000,00	35.830	9,22	41,11	1.464	1,62	97,02
Mais de 30.000,00	228.862	58,89	100,00	2.690	2,98	100,00
Total	388.642	100,00		90.310	100,00	

Fonte: Abecip.

Observa-se, pela análise do quadro, que a maioria dos investidores em caderneta de poupança tem saldo de até R$ 100,00, representando apenas R$ 720 milhões do volume total. Por outro lado, os poupadores com mais de R$ 30.000,00 representam apenas 2,98% do total dos depositantes; em contrapartida, detêm 58,89% do volume total de poupança do país.

Esse levantamento mostra o que todos já sabem: a grande concentração de renda do país; contudo, revela também que, diferentemente do que muitos pensam, a poupança não é um investimento somente utilizado pela população de baixa renda.

Observe, por meio do quadro a seguir, o resultado de uma outra pesquisa realizada pela Abecip em 2001 sobre as razões que levam o investidor brasileiro a aplicar em Caderneta de Poupança:

Razões para aplicar em poupança	
Motivos	%
Pela segurança	24,50%
Evitar gastar dinheiro	19,60%
Pouco dinheiro para aplicar	19,60%
Facilidade para aplicação	15,20%
Liquidez	15,00%
Dinheiro não perde o valor	1,80%
Acompanha a inflação	0,20%
Outros	4,10%

Fonte: Abecip.

Pela análise das respostas dos entrevistados, pode-se perceber que o investidor em Caderneta de Poupança considera essa modalidade bastante segura. Quanto a esse aspecto, cabe destacar que os recursos aplicados em Caderneta de Poupança são garantidos em primeiro lugar pela solidez da instituição financeira onde foi feito o depósito e em segundo pelo Fundo Garantidor de Crédito (FGC), que será discutido a seguir.

No caso da Caixa Econômica Federal, os depósitos captados em poupança são garantidos totalmente pela União, conforme o artigo 2º, item a, do Dec.-lei nº 759, de 12 de agosto de 1969, que diz: "A CEF terá por finalidade receber em depósito, sob garantia da União, economias populares, incentivando os hábitos de poupança."

Outra conclusão é de que os investidores escolhem a Caderneta de Poupança pela comodidade, facilidade para se fazer depósitos e retiradas como se fosse uma conta corrente, rentabilidade padronizada e de fácil acompanhamento, isenção de Imposto de Renda e acessibilidade a quase todas as faixas de renda da população. No caso da poupança da Caixa Econômica Federal, de tempos em tempos, há promoções, nas quais os depositantes concorrem a prêmios mensais.

13.1.2 Fundo Garantidor de Crédito (FGC)

O Fundo Garantidor de Crédito, como definido na Resolução nº 4.222, do Conselho Monetário Nacional, de 23-05-2013, é uma associação civil, sem fins lucrativos, com personalidade jurídica de direito privado, que tem por objetivo prestar garantia de crédito contra instituições dele participantes, nos casos de decretação da intervenção, liquidação extrajudicial ou falência da instituição financeira.

São participantes desse fundo todas as instituições financeiras e associações de poupança e empréstimo em funcionamento no país que recebam depósitos a vista, a prazo ou em contas de poupança, bem como aquelas que efetuam aceites em letras de câmbio ou captam recursos por meio da colocação de letras imobiliárias e hipotecárias.

O FGC é mantido principalmente por meio das contribuições ordinárias de seus integrantes sobre o valor das contas que ele garante.

São objeto da garantia proporcionada pelo FGC os seguintes Créditos:

   I – Depósitos a vista ou sacáveis mediante aviso-prévio;

   II – Depósitos de poupança;

   III – Depósitos a prazo, com ou sem emissão de certificado – **RDB** (Recibo de Depósito Bancário) e **CDB** (Certificado de Depósito Bancário);

   IV – Depósitos mantidos em contas não movimentáveis por cheques destinadas ao registro e controle do fluxo de recursos referentes à prestação de serviços de pagamento de salários, vencimentos, aposentadorias, pensões e similares;

V – Letras de câmbio – **LC**;

VI – Letras imobiliárias – **LI**;

VII – Letras hipotecárias – **LH**;

VIII – Letras de crédito imobiliário – **LCI**;

IX – Letras de crédito do agronegócio – **LCA**;

X – Operações compromissadas que têm como objeto títulos emitidos após 8 de março de 2012 por empresa ligada.

Conforme o regulamento do fundo, o limite de cobertura ordinária é do total de créditos de cada pessoa contra a mesma instituição associada, ou contra todas as instituições associadas do mesmo conglomerado financeiro, sendo garantido até o valor de R$ 250.000,00 (duzentos e cinquenta mil reais), limitado ao saldo existente.

Para efeito da determinação do valor garantido dos créditos de cada pessoa, devem ser observados os seguintes critérios:

a) titular do crédito é aquele em cujo nome o crédito estiver registrado na escrituração da instituição associada ou aquele designado em título por ela emitido ou aceito;

b) devem ser somados os créditos de cada credor identificado pelo respectivo Cadastro de Pessoas Físicas (CPF)/Cadastro Nacional de Pessoa Jurídica (CNPJ) contra todas as instituições associadas do mesmo conglomerado financeiro.

Na prática, isso significa que quem tem numa mesma instituição financeira um saldo em conta-corrente de R$ 10.000,00, uma aplicação em Caderneta de Poupança de R$ 140.000,00 e um Certificado de Depósito Bancário (CDB) de R$ 150.000,00, terá, no caso de quebra da instituição, uma garantia no FGC de R$ 250.000,00. Os outros R$ 50.000,00 vão para liquidação da instituição e as chances de reavê-los são bastante reduzidas.

13.1.3 Características gerais da Caderneta de Poupança

As Cadernetas de Poupança podem ser abertas tanto por pessoas físicas como jurídicas. A periodicidade do crédito dos rendimentos vai depender do tipo de titular, a saber:

- mensal, quando o titular da conta for pessoa física, edifício em condomínio ou pessoa jurídica sem fins lucrativos;
- trimestral, quando o titular da conta for pessoa jurídica com fins lucrativos.

As contas de poupança podem ser abertas em qualquer dia do mês, a partir do qual tem início o mês ou trimestre corrido, que terminará na mesma data do mês ou trimestre seguinte (data de aniversário).

Cabe destacar que, para as contas abertas nos dias 29, 30 e 31, a contagem do mês ou trimestre corrido sempre se dará no dia primeiro do mês seguinte.

A poupança tem liquidez imediata. As retiradas poderão ocorrer a qualquer tempo, porém, os valores sacados antes do término do mês ou do trimestre corrido perderão o direito ao crédito de rendimentos daquele período.

Todas as contas de poupança são nominais e intransferíveis; portanto, para alteração na titularidade, é necessário o encerramento da conta antiga e abertura de nova.

A rentabilidade de todos os tipos de Caderneta de Poupança é composta pela atualização monetária, aplicada sobre o menor saldo do período (saldo base mensal ou trimestral, conforme a periodicidade do crédito dos rendimentos), mais os juros calculados sobre o saldo base atualizado monetariamente.

Para as pessoas físicas, a Caderneta de Poupança tem a seguinte regra de rendimento regulamentada pela Lei nº 12.703, de 7 de agosto de 2012:

   I. os depósitos efetuados até o dia 03-05-2012 serão remunerados pela variação da Taxa Referencial (TR) mais juros de 0,5% ao mês;
   II. os depósitos efetuados a partir de 04-05-2012 serão corrigidos pela Taxa Referencial e remunerados com juros adicionais, conforme a regra a seguir:
      a) 0,5% (cinco décimos por cento) ao mês, enquanto a meta da taxa Selic ao ano, definida pelo Banco Central do Brasil, for superior a 8,5% (oito inteiros e cinco décimos por cento); ou
      b) 70% (setenta por cento) da meta da taxa Selic ao ano, definida pelo Banco Central do Brasil, mensalizada, vigente na data de início do período de rendimento, nos demais casos.

Para o cálculo da taxa mensal relativa aos 70% da taxa Selic Meta serão utilizados os conceitos de taxas equivalentes vistos anteriormente.

Exemplo:

Dada uma taxa Selic Meta de 7% ao ano, qual a taxa mensal equivalente?

70% de 7% ao ano = 5,60% ao ano

$$ieq = \left[\left(1 + \frac{5,60}{100}\right)^{\frac{1}{12}} - 1\right] \times 100 = 0,4551\% \text{ ao mês}$$

Para as pessoas jurídicas com fins lucrativos a Caderneta de Poupança rende a variação da Taxa Referencial (TR) acumulada no trimestre e juros fixos de 1,5% ao trimestre.

As contas de poupança de pessoas físicas são totalmente isentas de Imposto de Renda e de Imposto sobre Operações Financeiras (IOF). Por outro lado, as contas de pessoas jurídicas com fins lucrativos são tributadas pelo Imposto de Renda, a uma alíquota de 22,5% sobre o valor total dos rendimentos obtidos, por ocasião do crédito trimestral.

13.1.4 Aspectos comerciais da Caderneta de Poupança

A Caderneta de Poupança é regulamentada pelo Conselho Monetário Nacional; dessa forma, os aspectos de rendimentos, tributação, datas para depósito e outros são iguais em todos os bancos. Dessa forma, os bancos criaram diferenciais no produto visando torná-lo mais atrativo e competitivo. Veja alguns desses diferenciais a seguir:

- movimentação automática integrada com a conta corrente;
- aplicações, resgates e consultas por telefone, fax, *home banking*, banco 24 horas, Internet etc.;
- sistema de gerenciamento automático de depósitos e retiradas (poupança inteligente ou multidatas, como é conhecida no mercado). Esse sistema funciona da seguinte forma:
  - no caso de depósitos fora da data da abertura inicial da conta, automaticamente serão abertas subcontas para cada novo aniversário, visando maximizar os rendimentos da aplicação;
  - da mesma forma, nos saques, o sistema desencadeia um processo de busca de contas para efetivação da retirada, dando prioridade àquelas que estejam vencendo no mesmo dia, ou em dias anteriores próximos à data da efetivação do saque, evitando perdas de rentabilidade desnecessárias;
- agenda automática para aplicações futuras, de acordo com a política de investimentos do banco e instruções fornecidas pelo cliente (poupança programada ou planejada);
- extrato para declaração anual de Imposto de Renda pela Internet;
- opções de débito automático para pagamento de contas de água, luz, gás e telefone, bem como crédito de salários;
- possibilidade de débitos para pagamento de compras efetuadas por meio do sistema Redeshop ou Cheque Eletrônico;

- poupança automática vinculada à conta-corrente: por esse sistema, alguns recursos que seriam depositados na conta-corrente do cliente são, automaticamente, direcionados para o investimento em poupança. Caso o valor permaneça no mínimo um mês aplicado, receberá a remuneração prevista nessa modalidade de investimento. Por outro lado, toda vez que houver saques ou débitos na conta-corrente, o sistema efetua a baixa automática da aplicação em poupança, no valor necessário, para a cobertura da conta-corrente. Para os bancos, é uma forma conveniente de minimizar os impactos do compulsório a ser recolhido para o Banco Central sobre os saldos dos depósitos a vista. Para os correntistas e aplicadores não acarreta custos adicionais.

13.1.5 Como calcular a poupança – pessoa física

EXEMPLO 1:

O Sr. João da Silva aplicou a quantia de $ 200.000,00 em uma conta de poupança no dia 19-11-2014. Qual o valor desse depósito em 19-01-2015, sabendo-se que o Sr. João da Silva não efetuou saques ou depósitos adicionais nesse período e que os rendimentos creditados mensalmente foram de TR + 0,5%?

Dados adicionais:

Taxas Referenciais (TR):
19-11-2014 a 19-12-2014: 0,1024%
19-12-2014 a 19-01-2015: 0,0415%

Solução pela HP-12C:

Pressione	Visor	Significado
f CLX	0,00	Limpa todos os registradores.
200000 ENTER	200.000,00	Introduz o valor do depósito inicial.
0.1024 % +	200.204,80	Valor do depósito atualizado pela TR em 19-12-2014.
0.5 % +	201.205,82	Valor total com juros e correção em 19-12-2014.
0.0415 % +	201.289,32	Valor do depósito atualizado pela TR em 19-01-2015.
0.5 % +	202.295,77	Valor total com juros e correção em 19-01-2015.

13.1.6 Como calcular a poupança – pessoa jurídica

EXEMPLO:

A empresa Confecções Silva aplicou a quantia de $ 10.000,00 em uma conta de poupança no dia 1º-02-2014. Qual o valor atualizado desse depósito em 1º-05-2014, sabendo-se que a empresa não efetuou saques ou depósitos adicionais nesse período?

Dados adicionais:

Taxas Referenciais (TR):

1º-02-2014 a 1º-03-2014 = 0,0537%

1º-03-2014 a 1º-04-2014 = 0,0266%

1º-04-2014 a 1º-05-2014 = 0,0459%

Solução pela HP-12C:

Pressione	Visor	Significado
f CLX	0,00	Limpa todos os registradores.
10000 ENTER	10.000,00	Introduz o valor do depósito inicial.
0.0537 % +	10.005,37	Valor do depósito atualizado pela TR em 1º-03-2014.
0.0266 % +	10.008,03	Valor do depósito atualizado pela TR em 1º-04-2014.
0.0459 % +	10.012,63	Valor do depósito atualizado pela TR em 1º-05-2014.
1.5 % + *	10.162,81	Total do depósito com juros e correção em 1º-05-2014.
10000 –	162,81	Valor do rendimento do trimestre.
22.5 % –	126,18	Valor do rendimento líquido (– IR).
10000 +	10.126,18	Valor do crédito da conta em 1º-05-2014.

* Observe que não há a capitalização mensal dos juros, ou seja, a aplicação é remunerada a uma taxa de 1,5% ao trimestre e não 0,5% capitalizada mensalmente.

13.2 Depósito a Prazo de Reaplicação Automática (DRA)

13.2.1 Conceito

O Depósito a Prazo de Reaplicação Automática foi instituído pelo Conselho Monetário Nacional por meio da Resolução nº 2.172, de 30-06-1995. Nessa modalidade de investimento, o capital é remunerado com base na Taxa Básica Financeira (TBF).

13.2.2 Características básicas do DRA

Essa modalidade de investimento apresenta as seguintes características básicas:

- investimento de renda fixa, com taxa pós-fixada, cuja remuneração é baseada num percentual da Taxa Básica Financeira (TBF), definido no ato da aplicação, por meio de negociação entre o banco e o investidor;
- os depósitos terão como data de aniversário o mesmo dia em que o depósito inicial foi realizado;
- o crédito de rendimentos é realizado a cada dois meses, na respectiva data de aniversário, sendo calculado sobre o menor saldo apresentado no período;
- o investimento possui liquidez diária, contudo, retiradas fora da data de aniversário implicam a perda de rentabilidade sobre o valor sacado;
- o Imposto de Renda é cobrado a cada aniversário, à alíquota de 22,5% sobre o ganho nominal (rendimento bruto) do período;
- é um investimento que conta com a garantia do Fundo Garantidor de Créditos (FGC), regulamentado pelo Conselho Monetário Nacional, por meio da Resolução nº 3.251, de 16-12-2004. A garantia é limitada a R$ 250 mil como explicado anteriormente;
- os valores mínimos e máximos para aplicações dependem da política de cada instituição financeira.

13.2.3 Sistemática de cálculo do DRA

O Sr. Investidor aplicou no dia 19-08-2014 a quantia de $ 1.000.000,00 num Depósito de Reaplicação Automática (DRA) do banco Caridade de São Paulo. Na oportunidade negociou com o gerente do banco uma remuneração de 100% da Taxa Básica Financeira (TBF). Sabendo que o Sr. Investidor efetuou o resgate total em 19-10-2014, calcule:

a) o valor de resgate bruto;

b) o valor do Imposto de Renda;

c) o valor de resgate líquido;

d) a taxa líquida mensal que remunerou tal aplicação.

Dados:

Taxa Básica Financeira (TBF)

- 19-08-2014 a 19-09-2014 = 0,8842%
- 19-09-2014 a 19-10-2014 = 0,8103%

Solução pela HP-12C:

Pressione	Visor	Significado
f CLX	0,00	Limpa todos os registradores.
1000000 ENTER	1.000.000,00	Introduz o valor inicial aplicado.
0.8842 % +	1.008.842,00	Valor da aplicação em 19-09-2014.
0.8103 % +	1.017.016,65	Valor de resgate bruto em 19-10-2014.
1000000 –	17.016,65	Valor do rendimento bruto.
22.5 %	3.828,75	Valor do Imposto de Renda.
–	13.187,90	Valor do rendimento líquido.
1000000 +	1.013.187,90	Valor do resgate líquido.
FV	1.013.187,90	Armazena o valor de resgate líquido no FV.
1000000 CHS PV	– 1.000.000,00	Armazena o valor aplicado no PV.
61 ENTER 30 ÷ n	2,03	Armazena o prazo da operação.
i	0,65	Taxa líquida mensal.

Observação:

Caso o cliente não efetuasse o resgate, o valor de $ 1.013.187,90 seria reaplicado por mais dois meses.

13.3 Depósitos a prazo fixo (CDB/RDB, LC e Depósitos a Prazo com Garantia Especial do FGC – DPGE)

13.3.1 Conceito

Os Depósitos a Prazo Fixo são um dos instrumentos utilizados pelos Bancos Múltiplos, Bancos Comerciais, Bancos de Investimento, Bancos de Desenvolvimento, Caixas Econômicas e Sociedades de Crédito e Financiamento para a captação de recursos (*funding*) que serão aplicados em operações de empréstimo e financiamento.

São chamados "a prazo fixo", pois o cliente entrega os recursos para o banco, sendo que este, após um prazo predeterminado, é obrigado a devolvê-lo com remuneração.

Entre os Depósitos a Prazo Fixo, destacam-se as aplicações em Certificados de Depósito Bancário (CDB), Recibos de Depósito Bancário (RDB), Letras de Câmbio (LC), e Depósitos a Prazo com Garantia Especial do FGC (DPGE).

Tais modalidades de investimento são dos mais antigos instrumentos de captação de recursos utilizados pelos bancos, cujas principais características serão descritas a seguir.

13.3.2 Certificado de Depósito Bancário (CDB)

13.3.2.1 Conceito

O Certificado de Depósito Bancário tem base legal regulamentada pela Lei nº 4.728/65 e Resolução do Conselho Monetário Nacional nº 18/66.

O CDB, como é chamado no mercado financeiro, é uma promessa de pagamento à ordem, da importância depositada acrescida do valor da remuneração convencionada.

Na prática, é uma modalidade de aplicação financeira que proporciona ao investidor remuneração sobre seu capital, sendo, obrigatoriamente, emitido na forma nominativa (Lei nº 8.088/90), ou seja, é necessária a identificação do aplicador, podendo ser transferido ou negociado antes de seu vencimento.

Sua emissão é privativa dos Bancos Comerciais, Bancos de Investimento, Bancos de Desenvolvimento, Bancos Múltiplos e Caixas Econômicas.

13.3.2.2 Forma de emissão e tipos de investidores

O CDB é emitido na forma escritural, ou seja, não existe a emissão física do título e sim um registro contábil na instituição financeira. Tal opção propicia maior segurança para o investidor, possibilitando débito em conta corrente ou conta investimento quando da aplicação ou crédito no momento do resgate. Para o banco, há uma redução na emissão, trânsito e controle dos documentos.

13.3.2.3 Modalidades

- **Prefixado**: o rendimento percentual a ser pago é estipulado no ato da aplicação, considerando o volume de dinheiro aplicado pelo investidor (volumes maiores podem obter melhores taxas). As taxas variam de banco para banco e são divulgadas na forma exponencial anual (base

360 dias corridos ou base 252 dias úteis). A remuneração é devida em função do prazo da aplicação e depende da livre negociação entre cliente e banco.

- **Pós-fixado**: os rendimentos (juros e atualização monetária) serão calculados quando do resgate (total ou parcial), considerando o valor aplicado pelo investidor, prazo do título, taxa de juros contratada e a atualização monetária, sendo esta última calculada de acordo com as normas legais vigentes na data da contratação. Conforme legislação em vigor, a atualização monetária do capital investido pode ser contratada com base em diversos tipos de indexadores (TR, TJLP, CDI, TBF, Selic, IGP-M etc.).

É vedada a contratação formal de depósitos a prazo fixo com base na remuneração da variação do dólar. A Circular nº 3.206 do Bacen de 25-09-2003 autoriza a emissão de depósitos a prazo com previsão contratual de mais de uma base de remuneração desde que prevaleça a base ou índice de preço que proporcione maior remuneração do depositante.

O Certificado de Depósito Bancário é uma aplicação financeira destinada tanto para investidores pessoas físicas como jurídicas.

13.3.2.4 Prazos mínimos legais

A Circular nº 2.905 do Bacen, de 30-06-1999, dispõe acerca dos prazos mínimos e da remuneração das operações ativas e passivas realizadas no mercado financeiro. Por essa circular os depósitos a prazo fixo devem obedecer aos prazos mínimos a seguir:

- títulos prefixados: não estão sujeitos a prazos mínimos;
- títulos pós-fixados:
  - remuneração contratada com base na Taxa Referencial (TR) e Taxa de Juros de Longo Prazo (TJLP): um mês;
  - remuneração contratada com base na Taxa Básica Financeira (TBF): dois meses;
  - com cláusula de reajuste por índice de preços (exemplo: IGP-M, IPC etc.): um ano;
  - remuneração contratada com base em taxas flutuantes (CDI e Selic): não estão sujeitos a prazos mínimos.

O prazo máximo para aplicações em CDB é definido segundo a política de cada instituição financeira, que por sua vez leva em consideração o cenário econômico à época da aplicação e tipo de remuneração a ser paga (pré ou pós-fixada).

13.3.2.5 Forma de divulgação e negociação das taxas

Os Certificados de Depósito Bancário são negociados, na maioria das vezes, a taxas de juros compostos expressas ao ano. Exemplos: 10% ao ano, TR + 7% ao ano etc.

O Banco Central do Brasil tem incentivado o mercado financeiro a padronizar a expressão das taxas de juros, em termos anuais e calculadas pelo critério de 252 dias úteis. Dessa forma, determinada aplicação em CDB efetuada no dia 18-05-2015, com vencimento em 18-06-2015 (31 dias corridos, com 22 dias úteis), a uma taxa de 11% ao ano, teria rendimentos diferentes dependendo do critério de divulgação utilizado, como se pode observar a seguir:

- 11% ao ano (base 252 dias úteis) ⇒ $[(1 + 0{,}11)^{22/252} - 1] \times 100 = 0{,}9152\%$ para o período de 22 dias úteis (31 dias corridos);
- 11% ao ano (base 360 dias corridos) ⇒ $[(1 + 0{,}11)^{31/360} - 1] \times 100 = 0{,}9027\%$ para o período de 31 dias corridos (22 úteis).

Essa padronização da expressão das taxas de juros na forma anual com base no número de dias úteis tem sido adotada nas transações efetuadas entre as instituições financeiras, nas operações com grandes corporações não financeiras.

O que temos presenciado nas operações com clientes de varejo, ou seja, pessoas físicas e jurídicas de pequeno e médio porte, é que alguns bancos continuam utilizando taxas anuais calculadas pelo critério tradicional de 360 dias corridos (ano comercial).

Dessa forma, o investidor, antes de realizar uma operação, deve atentar para o critério adotado pelo banco para divulgação da taxa anual, pois dele depende a forma de cálculo a ser utilizada.

As taxas de remuneração dos Certificados de Depósito Bancário (CDB) variam de banco para banco e são livremente negociadas entre os clientes e as instituições financeiras.

No caso de aplicações em CDB remuneradas com base em taxa CDI, a determinação do percentual do CDI-Cetip que irá remunerar a aplicação está ligada a diversos fatores, entre os quais destacam-se: (a) volume de dinheiro e prazo da aplicação; (b) política de captação do banco; (c) necessidade de recursos da instituição financeira para compor seu caixa; (d) tipo e porte de banco (varejo, atacado, pequeno porte, grande porte etc.); (e) relacionamento do cliente com o banco.

Os investimentos em CDB contam com a garantia do Fundo Garantidor de Créditos (FGC) nos casos de decretação da intervenção, liquidação extrajudicial ou falência da instituição financeira.

13.3.2.6 Tributação

As aplicações em CDB são consideradas de renda fixa, havendo, atualmente, a incidência de Imposto de Renda Federal na fonte, cobrado quando do resgate total ou parcial, calculado sobre o valor do rendimento bruto (nominal).

Conforme determina a Lei nº 11.033, 31-12-2004, e regulamentada pela IN SRF 487 de 30 de dezembro de 2004, as aplicações de renda fixa serão tributadas às seguintes alíquotas a partir de 1º de janeiro de 2005:

I – 22,5% em aplicações com prazo de até 180 dias;

II – 20% em aplicações com prazo de 181 até 360 dias;

III – 17,5% em aplicações com prazo de 361 até 720 dias;

IV – 15% em aplicações com prazo acima de 720 dias.

Além disso, para operações realizadas em CDB por prazos de resgate inferiores a 30 dias, há a incidência do Imposto sobre Operações Financeiras (IOF), conforme determina a Portaria MF nº 264, de 30-06-1999.

Por essa portaria, o IOF relativo aos negócios com títulos ou valores mobiliários realizados no mercado de renda fixa incidirá, à alíquota de 1% ao dia, sobre o valor de resgate, cessão ou repactuação, limitado ao rendimento da operação, em função do prazo, conforme tabela regressiva que será vista a seguir.

Tabela Regressiva de IOF

Quantidade de dias corridos	% limite do rendimento	Quantidade de dias corridos	% limite do rendimento
01	96	16	46
02	93	17	43
03	90	18	40
04	86	19	36
05	83	20	33
06	80	21	30
07	76	22	26
08	73	23	23
09	70	24	20
10	66	25	16
11	63	26	13
12	60	27	10
13	56	28	6
14	53	29	3
15	50	30	0

Fonte: Receita Federal.

Na prática, o que prevalece é o percentual máximo de IOF a ser pago em função do prazo decorrido desde a data da aplicação. Por exemplo, uma aplicação em CDB efetuada por 15 dias irá pagar 50% do rendimento nominal a título de IOF. Por outro lado, aplicações financeiras efetuadas por prazos superiores de 29 dias estão isentas de tal tributo.

13.3.2.7 Como se calcula o Certificado de Depósito Bancário (CDB)

13.3.2.7.1 Certificado de Depósito Bancário Prefixado
(ano base de 360 dias corridos)

Uma pessoa aplicou a quantia de $ 100.000,00 em um Certificado de Depósito Bancário (CDB) a uma taxa prefixada de 10% ao ano, pelo prazo de 216 dias corridos. Pergunta-se:

a) Qual o valor de resgate bruto?

b) Qual o valor do Imposto de Renda?

c) Qual o valor líquido de resgate?

Solução pela HP-12C:

Pressione	Visor	Significado
f CLX	0,00	Limpa todos os registradores.
100000 CHS PV	– 100.000,00	Introduz o valor inicial aplicado.
10 i	10,00	Introduz a taxa de juros anual (base 360).
216 ENTER 360 ÷ n	0,60	Introduz o prazo da operação em anos.
FV	105.885,29	Calcula o valor de resgate bruto.
RCL PV +	5.885,29	Calcula o valor do rendimento bruto.
20 %	1.177,06	Calcula o valor do Imposto de Renda.
–	4.708,23	Calcula o valor do rendimento líquido.
RCL PV CHS +	104.708,23	Calcula o valor líquido de resgate.

13.3.2.7.2 Certificado de Depósito Bancário Prefixado
(ano base de 252 dias úteis)

Uma pessoa aplicou a quantia de $ 300.000,00 em um Certificado de Depósito Bancário (CDB), a uma taxa prefixada de 12% ao ano, pelo período de 19-01-2015 a 19-01-2016 (365 dias corridos com 250 úteis). Pergunta-se:

a) Qual o valor de resgate bruto?
b) Qual o valor do Imposto de Renda?
c) Qual o valor líquido de resgate?

Solução pela HP-12C:

Pressione	Visor	Significado
f CLX	0,00	Limpa todos os registradores.
300000 CHS PV	– 300.000,00	Introduz o valor da aplicação.
12 i	12,00	Introduz a taxa de juros anual (base 252).
250 ENTER 252 ÷ n	0,99	Introduz o prazo da operação em dias úteis.
FV	335.697,93	Calcula o valor de resgate bruto.
RCL PV +	35.697,93	Calcula o valor do rendimento bruto.
17.5 %	6.247,14	Calcula o valor do Imposto de Renda.
–	29.450,79	Calcula o valor do rendimento líquido.
RCL PV CHS +	329.450,79	Calcula o valor de resgate líquido.

Utilizando os dados desse exemplo, calcularemos a seguir a taxa líquida anual que remunerou tal aplicação.

Solução pela HP-12C:

Pressione	Visor	Significado
f CLX	0,00	Limpa todos os registradores.
300000 CHS PV	– 300.000,00	Introduz o valor da aplicação.
250 ENTER 252 ÷ n	0,99	Introduz o prazo da operação em dias úteis.
329450.79 FV	329.450,79	Introduz o valor de resgate líquido.
i	9,90	Calcula a taxa líquida anual.

13.3.2.7.3 *CDB Pós-fixado – Remunerado com base na Taxa Referencial (TR)*

EXEMPLO 1:

Uma empresa aplicou a quantia de $ 200.000,00 em um Certificado de Depósito Bancário pós-fixado no dia 1º-09-2014, pelo prazo de 91 dias, à taxa de *TR* + 8% ao ano (ano base de 360 dias corridos). Pergunta-se:

a) Qual o valor de resgate bruto em 1º-12-2014?
b) Qual o valor do Imposto de Renda?
c) Qual o valor líquido de resgate em 1º-12-2014?

Taxa Referencial (TR) do período:

1º-09 a 1º-10-2014 = 0,0873%

1º-10 a 1º-11-2014 = 0,1038%

1º-11 a 1º-12-2014 = 0,0483%

Solução pela HP-12C:

Pressione	Visor	Significado
f CLX	0,00	Limpa todos os registradores.
200000 ENTER	200.000,00	Introduz o valor inicial da aplicação.
0.0873 % +	200.174,60	Valor do depósito atualizado até 1º-10-2014.
0.1038 % +	200.382,38	Valor do depósito atualizado até 1º-11-2014.
0.0483 % +	200.479,17	Valor do depósito atualizado até 1º-12-2014.
CHS PV	– 200.479,17	Introduz o valor corrigido da aplicação no PV.
8 i	8,00	Introduz a taxa de juros anual da aplicação.
91 ENTER 360 ÷ n	0,25	Introduz o prazo em dias corridos do período.
FV	204.417,48	Calcula o valor de resgate bruto.
200000 –	4.417,48	Calcula o valor do rendimento bruto.
22.5 %	993,93	Calcula o valor do Imposto de Renda.
–	3.423,55	Calcula o valor do rendimento líquido.
200000 +	203.423,55	Valor do resgate líquido em 1º-12-2014.

Observe que o valor armazenado no PV é o valor da aplicação corrigido pela TR.

EXEMPLO 2:

Uma empresa aplicou a quantia de $ 100.000,00 em um Certificado de Depósito Bancário pós-fixado pelo período de 15-03-2007 a 05-05-2007 (79 dias corridos), à taxa de TR + 10% ao ano (ano base de 360 dias corridos). Pergunta-se:

a) Qual o valor de resgate bruto em 05-05-2007?
b) Qual o valor do Imposto de Renda?
c) Qual o valor líquido de resgate em 05-05-2007?

Taxa Referencial (*TR*) do período:

15-02-2007 a 15-03-2007 = 0,0647% (18 dias úteis)
05-03-2007 a 05-04-2007 = 0,2210%
05-04-2007 a 05-05-2007 = 0,1215%

Nesse exemplo, a data-base para remuneração da aplicação é todo dia cinco de cada mês; contudo, a data inicial não coincide com a data-base. Nesses casos, devemos calcular a variação percentual *pro rata* da *TR* para o período de 15-02-2007 a 05-03-2007, em função da quantidade de dias úteis entre as datas.

Vejamos:

TR de 15-02-2007 a 15-03-2007 = 0,0647%
Quantidade de dias úteis entre 15-02-2007 e 05-03-2007 = 10
TR pro rata para o período de 15-02-2007 a 05-03-2007 = ?

Cálculo da *TR pro rata* para o período de 15-02-2007 a 05-03-2007 = ?

$$TR = \left[\frac{(1+0,045)^{12} \times 0,045}{(1+0,045)^{12}-1}\right] \times \frac{1}{(1+0,045)} \times 100$$

TR pro rata de 15-02-2007 a 05-03-2007 = 0,0359%

Solução pela HP-12C:

Pressione	Visor	Significado
f CLX	0,00	Limpa todos os registradores.
100000 ENTER	100.000,00	Introduz o valor inicial da aplicação.
0.0359 % +	100.035,90	Valor do depósito atualizado até 05-03-2007.
0.2210 % +	100.256,98	Valor do depósito atualizado até 05-04-2007.
0.1215 % +	100.378,79	Valor do depósito atualizado até 05-05-2007.
CHS PV	– 100.378,79	Introduz o valor corrigido da aplicação no PV.
10 i	10,00	Introduz a taxa de juros anual da aplicação.
79 ENTER 360 ÷ n	0,22	Introduz o prazo em dias corridos do período.
FV	102.500,35	Calcula o valor de resgate bruto.
100000 –	2.500,35	Calcula o valor do rendimento bruto.
22.5 %	562,58	Calcula o valor do Imposto de Renda.
–	1.937,77	Calcula o valor do rendimento líquido.
100000 +	101.937,77	Valor do resgate líquido em 05-05-2007.

13.3.2.7.4 CDB Pós-fixado – Remunerado com base na variação diária do CDI-Cetip

EXEMPLO 1:

O Sr. Investidor aplicou a quantia de $ 100.000,00 em um Certificado de Depósito Bancário pelo período de 19-03-2007 a 19-04-2007. Sabendo que essa aplicação foi remunerada com base em 95% da variação diária do CDI-Cetip, calcule:

a) Qual o valor de resgate bruto em 19-04-2007?
b) Qual o valor do Imposto de Renda?
c) Qual o valor líquido de resgate em 19-04-2007?

Para calcularmos o valor de resgate líquido dessa operação, será utilizada uma planilha construída em MS-Excel que demonstra diariamente a evolução do valor aplicado.

Data	Base de remuneração CDI (% ao ano)	Base de remuneração CDI (% ao dia)	Remuneração (95% da taxa CDI do dia)	Valor atualizado
19-03-2007				$ 100.000,00
20-03-2007	12,65%	0,0473%	0,0449%	$ 100.044,92
21-03-2007	12,64%	0,0472%	0,0449%	$ 100.089,82
22-03-2007	12,65%	0,0473%	0,0449%	$ 100.134,77
23-03-2007	12,63%	0,0472%	0,0448%	$ 100.179,68
26-03-2007	12,61%	0,0471%	0,0448%	$ 100.224,54
27-03-2007	12,60%	0,0471%	0,0447%	$ 100.269,39
28-03-2007	12,60%	0,0471%	0,0447%	$ 100.314,26
29-03-2007	12,61%	0,0471%	0,0448%	$ 100.359,18
30-03-2007	12,62%	0,0472%	0,0448%	$ 100.404,16
02-04-2007	12,66%	0,0473%	0,0449%	$ 100.449,29
03-04-2007	12,67%	0,0473%	0,0450%	$ 100.494,47
04-04-2007	12,65%	0,0473%	0,0449%	$ 100.539,61
05-04-2007	12,64%	0,0472%	0,0449%	$ 100.584,73
09-04-2007	12,66%	0,0473%	0,0449%	$ 100.629,95
10-04-2007	12,65%	0,0473%	0,0449%	$ 100.675,14
11-04-2007	12,63%	0,0472%	0,0448%	$ 100.720,29
12-04-2007	12,63%	0,0472%	0,0448%	$ 100.765,47
13-04-2007	12,63%	0,0472%	0,0448%	$ 100.810,66
16-04-2007	12,63%	0,0472%	0,0448%	$ 100.855,87
17-04-2007	12,64%	0,0472%	0,0449%	$ 100.901,14
18-04-2007	12,62%	0,0472%	0,0448%	$ 100.946,35
19-04-2007	12,60%	0,0471%	0,0447%	$ 100.991,53

Respondendo aos quesitos do exercício temos:

a) O valor de resgate bruto dessa aplicação em CDB será de $ 100.991,53.
b) O valor do Imposto de Renda será de $ 223,09 (22,5% de $ 991,53).
c) O valor de resgate líquido será de $ 100.768,43 ($ 100.991,53 − $ 223,09).

Observe, a seguir, o processo de obtenção dos valores do quadro anterior.

Base de remuneração do dia 20-03-2007

$$\text{Taxa } CDI \text{ (\% ao dia)} = \left[\left(1 + \frac{\% CDI \text{ ao ano}}{100}\right)^{\frac{1}{252}} - 1\right] \times 100$$

$$\text{Taxa } CDI \text{ (\% ao dia)} = \left[\left(1 + \frac{12,65}{100}\right)^{\frac{1}{252}} - 1\right] \times 100$$

Taxa CDI (% ao dia) = 0,0473% ao dia
Remuneração de 95% da taxa do CDI do dia = 0,0473 × 0,95
Remuneração do dia 20-03-2007 = 0,0449%

Valor da aplicação atualizado em 20-03-2007

$$\text{Valor atualizado em 20-03-2007} = 100.000,00 \times \left(1 + \frac{0,0449}{100}\right)$$

Valor atualizado em 20-03-2007 = $ 100.044,92

Base de remuneração do dia 21-03-2007

$$\text{Taxa } CDI \text{ (\% ao dia)} = \left[\left(1 + \frac{\% CDI \text{ ao ano}}{100}\right)^{\frac{1}{252}} - 1\right] \times 100$$

$$\text{Taxa } CDI \text{ (\% ao dia)} = \left[\left(1 + \frac{12,64}{100}\right)^{\frac{1}{252}} - 1\right] \times 100$$

Taxa CDI (% ao dia) = 0,0472% ao dia
Remuneração de 95% da taxa do CDI do dia = 0,0472 × 0,95
Remuneração do dia 21-03-2007 = 0,0449%

Valor da aplicação atualizado em 21-03-2007

Valor atualizado em 21-03-2007 = 100.044,92 × $\left(\dfrac{0,0449}{100}\right)$

Valor atualizado em 21-03-2007 = $ 100.089,82

E assim por diante, até o dia 19-04-2007.

Cabe destacar que o percentual do CDI-Cetip que irá remunerar a aplicação é livremente negociado entre investidor e banco e depende de diversos fatores, entre eles o volume de dinheiro investido e prazo.

O CDB-DI, como é conhecido no mercado financeiro, é uma opção de investimento para os momentos de instabilidade econômica, desde que observado que a tendência da taxa juros de mercado é de se elevar.

Atualmente, existem Certificados de Depósitos Bancários remunerados pelo CDI com prazos que variam de 30 dias até cinco anos, que permitem liquidez diária (recompra), desde que passados 30 dias da aplicação, haja vista que para prazos inferiores há a incidência de IOF sobre o rendimento. Os prazos mais longos têm a vantagem de minimizar o impacto do Imposto de Renda, pois além do mesmo ser pago somente no resgate, as alíquotas podem variar de 22,5% até 15% do rendimento bruto, dependendo do prazo da aplicação.

No caso de resgates parciais ou totais antes do vencimento, algumas instituições financeiras remuneram o investimento com o mesmo percentual de CDI contratado, enquanto outras negociam um deságio para a recompra do título.

13.3.2.8 Resgate antecipado de certificados de depósitos bancários (recompra)

O Certificado de Depósito Bancário (CDB) pode ser resgatado antes do prazo de vencimento. A negociação mais usual para esses casos é a recompra pela própria instituição financeira que emitiu o título.

O banco, ao realizar esse tipo de operação, irá analisar o posicionamento atual das taxas de mercado e negociará um deságio para o cálculo do valor atual do título.

Dessa forma o papel, na linguagem de mercado, será recomprado "na curva", ou seja, pagando a mesma taxa pactuada na contratação, ou "fora da curva", trazendo o valor futuro de resgate a valor atual, utilizando uma taxa de deságio a ser negociada entre as partes.

13.3.2.8.1 Exemplo de recompra na curva do papel

Uma pessoa aplicou a quantia de $ 100.000,00 em um Certificado de Depósito Bancário prefixado por 128 dias úteis, à taxa de 19% ao ano (ano-base de

252 dias úteis). Passados 44 dias úteis da data de emissão do título, negocia a recompra do mesmo com o banco. Sabendo que o banco utilizou para a recompra a mesma taxa da contratação (recompra na curva do papel), perguntamos:

a) Qual o valor líquido de resgate quando da recompra?

b) Qual a taxa efetiva anual (base 252 dias úteis) que remunerou tal aplicação?

Solução pela HP-12C:

Pressione	Visor	Significado
f CLX	0,00	Limpa todos os registradores.
100000 CHS PV	– 100.000,00	Introduz o valor inicial da aplicação.
19 i	19,00	Introduz a taxa de juros anual da aplicação.
128 ENTER 252 ÷ n	0,51	Introduz o prazo da aplicação.
FV	109.237,83	Calcula o valor de resgate bruto do título.
84 ENTER 252 ÷ n	0,33	Prazo a decorrer da recompra até o resgate.
PV	– 103.083,88	Calcula o valor de resgate bruto na recompra.
100000 + CHS	3.083,88	Valor do rendimento bruto.
22.5 %	693,87	Calcula o valor do Imposto de Renda.
–	2.390,00	Calcula o valor do rendimento líquido.
100000 +	102.390,00	Valor de resgate líquido da recompra.
FV	102.390,00	Introduz o valor de resgate líquido no FV.
100000 CHS PV	– 100.000,00	Introduz o valor inicial da aplicação.
44 ENTER 252 ÷ n	0,17	Introduz o prazo decorrido da aplicação.
i	14,48	Calcula a taxa líquida anual (base 252 dias).

13.3.2.8.2 Exemplo de recompra fora da curva do papel

Uma pessoa aplicou a quantia de $ 100.000,00 em um Certificado de Depósito Bancário prefixado por 128 dias úteis, à taxa de 19% ao ano (ano-base de 252 dias úteis). Passados 44 dias úteis da data de emissão do título, negocia a recompra do mesmo com o banco. Sabendo que o banco utilizou para a recompra uma taxa de deságio de 20% ao ano (recompra fora da curva do papel), perguntamos:

a) Qual o valor líquido de resgate quando da recompra?

b) Qual a taxa efetiva anual (base 252 dias úteis) que remunerou tal aplicação?

Passos para a solução:

- primeiro será calculado o valor de resgate pelo prazo original da aplicação, utilizando a taxa de 19% ao ano;
- num segundo momento o valor de resgate será trazido a valor atual, utilizando a taxa de deságio de 20% ao ano;
- a última etapa é a cobrança do valor do Imposto de Renda para encontrar o valor de resgate líquido.

Solução pela HP-12C:

Pressione	Visor	Significado
f CLX	0,00	Limpa todos os registradores.
100000 CHS PV	– 100.000,00	Introduz o valor inicial da aplicação.
19 i	19,00	Introduz a taxa de juros anual da aplicação.
128 ENTER 252 ÷ n	0,51	Introduz o prazo da aplicação.
FV	109.237,83	Calcula o valor de resgate bruto do título.
84 ENTER 252 ÷ n	0,33	Prazo a decorrer da recompra até o resgate.
20 i	20,00	Introduz a taxa anual de deságio.
PV	– 102.796,73	Calcula o valor de resgate bruto na recompra.
100000 + CHS	2.796,73	Valor do rendimento bruto.
22.5 %	629,26	Calcula o valor do Imposto de Renda.
–	2.167,47	Calcula o valor do rendimento líquido.
100000 +	102.167,47	Valor de resgate líquido da recompra.
FV	102.167,47	Introduz o valor de resgate líquido no FV.
100000 CHS PV	– 100.000,00	Introduz o valor inicial da aplicação.
44 ENTER 252 ÷ n	0,17	Introduz o prazo decorrido da aplicação.
i	13,07	Calcula a taxa líquida anual (base 252 dias).

13.3.2.9 Aplicações em CDB com *Swap* Cambial

A legislação vigente não permite a emissão de Certificados de Depósitos Bancários (CDB) que tenham como base de remuneração a variação do dólar, contudo, o investidor que deseja atrelar a remuneração do CDB à variação desse indexador, tem uma opção lícita, por meio de operações de *Swap* (do inglês: troca).

As operações de *Swap* baseiam-se na troca futura de posições de risco de caixa que são estabelecidas via contrato de permuta de indexadores. Nesses contratos, o cliente e o banco assumem posições de risco de flutuação de indexadores opostas.

Essa modalidade operacional é um dos instrumentos de **hedge** (proteção) disponíveis no mercado financeiro para pessoas físicas e jurídicas e as trocas podem ser realizadas entre diversos indexadores, a saber: dólar, TR, CDI etc.

Dessa forma, uma empresa pode contratar um Certificado de Depósito Bancário prefixado ou pós-fixado e efetuar um *Swap*, a fim de atrelar sua rentabilidade a algum outro indexador.

Para ficar mais claro observe, por meio do exemplo a seguir, como se processa um investimento em CDB com *Swap* de dólar.

EXEMPLO:

Um investidor aplicou a quantia de $ 100.000,00 em um Certificado de Depósito Bancário prefixado, por 33 dias corridos, à taxa de 20% ao ano (ano base 360 dias corridos). Estando preocupado com uma possível alta do dólar, contrata uma operação de *Swap* no mesmo valor e prazo, trocando a taxa prefixada de 20% ao ano pela variação do dólar do período mais juros simples de 10% ao ano (ano-base de 360 dias corridos). Pergunta-se:

a) Qual o valor líquido de resgate do CDB?
b) Qual o resultado financeiro da operação de *Swap*?

Nesse exemplo, o banco realizará duas operações distintas, a saber:

- será emitido um Certificado de Depósito Bancário (CDB) prefixado para vencimento em 33 dias corridos a favor do cliente;
- logo após, será assinado um contrato de *Swap* em que o banco assume a obrigação (posição passiva) de remunerar o valor de $ 100.000,00, após 33 dias corridos, pela variação do dólar mais juros simples de 10% ao ano. Por outro lado, o banco tem o direito (posição ativa) de receber o valor de $ 100.000,00, após 33 dias corridos, remunerado a uma taxa de juros compostos de 20% ao ano.

Na outra ponta, o investidor terá os seguintes direitos e obrigações:

- o investidor terá o direito de receber, no vencimento, o valor de resgate líquido do CDB creditado em sua conta corrente;
- ele assume um compromisso com o banco de pagar o valor de $ 100.000,00, após 33 dias corridos, remunerado a uma taxa de juros compostos de 20% ao ano; em contrapartida terá o direito de receber do banco o valor de $ 100.000,00, após 33 dias corridos, corrigido pela variação do dólar, mais juros simples de 10% ao ano.

Cabe destacar que, no início das operações, o único desembolso que será realizado é o da aplicação financeira realizado pelo cliente de $ 100.000,00 no CDB prefixado.

No vencimento do contrato de *Swap*, o banco irá verificar os valores que tem a receber e a pagar, efetuando a liquidação financeira por diferença (aquele que tiver o menor valor a receber pagará a diferença). Vejamos agora a solução do exemplo:

a) Cálculo do valor de resgate líquido do CDB prefixado:

Pressione	Visor	Significado
f CLX	0,00	Limpa todos os registradores.
100000 CHS PV	– 100.000,00	Introduz o valor inicial da aplicação.
20 i	20,00	Introduz a taxa de juros anual da aplicação.
33 ENTER 360 ÷ n	0,09	Introduz o prazo da aplicação.
FV	101.685,33	Calcula o valor de resgate bruto do título.
100000 –	1.685,33	Valor do rendimento bruto.
22.5 %	379,20	Calcula o valor do Imposto de Renda.
–	1.306,13	Calcula o valor do rendimento líquido.
100000 +	101.306,13	Valor de resgate líquido.

b) Resultado Financeiro do *Swap*

   Observação: iremos considerar para solução do exemplo que no período do contrato de *Swap* (33 dias corridos) houve uma variação cambial de 1% no período.

Posição do cliente:

☺ Resultado ativo do *Swap*:

- Variação cambial = $ 100.000,00 × 1% = $ 1.000,00
- Valor do capital atualizado pela variação cambial do período = $ 101.000,00
- Capital atualizado + juros = $ 101.000,00 × [1+ (0,10 × 33/360)] = $ 101.925,83

☹ Resultado passivo do *Swap*:

- Valor de resgate bruto do CDB (capital + juros de 20% ao ano) = $ 101.685,33

☺ Resultado final do *Swap*:

- Resultado financeiro bruto do *Swap* = $ 101.925,83 – $ 101.685,33
- Resultado financeiro bruto do *Swap* = $ 240,50 (a favor do cliente)

Imposto de Renda do *Swap*: pela Lei nº 11.033, de 31-12-2004, o resultado financeiro do *Swap*, a favor do investidor, será tributado à alíquotas que variam de 22,5% a 15%, conforme o prazo da operação (vide item 13.3.2.6 deste capítulo).

Imposto de Renda: $ 240,50 × 22,5% = $ 54,11

Resultado líquido do *Swap* = $ 240,50 – $ 54,11

Resultado líquido do *Swap* = $ 186,39

Dessa forma, o investidor terá a seguinte movimentação financeira nos vencimentos das duas operações (CDB e *Swap*):

- um crédito em sua conta-corrente no valor de $ 101.306,13, relativo ao resgate do CDB prefixado;
- um crédito em sua conta-corrente no valor de $ 186,39, relativo ao resultado positivo da operação de *Swap*.

Caso o ajuste da operação de *Swap* fosse a favor do banco, a conta corrente do cliente seria debitada no valor correspondente à perda.

13.3.3 Recibo de Depósito Bancário (RDB)

O Recibo de Depósito Bancário (RDB) foi regulamentado pela Lei nº 4.728/65 e Resolução do Conselho Monetário Nacional nº 18/66. Possui as mesmas características do Certificado de Depósito Bancário (CDB), com a exceção de ser um título nominativo intransferível e escritural, ou seja, não pode ser transferido ou resgatado antes do vencimento.

13.3.4 Letra de Câmbio (LC)

A Letra de Câmbio é um título de crédito nominativo e transferível, pelo qual o emitente (sacador) concede ao aceitante (sacado) ordem de pagar; ao tomador (beneficiário), determinada quantia, no tempo e no lugar fixados na cambial.

A Letra de Câmbio (LC) possui características similares à do Certificado de Depósito Bancário, contudo, sua emissão tem por objetivo captar recursos para as operações de financiamento celebradas pelas Companhias de Crédito, Financiamento e Investimento (Financeiras).

13.3.5 Depósitos a Prazo com Garantia Especial do FGC (DPGE)

A partir de 1º de abril de 2009 os bancos comerciais, os bancos múltiplos, os bancos de desenvolvimento, os bancos de investimento, as sociedades de crédito, financiamento e investimento e as caixas econômicas foram autorizados pelo Conselho Monetário Nacional a captar depósitos a prazo, sem emissão de certificado, com garantia especial a ser proporcionada pelo Fundo Garantidor de Créditos (FGC).

O Depósito a Prazo com Garantia Especial do FGC (DPGE) é um depósito que tem suas características próprias definidas pelas Resoluções 3.692/09, 3.717/09 e 3.729/09, do CMN, com disciplina contábil especificada na Carta-Circular 3.391/09 do Banco Central do Brasil.

O prazo mínimo de emissão do DPGE é de seis meses e o prazo máximo de sessenta meses, sendo vedado o resgate, total ou parcial, antes do seu vencimento (Resolução 3.729/09 do CMN).

Os DPGE devem ser celebrados com um único titular, a ser identificado pelo respectivo número do Cadastro de Pessoas Físicas (CPF)/Cadastro Nacional de Pessoa Jurídica (CNPJ), sendo proibida a manutenção de depósitos sob conta conjunta.

A cobertura máxima do Fundo Garantidor de Crédito (FGC) para essa modalidade de depósito a prazo é de R$ 20.000.000,00 (vinte milhões de reais), para o total de créditos de cada pessoa contra a mesma instituição associada ao FGC, ou contra todas as instituições associadas do mesmo conglomerado financeiro, relativo aos depósitos a prazo com garantia especial do FGC.

Este tipo de depósito a prazo deve ser objeto de registro específico, até o resgate, na Central de Liquidação e Custódia Financeira de Títulos (CETIP).

É proibida a renegociação da remuneração originalmente pactuada e não é permitida a sua alteração na CETIP.

A remuneração a ser paga nesse tipo de aplicação é livremente negociada entre investidores e instituições financeiras, não existindo padrão determinado pelo Governo.

A tabela e critérios para cálculo do Imposto de Renda do DPGE são os mesmos utilizados para as demais aplicações financeiras em CDB, RDB ou LC.

13.4 Letra hipotecária

13.4.1 Conceito

Os bancos são obrigados, segundo as regras do Banco Central, a aplicar a maior parte dos recursos captados por meio dos depósitos de poupança para financiamentos imobiliários.

Quando as captações em poupança não se sustentam nos mesmos níveis dos financiamentos imobiliários concedidos, os bancos têm a permissão de emitir Letras Hipotecárias com o objetivo de equacionar as diferenças.

Por outro lado, as instituições financeiras que não conseguiram cumprir o grau de exigibilidade previsto para financiamentos imobiliários podem adquirir uma parcela em Letras Hipotecárias emitidas por outros bancos e repassá-las para seus clientes, ganhando um *spread* pela intermediação.

Para os bancos, o custo do dinheiro captado por meio da emissão de Letras Hipotecárias é mais alto do que o da Caderneta de Poupança.

Atualmente, a maior emissora de Letras Hipotecárias do mercado financeiro é a Caixa Econômica Federal.

A Letra Hipotecária é um título de renda fixa, nominativo e transferível mediante endosso, que conta com a garantia do penhor dos créditos hipotecários concedidos pela instituição financeira emitente.

Segundo a legislação em vigor, o prazo mínimo de emissão de uma Letra Hipotecária é de seis meses e o prazo máximo fica vinculado ao prazo dos créditos hipotecários que lhe servem de garantia.

As Letras Hipotecárias são remuneradas pela variação da Taxa Referencial (TR) mais juros anuais que são livremente negociados entre a instituição financeira e o investidor.

Uma das grandes vantagens da Letra Hipotecária é a isenção de Imposto de Renda nas aplicações efetuadas por pessoas físicas (Lei nº 11.033, de 31-12-2004).

Os bancos têm negociado as Letras Hipotecárias vinculadas a um contrato de **Swap**, trocando o rendimento da *TR* + juros por um percentual do Certificado de Depósito Interbancário (CDI) que será livremente negociado entre as partes. Nesse caso, o resultado do **Swap**, se for a favor do investidor, será tributado pelo Imposto de Renda conforme tabela regressiva (vide item 13.3.2.6 deste capítulo).

Existe também a opção de recompra do papel, desde que decorrido o prazo mínimo de seis meses; contudo, na maioria das vezes, a instituição financeira aplicará um deságio para a negociação antecipada.

A Letra Hipotecária compete no mercado financeiro diretamente com os Certificados de Depósitos Bancários e Fundos de Investimentos; contudo, apresenta como desvantagens o médio ou longo prazo para resgate e os valores mínimos exigidos pelos bancos, que geralmente são superiores a R$ 50 mil.

13.4.2 *Letra Hipotecária (sem contrato de Swap)*

EXEMPLO 1:

O Sr. Investidor aplicou a quantia de $ 300.000,00 em uma Letra Hipotecária no dia 1º-10-2013, pelo prazo de 182 dias corridos, à taxa de *TR* + 8% ao ano (ano-base 360 dias corridos). Qual o valor de resgate bruto em 1º-04-2014?

Taxa Referencial (TR) do período:

- 1º-10-2013 a 1º-11-2013 = 0,0920
- 1º-11-2013 a 1º-12-2013 = 0,0207%
- 1º-12-2013 a 1º-01-2014 = 0,0494%
- 1º-01-2014 a 1º-02-2014 = 0,1126%
- 1º-02-2014 a 1º-03-2014 = 0,0537%
- 1º-03-2014 a 1º-04-2014 = 0,0266%

Solução pela HP-12C:

Pressione	Visor	Significado
f CLX	0,00	Limpa todos os registradores.
300000 ENTER	300.000,00	Introduz o valor inicial da aplicação.
0.0920 % +	300.276,00	Valor do depósito atualizado até 1º-11-2013.
0.0207 % +	300.338,16	Valor do depósito atualizado até 1º-12-2013.
0.0494 % +	300.486,52	Valor do depósito atualizado até 1º-01-2014.
0.1126 % +	300.824,87	Valor do depósito atualizado até 1º-02-2014.
0.0537 % +	300.986,41	Valor do depósito atualizado até 1º-03-2014.
0.0266 % +	301.066,48	Valor do depósito atualizado até 1º-04-2014.
CHS PV	– 301.066,48	Introduz o valor corrigido da aplicação no PV.
8 i	8,00	Introduz a taxa de juros anual da aplicação.
182 ENTER 360 ÷ n	0,51	Introduz o prazo em dias corridos do período.
FV	313.011,26	Calcula o valor de resgate.

13.4.3 Letra Hipotecária (com contrato de Swap de CDI)

EXEMPLO 2:

Um investidor aplicou a quantia de $ 300.000,00 em uma Letra Hipotecária no dia 1º-10-2013 pelo prazo de 182 dias corridos a uma taxa de *TR* + 8% ao ano (ano-base de 360 dias corridos). Estando preocupado com uma possível alta das taxas de juros no mercado, aceita a proposta da instituição financeira e contrata uma operação de *Swap* no mesmo valor e prazo, trocando a taxa de *TR* + 8% ao ano por 94% da variação do CDI-Cetip do período. Qual o resultado financeiro líquido dessa aplicação?

Nesse exemplo foram realizadas duas operações distintas, a saber:

- foi emitida uma Letra Hipotecária que remunera o capital a TR + 8% ao ano;
- ao mesmo tempo, foi atrelado um contrato de *Swap* à aplicação em Letra Hipotecária, em que o banco assume a obrigação (posição passiva) de remunerar o valor de $ 300.000,00, após 182 dias corridos, pela variação do CDI-Cetip. Por outro lado, o banco tem o direito (posição ativa) de receber o valor de $ 300.000,00, após 182 dias corridos, remunerado a uma taxa de TR+8% ao ano;
- o investidor assume um compromisso com o banco de pagar o valor de $ 300.000,00 após 182 dias corridos, remunerado a uma taxa de TR + 8% ao ano; em contrapartida terá o direito de receber do banco o valor de $ 300.000,00, após 182 dias corridos, corrigido em 94% da variação do CDI-Cetip do período.

Cabe destacar que no início das operações o único desembolso que será realizado é o da aplicação financeira realizada pelo cliente de $ 300.000,00 na Letra Hipotecária.

No vencimento do contrato de *Swap*, o banco irá verificar os valores que tem a receber e a pagar, efetuando a liquidação financeira por diferença.

Solução do exemplo:

Resultado Financeiro do Swap

Observação: Iremos considerar, para solução do exemplo, que no período da aplicação o investidor terá direito a uma remuneração de 4,476339% (94% da variação do CDI do período).

Posição do cliente:

☺ Resultado ativo do *Swap*:

- Aplicação inicial corrigida pelo CDI= $ 300.000,00 × (1 + 0,04476399) = $ 313.429,20

☹ Resultado passivo do *Swap*:

- Valor de resgate da Letra Hipotecária (dados do exemplo 1) = $ 313.011,26

☺ Resultado final do *Swap*:

- Resultado financeiro bruto do *Swap* = $ 313.429,20 – $ 313.011,26
- Resultado financeiro bruto do *Swap* = $ 417,94 (a favor do cliente)

Imposto de Renda do *Swap*: por lei, o resultado financeiro do *Swap*, a favor do investidor, será tributado à alíquota de 20% (vide tabela regressiva no item 13.3.2.6 deste capítulo).

Imposto de Renda: $ 417,94 × 20% = $ 83,59

Resultado líquido do *Swap* = $ 417,94 – $ 83,59

Resultado líquido do *Swap* = $ 334,35

Dessa forma, o investidor terá o direito a receber no final das transações financeiras a quantia líquida de $ 313.345,61 ($ 313.011,26 + $ 334,35).

13.5 Letra de Crédito Imobiliário (LCI)

13.5.1 Conceito

Trata-se de um instrumento de renda fixa, cuja criação está lastreada por créditos imobiliários garantidos por hipoteca ou por alienação fiduciária de imóveis, conferindo aos seus tomadores direito de crédito pelo valor nominal, juros e, se for o caso, atualização monetária nela estipulado.

As LCI foram criadas pela MP nº 2.223, de 04-09-01, convertida na Lei nº 10.931, de 02-08-04, como instrumento financeiro para captação de recursos para os financiamentos imobiliários.

São suas principais características:

- pode ser emitida pelos Bancos Comerciais, Bancos Múltiplos com carteira de crédito imobiliário, Caixa Econômica Federal, Sociedades de Crédito Imobiliário, Associações de Poupança e Empréstimo, Companhias Hipotecárias e demais espécies de instituições expressamente autorizadas pelo Banco Central do Brasil;
- deve ser emitida sob a forma nominativa, podendo ser transferível mediante endosso em preto;
- a critério do credor, poderá ser dispensada a emissão de certificado, devendo a LCI sob a forma escritural ser registrada na Cetip;
- os juros da LCI podem ser fixos ou flutuantes e poderão ser renegociáveis, a critério das partes;

- poderá ser atualizada mensalmente por índice de preços, desde que emitida com prazo mínimo de 36 meses. Se a atualização por índice de preços for anual o prazo mínimo cai para 12 meses;
- poderá ser garantida por um ou mais créditos imobiliários, mas a soma do principal das LCI emitidas não poderá exceder o valor total dos créditos imobiliários em poder da instituição emitente;
- a LCI não poderá ter prazo de vencimento superior ao prazo de quaisquer dos créditos imobiliários que lhe servem de lastro;
- se não utilizar índice de preços, o prazo mínimo é de 60 dias. Esses prazos devem ser contados a partir da data que um terceiro, pessoa física ou jurídica, adquirir o título da instituição emissora. Nesses períodos, a instituição emissora não poderá recomprar ou resgatar a LCI;
- possui isenção de Imposto de Renda quando o investidor é pessoa física, além de contar com a garantia do Fundo Garantidor de Créditos (FGC).

Atualmente, a LCI é negociada no mercado com rendimento atrelado a um percentual do Certificado de Depósito Interfinanceiro o qual é livremente negociado entre investidor e instituição financeira em função da quantia aplicada, prazo e tradição da instituição.

Em termos de cálculo a LCI acompanha a metodologia do CDB-DI, com a diferença que o investidor pessoa física atualmente é isento de Imposto de Renda.

Exemplo:

Uma pessoa física aplicou seus recursos em uma Letra de Crédito Imobiliário remunerada a 88% da variação acumulada do Certificado de Depósito Interfinanceiro (CDI) pelo prazo de 361 dias.

Se essa aplicação fosse feita em um CDB-DI pelo mesmo prazo, qual o percentual bruto do CDI a ser pago no CDB para que ambas as aplicações tivessem a mesma rentabilidade? Considere uma alíquota de Imposto de Renda no CDB de 17,50%.

Solução;

Para solucionar tal exercício devemos fazer uma regra de três simples, considerando que o percentual do CDI pago na LCI equivale a 82,50% da rentabilidade bruta do CDB (100% de Rendimento menos 17,5% de Imposto de Renda).

Vejamos:

82,50% → 88% do CDI

100% → X

Resolvendo a regra de três temos:

$$x = \frac{88 \times 100}{82,50}$$

$$x = 106,67$$

Sendo assim para que ambas as aplicações tivessem a mesma rentabilidade nesse prazo o CDB deveria ser remunerado a 106,67% do CDI.

13.6 Fundos de investimento

13.6.1 Conceito

Um fundo de investimento é um condomínio, legalmente constituído, composto por diversos aplicadores que delegam a uma instituição financeira, mediante o pagamento de uma remuneração, a administração de seus recursos.

O dinheiro direcionado para um fundo de investimento é aplicado, conforme seu regulamento e análises de mercado efetuadas pelo gestor, em uma carteira diversificada de títulos e valores mobiliários (CDB, títulos públicos, ações, debêntures etc.), que visam buscar as melhores oportunidades de negócios, de acordo com as relações de risco, retorno e liquidez.

A carteira de um fundo é dividida em cotas e cada investidor detém a propriedade de parte do patrimônio, proporcional ao número de cotas que adquiriu.

Diariamente os valores das cotas são atualizados em função do valor de mercado dos ativos financeiros que compõem a carteira.

Os fundos possuem personalidade jurídica própria, com registro no Cadastro Nacional de Pessoas Jurídicas (CNPJ), sendo obrigados a submeter periodicamente suas demonstrações financeiras à apreciação de empresa de auditoria independente e publicá-las em jornais de grande circulação.

A autorização para criação e funcionamento dos fundos de investimento é realizada pelo Conselho Monetário Nacional (CMN), que por sua vez delega para a Comissão de Valores Mobiliários as funções de fiscalização e acompanhamento da gestão dos mesmos.

As aplicações realizadas nessa modalidade de investimento não contam com a Garantia do Fundo Garantidor de Créditos no caso de insolvência ou liquidação extrajudicial da instituição financeira administradora. Por outro lado, por tratar-se de uma entidade jurídica própria, os recursos administrados pelo fundo não se confundem com os recursos próprios ou de terceiros captados pela instituição financeira em outras transações bancárias, ou seja, a instituição financeira pode "quebrar" e o fundo não. Na prática o mercado financeiro chama essa divisão de *Chinese Wall* (muralha da China).

Para gerir os recursos aplicados em fundos de investimento as instituições financeiras administradoras podem cobrar isoladamente ou em conjunto as seguintes taxas:

- Taxa de administração: é um percentual ao ano, estabelecido contratualmente, de acordo com as características do fundo, que tem por objetivo remunerar a instituição financeira pela gestão e controle dos recursos. Essa taxa é bastante comum nos fundos de investimento e é cobrada sobre o total de recursos da carteira, independente do resultado obtido (lucro ou prejuízo), sendo descontada diariamente do valor da cota;
- Taxa de *performance*: alguns fundos, principalmente os de ações, podem cobrar uma taxa de remuneração sobre os rendimentos que excederem determinado indicador de desempenho contratado. Por exemplo, caso determinado fundo de ações venha a obter uma rentabilidade superior ao Índice da Bolsa de Valores do Estado de São Paulo (IBOVESPA), X% do excedente seria cobrado a título de taxa de *performance*.
- Taxa de ingresso ou saída: essas taxas, quando cobradas, têm por objetivo induzir o investidor a permanecer por mais tempo no fundo.

Os fundos de investimento apresentam as seguintes vantagens:

- Os recursos são geridos por especialistas conhecedores dos diversos mercados e que acompanham diariamente os movimentos do cenário econômico nacional e mundial e seus impactos nas aplicações financeiras;
- O dinheiro aplicado nos fundos, geralmente, é direcionado para diversos tipos de ativos financeiros, onde a perda de rentabilidade em um deles pode ser compensada, total ou parcialmente, pelo ganho em outros;
- A maioria dos fundos aceita aplicações individuais de pequenos valores, que se vistas isoladamente, dificilmente conseguiriam taxas tão vantajosas, quanto às obtidas, quando aplicadas em volumes maiores, como é feito pelos fundos;
- Os fundos possibilitam liquidez diária;
- A rentabilidade é padronizada e igual para todos os participantes de um mesmo fundo, independente do valor aplicado;
- Os valores diários das cotas são publicados nos periódicos de grande veiculação possibilitando o acompanhamento da evolução do dinheiro aplicado.

13.6.2 *Classificação dos fundos de investimento*

Os fundos de investimento podem ser constituídos sob a forma de condomínio aberto, em que os cotistas podem solicitar o resgate de suas cotas a qualquer tempo, ou fechado, em que as cotas somente são resgatadas ao término do prazo de duração do fundo.

Os fundos de investimento tradicionalmente também podem ser classificados, de uma forma bastante genérica, como de renda fixa e renda variável. Os fundos de renda fixa são aqueles cujas carteiras são compostas, em sua maioria, por títulos que tem uma taxa de retorno fixa e forma de remuneração definida no ato da aplicação. Já os fundos de renda variável são aqueles cujas carteiras são compostas, em sua maior parte, por aplicações em ações e outros títulos cujos retornos dependem das variações de preço do respectivo ativo no mercado.

Nessas categorias encontram-se os Fundos de Investimento e os Fundos de Investimento em Cotas de Fundo de Investimento criados inicialmente em 1995 e regulamentados posteriormente pela Comissão de Valores Mobiliários por outras instruções.

Os Fundos de Investimento (FI) investem seus recursos diretamente na compra dos diversos títulos do mercado, tanto públicos como privados, enquanto os Fundos de Investimento em Cotas de Fundo de Investimento (FIC) tem por objetivo exclusivo a aplicação de recursos em cotas de fundos de investimento financeiro, ou seja, é um fundo que aplica em outro fundo.

A criação de FIC's possibilita a uma instituição financeira reduzir os custos de administração de uma carteira, segmentando um determinado Fundo de Investimento (FI) em diversas famílias de FIC's, conforme características de aplicação, tipo de mercado a ser alcançado e rentabilidade proporcionada. Observe o exemplo fictício a seguir:

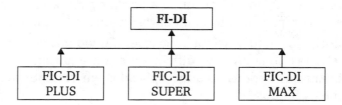

Nesse exemplo o administrador criou uma família de Fundos de Investimento em Cotas de Fundo de Investimento (FIC), com nomes diferenciados, de acordo com o perfil de aplicação e rentabilidade de cada fundo, por exemplo: O FIC-DI PLUS aceita aplicações iniciais mínimas de $ 1.000,00 e cobra uma taxa de administração de 4% ao ano, no FIC-DI SUPER, por sua vez, a aplicação inicial mínima é de $ 20.000,00 e a taxa de administração é de 2% ao ano, enquanto o último fundo da família o FIC-DI MAX é destinado para aplicações superiores a $ 200.000,00 com taxa de administração de 0,5% ao ano. Cabe destacar que todos os dados e nomes dos fundos são fictícios e servem apenas como ilustração.

Com o objetivo de unificar as normas sobre a constituição, administração, funcionamento e divulgação de informações dos fundos de investimento e fundos de investimento em cotas de fundo de investimento, a Comissão de Valores Mobiliários em 18-04-2004 publicou a Instrução CVM 409, complementadas pelas Instruções CVM 411, de 26-11-2004, 413 de 30-12-2004 e 450, de 30-03-2007.

Dessa forma, de acordo com a composição de sua carteira, os fundos de investimento e os fundos de investimento em cotas foram classificados, de acordo com essas instruções da CVM em sete categorias, a saber:

I – Fundo de Curto Prazo;

II – Fundo Referenciado;

III – Fundo de Renda Fixa;

IV – Fundo de Ações;

V – Fundo Cambial;

VI – Fundo de Dívida Externa; e

VII – Fundo Multimercado.

Conforme determinam as Instruções CVM 409 de 18-04-2004, 411 de 26-11-2004, 413 de 30-12-2004 e 450 de 30-03-2007 os fundos acima classificados deverão obedecer as seguintes regras:

Fundo de Curto Prazo

Os fundos classificados como "Curto Prazo" deverão aplicar seus recursos exclusivamente em títulos públicos federais ou privados prefixados ou indexados à taxa SELIC ou a outra taxa de juros, ou títulos indexados a índices de preços, com prazo máximo a decorrer de 375 (trezentos e setenta e cinco) dias, e prazo médio da carteira do fundo inferior a 60 (sessenta) dias, sendo permitida a utilização de derivativos somente para proteção da carteira e a realização de operações compromissadas lastreadas em títulos públicos federais.

Os títulos privados referidos no parágrafo anterior deverão ter seu emissor classificado na categoria baixo risco de crédito ou equivalente, com certificação por agência de classificação de risco localizada no País.

Nesse tipo de fundo é vedada a cobrança de taxa de *performance*, salvo quando se tratar de fundo destinado a investidor qualificado.

Fundo Referenciado

Os fundos classificados como "Referenciados" deverão identificar em sua denominação o seu indicador de desempenho (*benchmark*), em função da estrutura dos ativos financeiros integrantes das respectivas carteiras, desde que atendidas, cumulativamente, as seguintes condições:

I – tenham 80%, no mínimo, de seu patrimônio líquido representado, isolada ou cumulativamente, por:

a) títulos de emissão do Tesouro Nacional ou do Banco Central do Brasil;

b) títulos e valores mobiliários de renda fixa cujo emissor esteja classificado na categoria baixo risco de crédito ou equivalente, com certificação por agência de classificação de risco localizada no País;

II – estipulem que 95%, no mínimo, da carteira seja composta por ativos financeiros de forma a acompanhar, direta ou indiretamente, a variação do indicador de desempenho *(benchmark)* escolhido; e

III – restrinjam a respectiva atuação nos mercados de derivativos a realização de operações com o objetivo de proteger posições detidas à vista, até o limite dessas.

Para efeito do disposto no *caput* deve ser observado que o indicador de desempenho deve estar expressamente definido na denominação do fundo.

Nesse tipo de fundo também é vedada a cobrança de taxa de *performance*, salvo quando se tratar de fundo destinado a investidor qualificado.

São exemplos de fundos nessa categoria os tradicionais fundos DI e os fundos indexados a índices de inflação.

Fundo de Renda Fixa

Os fundos classificados como "Renda Fixa", deverão ter como principal fator de risco de sua carteira a variação da taxa de juros doméstica ou de índice de preços, ou ambos.

Esse tipo de fundo deverá possuir, no mínimo, 80% (oitenta por cento) da carteira em ativos relacionados diretamente, ou sintetizados via derivativos, ao fator de risco que dá nome à classe.

Nesse tipo de fundo é vedada a cobrança de taxa de *performance*, salvo quando se tratar de fundo destinado a investidor qualificado, ou classificado na forma do § 1º do art. 92 da Instrução CVM 450, de 30-03-2007.

Fundo de Ações

Os fundos classificados como "Ações" deverão ter como principal fator de risco a variação de preços de ações admitidas à negociação no mercado à vista de bolsa de valores ou entidade do mercado de balcão organizado.

Nesses fundos 67%, no mínimo, de seu patrimônio líquido deverão ser compostos pelos seguintes ativos:

a) ações admitidas à negociação em bolsa de valores ou entidade do mercado de balcão organizado;

b) bônus ou recibos de subscrição e certificados de depósito de ações admitidas à negociação nas entidades referidas na alínea "a";

c) cotas de fundos de ações e cotas dos fundos de índice de ações negociadas nas entidades referidas na alínea "a"; e

d) Brazilian Depositary Receipts classificados como nível II e III, de acordo com o art. 3º, § 1º, incisos II e III da Instrução CVM nº 332, de 4 de abril de 2000.

Os fundos de ações, quanto à forma de gerenciamento das carteiras podem ser classificados em:

a) Fundos passivos: são fundos que o administrador compõe as carteiras de forma a seguirem algum indicador de desempenho, por exemplo: IBOVESPA.

b) Fundos ativos: nesses fundos o administrador busca rentabilidades superiores aos parâmetros definidos. Para isso podem utilizar estratégias mais agressivas para composição de carteiras, usando, inclusive de alavancagem do patrimônio no mercado de derivativos.

Os fundos de ações possuem liquidez diária. O valor da cota utilizado para o resgate, geralmente, é o apurado no fechamento do dia seguinte. O prazo para crédito do valor resgatado em conta-corrente pode demorar de três até quatro dias, dependendo da instituição financeira.

Fundo Cambial

Os Fundos classificados como Cambiais deverão ter como principal fator de risco de sua carteira a variação de preços de moeda estrangeira, ou a variação do cupom cambial.

Nesses fundos, no mínimo, 80% da carteira deverá ser composta por ativos relacionados diretamente, ou sintetizados via derivativos, ao fator de risco que dá nome à classe.

Fundo de Dívida Externa

Os fundos classificados como "Dívida Externa" deverão aplicar, no mínimo, 80% de seu patrimônio líquido em títulos representativos da dívida externa de responsabilidade da União, sendo permitida a aplicação de até 20% do patrimônio líquido em outros títulos de crédito transacionados no mercado internacional.

Os títulos representativos da dívida externa de responsabilidade da União devem ser mantidos, no exterior, em conta de custódia, no Sistema Euroclear ou na LuxClear – Central Securities Depositary of Luxembourg (CEDEL).

Os títulos integrantes da carteira do fundo devem ser custodiados em entidades habilitadas a prestar esse serviço pela autoridade local competente.

Atendidos os requisitos de composição estabelecidos pela legislação, os recursos porventura remanescentes podem ser direcionados à realização de operações em mercados organizados de derivativos no exterior, exclusivamente para fins de "hedge" dos títulos integrantes da carteira respectiva, ou ser mantidos em conta de depósito em nome do fundo, no exterior, observado, relativamente a essa última modalidade, o limite de 10% do patrimônio líquido respectivo.

Ainda podem ser direcionados à realização de operações em mercados organizados de derivativos no País, exclusivamente para fins de "hedge" dos títulos integrantes da carteira respectiva e desde que referenciadas em títulos representativos de dívida externa de responsabilidade da União, ou ser mantidos em conta de depósito a vista em nome do fundo, no País, observado, no conjunto, o limite de 10% do patrimônio líquido respectivo.

Relativamente aos títulos de crédito transacionados no mercado internacional, o total de emissão ou coobrigação de uma mesma pessoa jurídica, de seu controlador, de sociedades por ele(a) direta ou indiretamente controladas e de suas coligadas sob controle comum não pode exceder 10% do patrimônio líquido do fundo.

Fundo Multimercado

Os fundos classificados como "Multimercado" devem possuir políticas de investimento que envolvam vários fatores de risco, sem o compromisso de concentração em nenhum fator em especial ou em fatores diferentes das demais classes de ativos previstas na classificação dos fundos de investimento.

O regulamento desses fundos poderá autorizar a aplicação em ativos financeiros no exterior, no limite de 20% de seu patrimônio líquido, observado o disposto nos §§ 2º a 4º do art. 85 da Instrução CVM 450 de 30-03-2007.

Nesses tipos de fundos a composição da carteira é mais livre, de acordo com a política e estratégia determinada pelo gestor do fundo. Uma vez que não precisam seguir os parâmetros de desempenho podem ser de risco moderado ou agressivo, dependendo da composição de sua carteira.

A carteira desse fundo poderá ser composta por títulos públicos e/ou privados, negociados a taxas prefixadas ou pós-fixadas, ações, ouro, dólar e operações nos mercados de derivativos em geral, com o objetivo de alavancar os rendimentos.

Em função dos riscos existentes nessa categoria de fundos o cotista deve estar ciente que assume os riscos decorrentes da política de investimento adotada pelo administrador, uma vez que se houver perda do fundo acima do patrimônio, o mesmo será chamado para aportar recursos.

Diante de tais riscos é indispensável por ocasião da aplicação a leitura detalhada do prospecto que contém as principais informações sobre o fundo, dentre outras: objetivos do fundo, descrição detalhada da política de investimento, taxas de administração e de *performance* cobradas, condições de emissão e de resgate de quotas do fundo e a possibilidade do cotista ser chamado a aportar recursos na situação em que o patrimônio líquido do fundo se tornar negativo.

13.6.3 Tributação dos Fundos de Investimento

Com o objetivo de fortalecer o mercado de capitais e estimular a acumulação de recursos por meio de aplicações financeiras de longo prazo, o Governo adotou um tratamento tributário diferenciado para os produtos de investimento no mercado financeiro.

As alterações estão previstas e divulgadas nas Instruções Normativas da Secretaria da Receita da Fazenda nº 487, de 30-12-2004 e IN SRF nº 489, de 07-01-2005, as quais normatizaram as Medidas Provisórias 206 e 209, que foram convertidas nas Leis nº 11.033, de 22-12-2004 e nº 11.053, de 30-12-2004.

Com isso, a partir de 1º de janeiro de 2005, os investidores passaram a contar com novas regras e alíquotas de tributação do Imposto de Renda para investimentos.

No caso os fundos de investimento foram divididos em três categorias para efeito de tributação: **Longo Prazo**, que possuem carteiras compostas por títulos com prazo médio superior a 365 dias, **Curto Prazo**, com carteira de títulos com prazo médio igual ou inferior a 365 dias e **Fundos de Ações**.

Os rendimentos auferidos em fundos de investimento de longo prazo (carteira com prazo médio dos títulos superior a 365 dias) a partir de 1º de janeiro de 2005 ficaram sujeitos às seguintes alíquotas quando dos resgates:

Prazo de Permanência na aplicação	Até 180 dias	De 181 a 360 dias	De 361 a 720 dias	Mais de 720 dias
Alíquota sobre os rendimentos	22,5%	20,%	17,5%	15%

Os rendimentos auferidos em fundos de investimento de curto prazo (carteira com prazo médio dos títulos igual ou inferior a 365 dias) a partir de 1º de janeiro de 2005 ficaram sujeitos às seguintes alíquotas quando dos resgates:

Prazo de Permanência na aplicação	Até 180 dias	Acima de 180 dias
Alíquota sobre os rendimentos	22,5%	20,%

Para efeito de apuração do Imposto de Renda a IN SRF nº 487, de 22-12-2004, determina que os investimentos realizados até 22-12-2004, em fundos de longo prazo, e até 30-12-2004, em fundos de curto prazo, terão como data de referência para contagem do prazo de IR o dia 1º-07-2004. Para investimentos realizados após estas datas valem como referência a data da aplicação.

No caso os rendimentos obtidos até 31-12-2004 nos dois tipos de fundos (curto prazo e longo prazo) ficaram sujeitos à tributação de Imposto de Renda à alíquota de 20% *pro rata*.

Outra alteração importante ocorrida com a Lei nº 10.892, de 13-07-2004, foi a mudança na periodicidade de cobrança do Imposto de Renda no caso dos fundos que passou a ser semestral ("come cotas semestral"), ocorrendo sempre no último dia útil dos meses de maio e novembro.

No caso dos fundos de longo prazo a alíquota de antecipação semestral de Imposto de Renda sobre os rendimentos passou a ser de 15% e para os fundos de curto prazo 20%. Por ocasião do resgate das quotas será aplicada alíquota complementar, se houver, de acordo com prazo decorrido da aplicação e alíquotas efetivas devidas.

A alíquota para tributação dos rendimentos obtidos em fundos de ações passou de 20% para 15% e é aplicada somente no momento do resgate de quotas, independentemente do prazo de permanência na aplicação.

A Instrução Normativa SRF nº 487 prevê em seu artigo 13º a compensação de prejuízos entre fundos para efeitos de cálculo do Imposto de Renda:

> Art. 13. As perdas apuradas no resgate de quotas de fundos de investimento, a que se refere o art. 4º da Instrução Normativa nº 119, de 10 de janeiro de 2002, poderão ser compensadas com rendimentos auferidos em resgates ou incidências posteriores, no mesmo ou em outro fundo de investimento administrado pela mesma pessoa jurídica, desde que sujeitos à mesma classificação a que se referem os arts. 1º e 7º, devendo a instituição administradora manter sistema de controle e registro em meio magnético que permita a identificação, em relação a cada quotista, dos valores compensáveis.
>
> Parágrafo único. O saldo de perdas apuradas até 31 de dezembro de 2004 poderá ser compensado com o mesmo ou com outros fundos de investimento administrado pela mesma pessoa jurídica, exceto em relação ao fundo de investimentos em ações que será compensado exclusivamente com fundo da mesma natureza.

Isso significa dizer que perdas realizadas em fundos de longo prazo a partir de 1º-01-2005 somente poderão ser compensadas em fundos da mesma classe, ou seja, perdas realizadas em fundos de longo prazo somente serão compensadas em fundos de longo prazo. A mesma regra vale para fundos de curto prazo.

Nas aplicações em fundos de renda fixa com liquidez diária, cujo prazo de resgate for inferior a 30 dias, além da cobrança do Imposto de Renda, haverá a incidência do Imposto sobre Operações Financeiras (IOF), conforme determina o Decreto nº 6.306, de 14 de dezembro de 2007.

Por esse decreto, o IOF relativo às operações realizadas com títulos ou valores mobiliários no mercado de renda fixa incidirá, à alíquota de 1% ao dia, sobre o valor de resgate, cessão ou repactuação, limitado ao rendimento da operação, em função do prazo, conforme tabela regressiva que será vista a seguir.

Na prática, o que prevalece na tabela regressiva são os percentuais máximos sobre o valor dos rendimentos, determinados em função do prazo da aplicação. Por exemplo: se um investidor aplicar em um fundo de investimento com liquidez diária por 15 dias corridos, irá pagar 50% do rendimento nominal a título de IOF. Por outro lado, as aplicações financeiras efetuadas por prazos superiores a 29 dias corridos estarão isentas de tal tributo.

Tabela Regressiva de IOF

Quantidade de dias corridos	% limite do rendimento	Quantidade de dias corridos	% limite do rendimento
01	96	16	46
02	93	17	43
03	90	18	40
04	86	19	36
05	83	20	33
06	80	21	30
07	76	22	26
08	73	23	23
09	70	24	20
10	66	25	16
11	63	26	13
12	60	27	10
13	56	28	6
14	53	29	3
15	50	30	0

Fonte: Receita Federal.

Cabe destacar que para a obtenção da base de cálculo do Imposto de Renda, será deduzido, quando couber, o valor do Imposto sobre Operações Financeiras. Por exemplo: uma aplicação obteve um rendimento bruto em 18 dias de $ 100, descontando-se o IOF, à alíquota de 40%, restará $ 60,00 para ser tributado pelo Imposto de Renda em 22,5%, gerando um valor líquido final de $ 46,50 ($ 60,00 – 22,5%).

Com relação à retenção do IOF a legislação em vigor determina:

- A Instrução Normativa RFB nº 907, de 9 de janeiro de 2009, em seu artigo 10º diz:

Art. 10. No caso de fundos de investimento sem prazo de carência para resgate de cotas com rendimento, o valor do IOF de que trata o art. 32 do Decreto nº 6.306, de 2007, será deduzido da base de cálculo do Imposto de Renda, sendo:

I – procedida a retenção, se houver resgate de cotas;

II – dispensada a retenção no último dia útil dos meses de maio e novembro, se não houver resgate de cotas.

§ 1º O valor do IOF de que trata o inciso II será adicionado à base de cálculo do Imposto de Renda na subsequente incidência deste.

§ 2º Na hipótese do § 1º, se ocorrer simultânea incidência do IOF, este será calculado de conformidade com os prazos constantes do Anexo ao Decreto nº 6.306, de 2007.

§ 3º A contagem dos prazos constantes do Anexo ao Decreto nº 6.303, de 2007, será feita com base nas datas da efetiva disponibilidade financeiras dos recursos.

§ 4º Na transformação de fundo de investimento com prazo de carência para fundo sem prazo de carência aplica-se o disposto neste artigo.

A tabela regressiva de IOF não se aplica no caso dos fundos de ações.

13.6.4 *Cálculos envolvidos nos fundos de investimentos*

13.6.4.1 Fundos de renda fixa com liquidez diária

EXEMPLO 1:

O Sr. Investidor aplicou a quantia de $ 100.000,00 em um fundo de investimento com carteira de longo prazo no dia 04-05-2014, efetuando o resgate total da aplicação no dia 19-05-2014. De posse dos dados adicionais a seguir calcule:

   a) O valor do rendimento bruto da aplicação.
   b) O valor do Imposto sobre Operações Financeiras (IOF).
   c) O valor do Imposto de Renda (IR).
   d) O valor líquido resgatado.

Dados adicionais:

Valor da cota na data da aplicação = $ 7,292871

Valor da cota na data do resgate = $ 7,336628

Solução pela HP-12C:

Pressione	Visor	Significado
f CLX	0,00	Limpa todos os registradores.
100000 ENTER	100.000,00	Introduz o valor inicial da aplicação.
7.292871 ÷	13.712,02	Calcula a quantidade de cotas adquiridas.
7.336628 ×	100.600,00	Valor do resgate bruto em 19-05-2014.
100000 −	600,00	Valor do rendimento bruto.
50 %	300,00	Valor do IOF (50% conforme tabela).
−	300,00	Base de cálculo do Imposto de Renda.
22.5 %	67,50	Valor do Imposto de Renda.
−	232,50	Valor do rendimento líquido.
100000 +	100.232,50	Valor de resgate líquido em 19-05-2014.

EXEMPLO 2:

O Sr. Investidor aplicou a quantia de $ 100.000,00 em um fundo de investimento com carteira de longo prazo no dia 04-04-2014, efetuando o resgate total da aplicação no dia 04-05-2014. De posse dos dados adicionais a seguir calcule:

a) O valor do rendimento bruto da aplicação.

b) O valor do Imposto de Renda (IR).

c) O valor líquido resgatado.

d) A taxa líquida mensal desse investimento, considerando a incidência do Imposto de Renda.

Dados adicionais:

Valor da cota na data da aplicação = $ 10,325678

Valor da cota na data do resgate = $ 10,459912

Solução pela HP-12C:

Pressione	Visor	Significado
f CLX	0,00	Limpa todos os registradores.
100000 ENTER	100.000,00	Introduz o valor inicial da aplicação.
10.325678 ÷	9.684,59	Calcula a quantidade de cotas adquiridas.
10.459912 ×	101.300,00	Valor do resgate bruto em 4-05-2014.
100000 −	1.300,00	Valor do rendimento bruto.
22.5 %	292,50	Valor do Imposto de Renda.
−	1.007,50	Valor do rendimento líquido.
100000 +	101.007,50	Valor de resgate líquido em 04-05-2014.
FV	101.007,50	Armazena o valor de resgate no FV.
100000 CHS PV	− 100.000,00	Armazena a aplicação inicial no PV.
1 n	1,00	Armazena o prazo em meses da aplicação.
i	1,01	Calcula a taxa líquida mensal.

Nesse caso não houve a incidência de IOF, haja vista que o prazo da aplicação foi de 30 dias corridos.

EXEMPLO 3:

O Sr. Investidor aplicou a quantia de $ 100.000,00 em um fundo de investimento com carteira de longo prazo no dia 02-01-2014, efetuando o resgate total da aplicação no dia 15-06-2014. De posse dos dados adicionais a seguir calcule:

a) O valor do rendimento bruto da aplicação.

b) O valor do Imposto de Renda (IR).

c) O valor líquido resgatado.

Dados adicionais:

Valor da cota na data da aplicação (02-01-2014) = $ 10,325678

Valor da cota no último dia útil do mês de maio (31-05-2014)= $ 10,735952

Valor da cota na data do resgate (15-06-2014)= $ 10,781758

Solução pela HP-12C:

Pressione	Visor	Significado
f CLX	0,00	Limpa todos os registradores.
100000 ENTER	100.000,00	Introduz o valor inicial da aplicação.
10.325678 ÷	9.684,59	Calcula a quantidade de cotas adquiridas.
10.735952 ×	103.973,34	Valor bruto do fundo em 31-05-2014.
100000 −	3.973,34	Valor do rendimento bruto em 31-05-2014.
15 %	596,00	Valor do IR a ser pago ("come cotas").
−	3.377,34	Valor do rendimento líquido em 31-05-2014.
100000 +	103.377,34	Valor do investimento em 31-05-2014.
10.735952 ÷	9.629,08	Quantidade de cotas em 31-05-2014.
10.781758 ×	103.818,41	Valor bruto do investimento em 15-06-2014.
103377.34 −	441,07	Valor do rendimento bruto do 2º período.
22.5 %	99,24	Valor do IR do rendimento do 2º período.
3973,34 ENTER	3.973,34	Valor do rendimento bruto do 1º período.
7.5 %	298,00	Diferença de IR a pagar do 1º período.
103818,41 ENTER	103.818,41	Valor bruto do investimento em 15-06-2014.
99.24 − 298 −	103.421,17	Valor de resgate líquido em 15-06-2014.

Nesse caso houve o pagamento do Imposto de Renda no último dia útil do mês de maio aplicando-se uma alíquota de antecipação de 15% sobre o rendimento do período de 2-01-2014 a 31-05-2014 e no resgate total ocorrido em 15-06-2014 houve o pagamento da diferença de 7,5% sobre esse mesmo rendimento em função da alíquota efetiva da aplicação (164 dias corridos − 22,5% pela tabela progressiva). O rendimento do período de 31-05-2014 a 15-06-2014 foi tributado à alíquota efetiva de 22,5%.

EXEMPLO 4:

O Sr. Investidor aplicou a quantia de $ 100.000,00 em um fundo de investimento com carteira de longo prazo no dia 02-01-2014, efetuando um resgate líquido de $ 30.000,00 no dia 15-06-2014. Com base nos dados adicionais e resolução do exemplo 3, calcule:

a) O valor do resgate bruto em 15-06-2014.
b) O valor do Imposto de Renda pago no resgate em 15-06-2014.
c) O valor que continuará aplicado em 15-06-2014.

Solução:

Solucionaremos os itens a e b, por meio de regra de três simples, usando os resultados do exemplo 3.

a) Valor de resgate bruto em 15-06-2014.

Se um resgate bruto de $ 103.818,41 em 15-06-2014 propiciou um resgate líquido de $ 103.421,17, qual o valor do resgate bruto necessário para resgatar um valor líquido de $ 30.000,00?

$ 103.818,41 => $ 103.421,17
     x   <= $ 30.000,00

$$x = \frac{103.818,41 \times 30.000,00}{103.421,17}$$

x = $ 30.115,23

b) Valor do Imposto de Renda pago no resgate em 15-06-2014.

Se um resgate bruto de $ 103.818,41 em 15-06-2014 gerou $ 397,24 de pagamento de Imposto de Renda nessa data, qual o valor do Imposto de Renda necessário para um resgate bruto de $ 30.115,23?

$ 103.818,41 => $ 397,24
$ 30.115,23 => x

$$x = \frac{30.115,23 \times 397,24}{103.818,41} \qquad x = \$\ 115,23$$

c) valor que continuará aplicado em 15-06-2014.

Valor bruto do investimento em 15-06-2014 = $ 103.818,41

(–) valor a ser creditado na conta corrente do investidor em 15-06-2014 = $ 30.000,00

(–) valor para pagamento do Imposto de Renda = $ 115,23

Valor restante que continuará sendo remunerado no fundo= $ 73.703,18

EXEMPLO 5:

O Sr. Investidor aplicou a quantia de $ 100.000,00 em um fundo de investimento com carteira de curto prazo no dia 16-05-2014, efetuando o resgate total da aplicação no dia 18-06-2014. De posse dos dados adicionais a seguir calcule:

a) O valor do rendimento bruto da aplicação.
b) O valor do Imposto de Renda a ser pago em 31-05-2014 e 18-06-2014.
c) O valor líquido resgatado em 18-06-2014.

Dados adicionais:

Valor da cota na data da aplicação (16-05-2014) = $ 10,339279

Valor da cota no último dia útil do mês de maio (31-05-2014)= $ 10,459912

Valor da cota na data do resgate (18-06-2014)= $ 10,543591

Observe que nesse caso haverá o pagamento do Imposto de Renda no último dia útil do mês de maio ("come cotas"), sendo que o investimento ainda está enquadrado na tabela regressiva de IOF. Nesse caso o IOF do período de 16-05-2014 a 31-05-2014 será deduzido "virtualmente" do rendimento bruto do período para que seja encontrada a base de cálculo do Imposto de Renda do mês de maio.

Em 18-06-2014, quando do resgate, a aplicação está isenta do pagamento do IOF, pois ultrapassou o prazo mínimo de 30 dias. Contudo, para calcularmos o Imposto de Renda a ser pago no resgate, não podemos esquecer que o valor do IOF "virtual" que foi deduzido dos rendimentos do mês de maio diminuiu a base de cálculo do Imposto de Renda do primeiro período (16-05 a 31-05-2014) e portanto esse fato deve ser considerado quando da tributação do Imposto de Renda do segundo período (31-05-2014 a 18-06-2014).

Solução pela HP-12C:

Pressione	Visor	Significado
f CLX	0,00	Limpa todos os registradores.
100000 ENTER	100.000,00	Introduz o valor inicial da aplicação.
10.339279 ÷	9.671,85	Calcula a quantidade de cotas adquiridas.
10.459912 ×	101.166,74	Valor do bruto da aplicação em 31-05-2014.
100000 −	1.166,74	Valor do rendimento bruto do mês de maio.
50 %	583,37	Valor do IOF virtual (50% conforme tabela).
−	583,37	Base de cálculo do Imposto de Renda.
20 %	116,67	Valor do IR a ser pago em 31-05-2014.
101166.74 − CHS	101.050,07	Valor da aplicação em 31-05-2014.
10.459912 ÷	9.660,70	Saldo de cotas em 31-05-2014.
10.543591 ×	101.858,46	Valor do bruto da aplicação em 18-06-2014.
101050.07 −	808,39	Rendimento do período de 31-05 a 18-06-2014.
22.5 %	181,89	Valor do IR do período de 31-05 a 18-06-2014.
1166.74 ENTER	1.166,74	Ganho bruto do período de 16-05 a 31-05-2014.
22.5 %	262,52	IR devido do período de 16-05 a 31-05-2014.
116,67 −	145,85	Redução do IR pago em 31-05 e adicional a pagar em 18-06-2014.

Nesse caso houve a retenção de Imposto de Renda em 31-05-2014 ("come cotas"), o qual foi calculado sobre uma base menor em função da dedução do IOF virtual de 50%. Em 18-06-2014 houve o pagamento do Imposto de Renda à alíquota efetiva de 22,5% calculada sobre o ganho de 31-05-2014 a 18-06-2014 e o cálculo da diferença de IR na mesma alíquota (22,5%) sobre o ganho de 16-05-2014 a 31-05-2014, descontando-se o valor do Imposto de Renda antecipado quando do "come cotas" em 31-05-2014. Sendo assim o valor líquido a ser resgatado em 18-06-2014 será de $ 101.530,72 ($ 101.858,46 − $ 181,89 − $ 145,85).

13.6.4.2 Fundos de ações

EXEMPLO 1:

O Sr. Investidor aplicou a quantia de $ 100.000,00 em um fundo de ações no dia 3-06-2014, efetuando o resgate total da aplicação no dia 18-06-2014. De posse dos dados adicionais a seguir calcule:

a) O valor do rendimento bruto da aplicação.
b) O valor do Imposto de Renda (IR).
c) O valor líquido resgatado.

Dados adicionais:

Valor da cota utilizada na data da aplicação = $ 7,292871
Valor da cota utilizada na data do resgate= $ 7,336628

Solução pela HP-12C:

Pressione	Visor	Significado
f CLX	0,00	Limpa todos os registradores.
100000 ENTER	100.000,00	Introduz o valor inicial da aplicação.
7.292871 ÷	13.712,02	Calcula a quantidade de cotas adquiridas.
7.336628 ×	100.600,00	Valor do resgate bruto em 3-06-2014.
100000 −	600,00	Valor do rendimento bruto.
15 %	90,00	Valor do Imposto de Renda.
−	510,00	Valor do rendimento líquido.
100000 +	100.510,00	Valor de resgate líquido em 18-06-2014.

EXEMPLO 2:

O Sr. Investidor aplicou a quantia de $ 100.000,00 em um fundo de ações no dia 4-05-2014, efetuando o resgate total da aplicação no dia 18-06-2014. De posse dos dados adicionais a seguir calcule:

a) O valor do rendimento bruto da aplicação.
b) O valor do Imposto de Renda (IR).
c) O valor líquido resgatado.

Dados adicionais:

Valor da cota utilizada na data da aplicação = $ 7,292871
Valor da cota utilizada na data do resgate= $ 7,269346

Solução pela HP-12C:

Pressione	Visor	Significado
f CLX	0,00	Limpa todos os registradores.
100000 ENTER	100.000,00	Introduz o valor inicial da aplicação.
7.292871 ÷	13.712,02	Calcula a quantidade de cotas adquiridas.
7.269346 ×	99.677,42	Valor do resgate em 18-06-2014.

Nesse exemplo não haverá a cobrança de Imposto de Renda, haja vista que o investidor incorreu em prejuízo.

EXEMPLO 3:

O Sr. Investidor aplicou a quantia de $ 100.000,00 em um fundo de ações no dia 04-05-2014, efetuando o resgate total da aplicação no dia 18-06-2014. De posse dos dados adicionais a seguir calcule:

a) O valor do rendimento bruto da aplicação.

b) O valor do Imposto de Renda (IR).

c) O valor líquido resgatado.

Dados adicionais:

Valor da cota utilizada na data da aplicação (4-05-2014) = $ 10,325678
Valor da cota utilizada na data do resgate (18-06-2014) = $ 10,635448

Solução pela HP-12C:

Pressione	Visor	Significado
f CLX	0,00	Limpa todos os registradores.
100000 ENTER	100.000,00	Introduz o valor inicial da aplicação.
10.325678 ÷	9.684,59	Calcula a quantidade de cotas adquiridas.
10.635448 ×	103.000,00	Valor do resgate bruto em 18-06-2014.
100000 −	3.000,00	Valor do rendimento bruto.
15 %	450,00	Valor do Imposto de Renda.
−	2.550,00	Valor do rendimento líquido.
100000 +	102.550,00	Valor de resgate líquido.

14

Algumas Modalidades de Empréstimos e Financiamentos

14.1 Hot Money

14.1.1 Definição

Trata-se de uma operação de empréstimo de curtíssimo prazo (de 1 até 29 dias), que tem por objetivo atender às necessidades momentâneas de caixa das empresas.

Os bancos, na maioria das vezes, utilizam os recursos em trânsito de seu caixa, como fonte para operações de *Hot Money*. Dessa forma, para a definição das taxas a serem cobradas nesse tipo de operação, as instituições financeiras utilizam como parâmetro o custo diário do Certificado de Depósito Interbancário (CDI), acrescido dos efeitos dos tributos e compulsório, se houver, mais uma margem de lucro (*spread*).

14.1.2 Formas de negociação

O *Hot Money* pode ser negociado basicamente de duas formas:

- convencional (caso a caso): cada solicitação esporádica de empréstimo por parte da empresa é submetida à análise e aprovação do banco;
- rotativo (contrato-mãe): é aberto um limite de crédito para a empresa realizar operações de *Hot Money*. Para a utilização desse limite, basta um simples aviso formal (por exemplo: fax ou *e-mail*) da empresa informando o valor e o prazo para pagamento. Esse sistema é o mais aconse-

lhável para empresas que utilizam frequentemente essa modalidade de crédito, pois agiliza o processo de negociação, dispensando a assinatura de contratos específicos para cada empréstimo.

14.1.3 Encargos e formas de pagamento

Nesse tipo de operação, é comum o valor dos juros ser cobrado no final do prazo, juntamente com o principal emprestado. O valor dos juros é calculado aplicando-se a taxa mensal de juros simples prefixada sobre o valor do principal contratado, levando-se em consideração o prazo da operação.

Além dos juros, o tomador do empréstimo arcará, no ato da liberação do empréstimo, com o pagamento do Imposto sobre Operações Financeiras (IOF), calculado à alíquota de 0,0041% por dia corrido e adicional fixo de 0,38%, incidentes sobre o valor emprestado.

Algumas instituições financeiras ainda cobram, no ato da contratação da operação, um valor, a título de Tarifa de Abertura de Crédito ou Tarifa de Contratação.

Outras formas de cobrança dos encargos nas operações de *Hot Money* são:

1. Antecipada (*flat*): o valor dos juros simples é cobrado, juntamente com os outros encargos (IOF e tarifa) no ato da liberação do crédito. Esse tipo de operação, que se assemelha a um Desconto de Nota Promissória, é pouco utilizado pelos bancos;
2. *Hot-DI* (conta *Hot*): nessa modalidade, os juros são baseados na Taxa *CDI-Over* mais um *spread*. Nesse sistema, os juros são calculados a cada dia útil e incorporados ao saldo devedor do dia anterior, até o limite contratual. As amortizações do empréstimo são livres, podendo ocorrer a qualquer momento. Essa modalidade de operação possui características semelhantes a uma conta garantida e é bastante utilizada pelas empresas.

14.1.4 Exemplos de operações de Hot Money

14.1.4.1 *Hot Money* tradicional (principal e juros simples pagos no final)

A empresa Alfa tomou emprestada do Banco Beta a quantia de $ 100.000,00 por sete dias, por meio de uma operação de *Hot Money*, à taxa de juros simples de 3% ao mês. Sabendo que foram ainda cobrados no ato da contratação do empréstimo o Imposto sobre Operações Financeiras (IOF), à alíquota de 0,0041% ao dia e adicional fixo de 0,38%, e uma tarifa de contratação de $ 60,00, perguntamos:

a) Qual o valor do Imposto sobre Operações Financeiras (IOF)?
b) Qual o valor líquido liberado para a empresa (Valor do empréstimo − IOF − Tarifa)?
c) Qual o valor dos juros?
d) Qual o valor final a ser pago pela empresa (principal + juros)?

Solução pela HP-12C:

Pressione	Visor	Significado
f CLX	0,00	Limpa todos os registradores.
100000 ENTER	100.000,00	Introduz o valor do empréstimo.
3 %	3.000,00	Calcula o valor dos juros de um mês.
7 × 30 ÷	700,00	Calcula o valor total dos juros.
+	100.700,00	Calcula o valor final a ser pago.
100000 ENTER	100.000,00	Introduz o valor do empréstimo.
0.0041 ENTER 7 × 0.38 + %	408,70	Calcula o valor do IOF.
− 60 −	99.531,30	Calcula o valor líquido liberado.

14.1.4.2 *Hot Money* − Encargos antecipados

A empresa Alfa tomou emprestada do Banco Beta a quantia de $ 50.000,00 por nove dias, por meio de uma operação de *Hot Money*, à taxa de desconto simples de 2,60% ao mês. Sabendo que com os juros foram pagos no ato da contratação o IOF de 0,0041% ao dia e adicional fixo de 0,38% e uma tarifa de contratação de $ 100,00, perguntamos:

a) Qual o valor dos juros descontados no ato da contratação?
b) Qual o valor do Imposto sobre Operações Financeiras (IOF)?
c) Qual o valor líquido liberado para a empresa (Valor do empréstimo − IOF − Tarifa)?
d) Qual a taxa efetiva mensal de juros compostos paga pela empresa nessa operação?

Solução pela HP-12C:

Pressione	Visor	Significado
f CLX	0,00	Limpa todos os registradores.
50000 ENTER	50.000,00	Introduz o valor emprestado.
2.60 %	1.300,00	Calcula o valor dos juros mensal.
9 × 30 ÷	390,00	Valor dos juros pagos.
−	49.610,00	Valor atual do empréstimo.
0.0041 ENTER 9 × 0.38 + %	206,82	Calcula o valor do IOF.
− 100 −	49.303,18	Valor líquido liberado.

Solução da taxa efetiva mensal

Pressione	Visor	Significado
f CLX	0,00	Limpa todos os registradores.
49303.18 CHS PV	− 49.303,18	Introduz o valor presente da operação.
50000 FV	50.000,00	Introduz o valor futuro da operação.
9 ENTER 30 ÷ n	0,30	Introduz o prazo em meses.
i	4,79	Calcula a taxa efetiva mensal.

14.1.4.3 *Hot Money* − DI

A seguir, encontramos um extrato resumido contendo as utilizações do limite de crédito que a empresa Delta possui no Banco Beta para operações de *Hot Money*. A cobrança dos encargos é feita com base na taxa do *CDI-Over* mensal, mais um *Spread* linear de 1% ao mês.

De posse de tais informações, calcule o valor dos juros e saldo devedor diário.

Algumas Modalidades de Empréstimos e Financiamentos 295

Data	Valor total dos depósitos ou retiradas do dia ($)	Saldo base para o cálculo dos juros diários ($)	% CDI-Over ao ano	% CDI-Over ao mês (1)	% Spread ao mês	Taxa % dia (2)	Valor dos juros do dia ($)	Saldo devedor atualizado ($)
16-04-2007	– 0 –	– 100.000,00	12,64	1,4173	1,00	0,080577	80,58	– 100.080,58
17-04-2007	– 20.000,00	– 120.080,58	12,62	1,4152	1,00	0,080507	96,67	– 120.177,25
18-04-2007	+ 40.000,00	– 80.177,25	12,60	1,4131	1,00	0,080437	64,49	– 80.241,74
19-04-2007	+ 30.000,00	– 50.241,74	12,37	1,3887	1,00	0,079623	40,00	– 50.281,75
20-04-2007	– 100.000,00	– 150.281,75	12,37	1,3887	1,00	0,079623	119,66	– 150.401,41
23-04-2007	+ 50.401,41	– 100.000,00	12,36	1,3877	1,00	0,079590	79,59	– 100.079,59
24-04-2007	– 0 –	– 100.079,59	......	......	......	......	......	......

1 CDI – Over ao mês = $\left[\left(\dfrac{\% \text{ CDI - Over ao ano}}{100} + 1\right)^{\frac{1}{252}} - 1\right] \times 3000$

2 Taxa % dia = $\dfrac{(\% \text{ CDI} - \text{Over ao mês} + \% \text{ Spread ao mês})}{30}$

14.2 Operação de empréstimo para capital de giro

14.2.1 Conceito e características

A operação de Capital de Giro é o tradicional empréstimo em conta-corrente vinculado a um contrato específico que estabelece o prazo, a taxa de juros, o valor e as garantias necessárias e que visa atender às necessidades de recursos das empresas para movimentação de seus negócios.

Os recursos obtidos nessa modalidade de empréstimo são disponibilizados diretamente na conta-corrente da empresa e ela pode utilizá-los sem necessidade de comprovar sua destinação.

Esses tipos de empréstimos podem ser contratados tanto a taxas de juros prefixadas como pós-fixadas, cobradas, geralmente, segundo o regime de capitalização composta, por prazos superiores a 30 dias.

No mercado financeiro, são bastante comuns as operações contratadas com cobrança de encargos segundo a variação do Certificado de Depósito Interbancário (CDI) mais uma taxa de juros pactuada entre a empresa tomadora do empréstimo e o banco.

A exemplo das operações de *Hot Money*, há a cobrança, no ato da contratação, do Imposto sobre Operações Financeiras (IOF) à alíquota atual de 0,0041% ao dia (limitado a 1,5% ao ano) e adicional fixo de 0,38%, ambos calculados sobre o valor emprestado.

Cabe destacar que as empresas sujeitas ao regime tributário do Simples, têm alíquota de IOF reduzida para 0,00137% ao dia em operações de empréstimo cujo valor seja igual ou inferior a R$ 30.000,00, desde que entreguem para a instituição financeira declaração em formulário específico (Portaria MF nº 377, de 4 de abril de 1999 e Decreto nº 6.306, de 14 de dezembro de 2007).

Além dos juros e IOF, os bancos costumam cobrar, no ato da liberação do empréstimo, um valor fixo ou um percentual do principal da operação, a título de Tarifa de Contratação ou Comissão de Abertura de Crédito.

As garantias solicitadas pelos bancos nesse tipo de operação variam desde pessoais (aval) até reais (alienação fiduciária, penhor mercantil, penhor de títulos e aplicações financeiras etc.).

No caso de garantia de penhor de duplicatas ou cheques pré-datados, os bancos exigem, geralmente, um percentual que seja suficiente para cobrir o valor do empréstimo e encargos.

Para cobrir os custos do serviço de cobrança dos títulos dados em garantia (duplicatas ou cheques pré-datados), cada instituição financeira cobra um valor diferente por título.

As operações de capital de giro permitem as seguintes formas de pagamento:

- principal e juros pagos no final da operação (o mais comum);
- juros pagos no ato da contratação (pouco comum);
- pagamento dos juros e principal em parcelas fixas e periódicas (bastante utilizado);
- amortizações parciais de principal e juros capitalizados sobre o saldo devedor.

Cabe destacar que, para a formação da taxa de empréstimo nas operações de capital de giro, os bancos levam em consideração diversos aspectos, entre os quais destacam-se:

- custo de captação dos recursos no mercado financeiro. Nesse aspecto, são observadas as taxas praticadas nas operações interbancárias (CDI) no mercado a vista e futuro, o nível da taxa básica da economia (Selic) e a expectativa com relação a seu comportamento futuro, os leilões de títulos públicos federais, as projeções de mercado em função da conjuntura econômica e outros fatores;
- os percentuais de compulsório determinados pelo Banco Central nas operações ativas e passivas;
- a cunha fiscal incidente na operação (PIS, Cofins etc.) e o seguro obrigatório a ser recolhido para o Fundo Garantidor de Créditos (FGC);
- e outros.

14.2.2 Exemplos de cálculos de operações de capital de giro

14.2.2.1 Capital de giro prefixado (principal e juros pagos no final)

A empresa Alfa tomou emprestada do Banco Beta a quantia de $ 50.000,00 por 36 dias corridos, por meio de uma operação de Capital de Giro, à taxa de juros compostos de 36% ao ano (ano-base de 360 dias corridos). Sabendo que ainda foram cobrados no ato da contratação do empréstimo o Imposto sobre Operações Financeiras (IOF), à alíquota de 0,0041% ao dia e adicional fixo de 0,38%, e uma tarifa de contratação de $ 100,00, perguntamos:

a) Qual o valor do Imposto sobre Operações Financeiras (IOF)?

b) Qual o valor líquido liberado para a empresa (Valor do empréstimo − IOF − Tarifa)?

c) Qual o valor final a ser pago pela empresa (principal + juros)?

Solução pela HP-12C:

Pressione	Visor	Significado
f CLX	0,00	Limpa todos os registradores.
50000 CHS PV	– 50.000,00	Introduz o valor do principal.
36 i	36,00	Introduz a taxa de juros anual.
36 ENTER 360 ÷ n	0,10	Introduz o prazo da operação.
FV	51.561,30	Valor final a ser pago.
RCL PV CHS	50.000,00	Recupera o valor do principal.
0.0041 ENTER 36 × 0.38 + %	263,80	Calcula o valor do IOF.
– 100 –	49.636,20	Valor líquido creditado.

14.2.2.2 Capital de giro pós-fixado com variação da TR
         (principal e juros pagos no final)

A empresa Delta tomou emprestada do Banco Caridade a quantia de $ 100.000,00 no dia 19/11/2014, por meio de uma operação de Capital de Giro Pós-Fixado, à taxa de juros compostos de 2% ao mês mais variação da Taxa Referencial (TR) do período. Sabendo que o empréstimo será liquidado no dia 19/01/2015 e que foram cobrados no ato da contratação do empréstimo o Imposto sobre Operações Financeiras (IOF), à alíquota de 0,0041% ao dia e adicional fixo de 0,38%, e uma tarifa de contratação de $ 150,00, perguntamos:

   a) Qual o valor do Imposto sobre Operações Financeiras (IOF)?
   b) Qual o valor líquido liberado para a empresa (Valor do empréstimo – IOF – Tarifa)?
   c) Qual o valor final a ser pago pela empresa (principal + juros)?

Dados adicionais:
Taxa Referencial (TR)

   • 19/11/2014 a 19/12/2014 = 0,1024%
   • 19/12/2014 a 19/01/2015 = 0,0415%

Solução pela HP-12C:

Pressione	Visor	Significado
f CLX	0,00	Limpa todos os registradores.
100000 ENTER	100.000,00	Introduz o valor do principal.
0.0041 ENTER 61 × 0.38 + %	630,10	Calcula o valor total do IOF.
– 150 –	99.219,90	Calcula o valor líquido creditado.
100000 ENTER 0.1024 % +	100.102,40	Capital corrigido até 19/12/2014.
0.0415 % +	100.143,94	Capital corrigido até 19/01/2015.
CHS PV	– 100.143,94	Introduz o valor do principal no PV.
2 i	2,00	Introduz a taxa de juros mensal.
61 ENTER 30 ÷ n	2,03	Introduz o prazo da operação.
FV	104.258,55	Valor final a ser pago.

Observação: Conforme a Circular 2.905/99 do Banco Central, as operações ativas contratadas com base na variação da Taxa Referencial (TR) devem possuir prazo mínimo de um mês.

14.2.2.3 Capital de giro prefixado com amortizações livres

A empresa Rainha das Dívidas contratou no Banco Bondade de São Paulo uma operação de Capital de Giro prefixado no valor de $ 1.000.000,00 pelo período de 02-01-2014 a 10-03-2014, a uma taxa prefixada de juros compostos de 30% ao ano (ano-base de 252 dias úteis). De acordo com a planilha de amortização a seguir, calcule o valor final a ser pago pela empresa.

Capital de Giro – planilha de utilização e amortização

Período	Saldo devedor inicial	Quantidade de dias úteis	Principal + Juros	Amortização	Saldo devedor final
02-01 a 06-02-2014	$ 1.000.000,00	25	1000000 CHS PV 30 i 25 ENTER 252 ÷ n FV ⇒ $ 1.026.369,89	$ 500.000,00	$ 526.369,89
06-02 a 20-02-2014	$ 526.369,89	10	526369.89 CHS PV 30 i 10 ENTER 252 ÷ n FV ⇒ $ 531.878,70	$ 200.000,00	$ 331.878,70
20-02 a 10-03-2014	$ 331.878,70	10	331878.70 CHS PV 30 i 10 ENTER 252 ÷ n FV ⇒ 335.352,03	$ 335.352,03	–o–

14.2.2.4 Capital de giro prefixado com juros compostos calculados sobre parcela de amortização

A empresa Difícil de Pagar Ltda. contratou junto ao banco Topa Tudo S.A uma operação de Capital de Giro prefixado no valor de $ 1.000.000,00 pelo período de 07-05-2013 a 10-09-2013, a uma taxa prefixada de juros compostos de 30% ao ano (ano-base de 360 dias corridos). De acordo com a planilha de amortização a seguir, calcular o valor de cada prestação a ser paga, considerando que a taxa de juros será aplicada sobre o valor da respectiva parcela de amortização, com prazo definido como da data da contração até o vencimento da parcela.

Capital de Giro – planilha de amortização

Período	Quantidade de dias corridos	Amortização	Principal + Juros	Prestação	Saldo devedor final
07-05-2013	– 0 –	– 0 –	– 0 –	– 0 –	$ 1.000.000,00
07-05-2013 a 09-06-2013	33	$ 250.000,00	250000 CHS PV 30 i 33 ENTER 360 ÷ n FV ⇒ $ 256.085,40	$ 256.085,40	$ 750.000,00
07-05-2013 a 09-07-2013	63	$ 250.000,00	250000 CHS PV 30 i 63 ENTER 360 ÷ n FV ⇒ $ 261.746,03	$ 261.746,03	$ 500.000,00
07-05-2013 a 07-08-2013	92	$ 250.000,00	250000 CHS PV 30 i 92 ENTER 360 ÷ n FV ⇒ $ 267.336,87	$ 267.336,87	$ 250.000,00
07-05-2013 a 10-09-2013	126	$ 250.000,00	250000 CHS PV 30 i 126 ENTER 360 ÷ n FV ⇒ $ 274.043,93	$ 274.043,93	$ 0,00
TOTAL		$ 1.000.000,00		$ 1.059.212,23	

14.2.2.5 Capital de giro pós-fixado com variação do CDI (principal e juros pagos no final)

A empresa Delta tomou emprestada do Banco Caridade a quantia de $ 100.000,00 pelo período de 16-04-2014 a 16-06-2014, por meio de uma operação de Capital de Giro Pós-Fixado, pagando 180% da variação diária do CDI – CETIP. Sabendo que o principal da dívida será liquidado juntamente com o valor dos juros somente no dia do vencimento, calcular o valor final a ser pago.

Dados adicionais:

Por meio de pesquisa ao *site* www.cetip.com.br informamos a variação da taxa do Certificado de Depósito Interbancário do período e o acumulado correpondente a 180% de sua variação diária.

Taxa DI-CETIP	
: Resultado do Acumulado	
No período	16/4/2014 a 16/6/2014
Percentual	100,00%
Fator	1,01641337
Taxa	1,64%

Taxa DI-CETIP	
: Resultado do Acumulado	
No período	16/4/2014 a 16/6/2014
Percentual	180,00%
Fator	1,02973291
Taxa	2,97%

Solução pela HP-12C:

Pressione	Visor	Significado
f CLX	0,00	Limpa todos os registradores.
100000 ENTER 2.973291 %	2.973,29	Calcula o valor dos juros do período.
+	102.973,29	Calcula o valor final a ser pago.

Outra forma de obtenção do valor final a ser pago seria a multiplicação do valor inicial emprestado pelo fator fornecido pela CETIP.

Solução com o uso do fator:

Valor inicial do empréstimo: $ 100.000,00

Fator de acumulação da CETIP: 1,02973291

Valor final a ser pago = R$ 100.000,00 × 1,02973291

Valor final a ser pago = R$ 102.973,29

O processo de acumulação da taxa diária do CDI-CETIP segue a mesma linha de raciocício utilizada no cálculo do CDB – DI do item 13.3.2.7.4 do Capítulo 13.

14.3 Empréstimos rotativos (cheque especial e conta garantida)

14.3.1 *Cheque Especial – conceito e características*

É um produto tradicional do mercado financeiro que agrega à conta-corrente de pessoas físicas ou jurídicas um limite de crédito rotativo que permite efetuar saques a descoberto até o valor estabelecido em contrato. As utilizações podem ser feitas mediante emissão de cheques, pedidos de transferências, débitos automáticos, saques no caixa ou eletrônicos etc.

Os limites de crédito são estabelecidos e renovados de acordo com os critérios de avaliação de cada banco e podem incluir um limite adicional estabelecido em função dos investimentos mantidos pelo cliente na instituição financeira.

O produto Cheque Especial pode ser considerado para os bancos como um composto mercadológico formado por itens ativos (limite de crédito), passivos (conta de depósito de livre movimentação) e serviços (pagamentos eletrônicos com cartão, consulta de posições e transferências em terminais 24 horas, cartão de apresentação do cheque e outros).

O Cheque Especial é um produto destinado às pessoas físicas e pessoas jurídicas e tem por objetivo atender às necessidades emergenciais de caixa.

As taxas do Cheque Especial são variáveis de banco para banco e, normalmente, prefixadas e cobradas sobre os saldos devedores diários.

Há ainda a cobrança do Imposto sobre Operações Financeiras (IOF) às alíquotas de 0,0041% ao dia (PJ) e 0,0082% ao dia (PF) calculado sobre o somatório dos saldos devedores diários apurado no último dia de cada mês e IOF adicional de 0,38% que incide sobre o somatório mensal dos acréscimos diários dos saldos devedores (Decreto nº 6.306 de 14 de dezembro de 2007 e Decreto nº 8.392 de 20 de janeiro de 2015).

O valor do IOF é debitado do correntista no primeiro dia útil do mês subsequente a ocorrência dos saldos devedores.

A forma de cálculo e pagamento dos juros varia de uma instituição financeira para outra. Na maioria das vezes, os juros são debitados na conta-corrente do cliente no mês seguinte ao da ocorrência dos saldos devedores. Alguns bancos dão direito ao cliente de escolher a data do pagamento dos juros; outros, por sua vez, possibilitam o pagamento dos mesmos em mais de uma data.

14.3.2 Cheque Especial – formas de cálculo dos juros

O Banco Central do Brasil monitora as taxas de juros cobradas pelas instituições financeiras no Cheque Especial, divulgando-as em seu *site* na Internet (www.bc.gov.br); contudo não existe, atualmente, um critério uniforme para o cálculo dos juros. Cada banco utiliza formas próprias para isso.

A seguir, apresentaremos quatro métodos diferentes adotados pelos bancos na cobrança dos juros do Cheque Especial.

Considere o exemplo a seguir:

Dados da operação:

- Limite do Cheque Especial: $ 10.000,00.
- Data de cobrança dos juros: primeiro dia útil do mês subsequente ao da utilização.
- Taxa: 9% ao mês.
- IOF: 0,0041% ao dia e adicional de 0,38%.

A seguir é apresentada a movimentação em conta-corrente no mês de junho do Sr. Endividado da Silva.

Data	Dia da semana	Saldo	Data	Dia da semana	Saldo
01-06-2015	segunda-feira	$ 1.000,00	16-06-2015	terça-feira	$ (8.000,00)
02-06-2015	terça-feira	$ (2.000,00)	17-06-2015	quarta-feira	$ (5.500,00)
03-06-2015	quarta-feira	$ (2.000,00)	18-06-2015	quinta-feira	$ (4.000,00)
04-06-2015	quinta-feira	$ (5.600,00)	19-06-2015	sexta-feira	$ (4.000,00)
05-06-2015	sexta-feira	$ (5.600,00)	20-06-2015	sábado	$ (4.000,00)
06-06-2015	sábado	$ (5.600,00)	21-06-2015	domingo	$ (4.000,00)
07-06-2015	domingo	$ (5.600,00)	22-06-2015	segunda-feira	$ 7.350,00
08-06-2015	segunda-feira	$ (8.300,00)	23-06-2015	terça-feira	$ (2.300,00)
09-06-2015	terça-feira	$ 2.000,00	24-06-2015	quarta-feira	$ (4.000,00)
10-06-2015	quarta-feira	$ 2.000,00	25-06-2015	quinta-feira	$ (4.500,00)
11-06-2015	feriado	$ 2.000,00	26-06-2015	sexta-feira	$ (4.500,00)
12-06-2015	sexta-feira	$ (3.300,00)	27-06-2015	sábado	$ (4.500,00)
13-06-2015	sábado	$ (3.300,00)	28-06-2015	domingo	$ (4.500,00)
14-06-2015	domingo	$ (3.300,00)	29-06-2015	segunda-feira	$ (3.600,00)
15-06-2015	segunda-feira	$ 2.350,00	30-06-2015	terça-feira	$ 1.200,00

14.3.2.1 Método 1 – Juros simples prefixados sobre o saldo médio devedor mensal (dias corridos)

Por meio dessa metodologia, os juros são calculados aplicando-se a taxa mensal sobre o saldo médio devedor mensal, obtido pelo critério de dias corridos.

$$\text{Saldo médio devedor mensal} = \frac{\text{somatório dos saldos devedores diários (dias corridos)}}{30}$$

Saldo médio devedor mensal = $\dfrac{102.000,00}{30}$ = $ 3.400,00

Juros = Saldo médio devedor mensal × taxa de juros simples ao mês
Juros = $ 3.400,00 × 0,09
Juros = $ 306,00

Cabe destacar que o valor dos juros também poderia ser obtido pela soma dos juros diários, calculados pela multiplicação de cada saldo devedor pela taxa de juros simples proporcional por dia corrido.

EXEMPLO:

O valor dos juros do dia 02-06-2015 seria obtido da seguinte forma:

Juros do dia = $ 2.000,00 × $\left(\dfrac{0,09}{30}\right)$

Juros do dia = $ 6,00

E assim seria realizado sobre cada saldo devedor diário. O valor total dos juros seria obtido pela soma dos juros diários.

14.3.2.2 Método 2 – Juros simples prefixados sobre o saldo médio devedor mensal (dias úteis)

Trata-se de uma variação do primeiro método. Por meio dessa metodologia, os juros são calculados aplicando a taxa mensal sobre o saldo médio devedor mensal, obtido pelo critério de dias úteis.

Saldo médio devedor mensal = $\dfrac{\text{somatório dos saldos devedores diários (dias úteis)}}{\text{número de dias úteis do período}}$

Saldo médio devedor mensal = $\dfrac{67.200,00}{21}$ = $ 3.200,00

Juros = Saldo médio devedor mensal por dias úteis × taxa de juros simples ao mês
Juros = $ 3.200,00 × 0,09
Juros = $ 288,00

Cabe destacar que o valor dos juros também poderia ser obtido pela soma dos juros diários, calculados pela multiplicação de cada saldo devedor por dia útil pela taxa de juros simples proporcional por dia útil.

EXEMPLO:

O valor dos juros do dia 02-06-2015 seria obtido da seguinte forma:

Juros do dia = $ 2.000,00 $\times \left(\dfrac{0,09}{21}\right)$

Juros do dia = $ 8,57

E assim seria realizado sobre cada saldo devedor por dia útil. O valor total dos juros seria obtido pela soma dos juros calculados a cada dia útil.

Comparando o primeiro com o segundo método, podemos perceber as seguintes diferenças:

- no primeiro método, a taxa de juros por dia corrido é de 0,30% (9 ÷ 30), portanto, se a pessoa utiliza o limite de cheque especial na sexta-feira e faz a cobertura do saldo na segunda, serão cobrados juros sobre três dias de utilização, perfazendo uma taxa total de 0,90% sobre a soma dos saldos devedores desse período;
- no segundo método, a taxa de juros por dia útil é de 0,4286% (9 ÷ 21), portanto, se a pessoa utiliza o limite de cheque especial na sexta-feira e o cobre na segunda, será cobrado o juro de apenas um dia, a razão de 0,4286%;
- por outro lado, se pensarmos o contrário, uma pessoa que utiliza o limite de cheque especial na segunda-feira e o cobre na sexta-feira, estará pagando uma taxa total no período, segundo o primeiro método, de 1,20% (0,30% × 4 dias corridos), enquanto pelo segundo método estaria pagando 1,7144% (0,4286% × 4 dias úteis);
- para aqueles que utilizassem o limite de cheque especial em cheio durante todo o mês, ambos os métodos cobrariam o mesmo valor de juros. Exemplo: $ 1.000,00 de saldo devedor todos os dias (úteis e não úteis) geraria um saldo médio devedor de $ 1.000,00, tanto no primeiro, como no segundo critério;
- levando em consideração apenas os dois métodos apresentados, concluímos que o usuário do cheque especial do banco que utiliza o segundo método de cálculo é beneficiado quando utiliza o limite próximo aos finais de semana e o cobre no início da semana;
- por outro lado, o usuário do cheque especial do banco que utiliza o primeiro método é punido quando utiliza nos finais de semana e beneficiado nas utilizações durante os dias úteis, em razão de a taxa cobrada nesses dias ser inferior à taxa cobrada pelo segundo método.

14.3.2.3 Método 3 – Capitalização composta dos juros diários (dias corridos)

O cálculo dos juros é efetuado por meio da capitalização dos juros diários, com base numa taxa efetiva mensal de juros compostos.

No exemplo, será utilizada uma taxa de 9% ao mês, equivalente a juros compostos de 0,2877% ao dia, que será aplicada sobre a soma de cada saldo devedor diário acrescido dos juros acumulados até o dia anterior.

Devido ao grau de trabalho para realização dos cálculos, esse exemplo será solucionado com o auxílio de uma planilha em MS-Excel.

Observe os valores contidos na planilha e logo a seguir como foram obtidos. Para facilitar os cálculos, consideramos somente os dias com saldos devedores.

Planilha com os resultados:

Data	Dia da semana	Saldos Devedores	Juros do Dia	Juros Acumulados
01-06-2015	segunda-feira			
02-06-2015	terça-feira	$ (2.000,00)	$ 5,75	$ 5,75
03-06-2015	quarta-feira	$ (2.000,00)	$ 5,77	$ 11,52
04-06-2015	quinta-feira	$ (5.600,00)	$ 16,14	$ 27,67
05-06-2015	sexta-feira	$ (5.600,00)	$ 16,19	$ 43,86
06-06-2015	sábado	$ (5.600,00)	$ 16,24	$ 60,09
07-06-2015	domingo	$ (5.600,00)	$ 16,28	$ 76,37
08-06-2015	segunda-feira	$ (8.300,00)	$ 24,10	$ 100,47
09-06-2015	terça-feira		$ 0,29	$ 100,76
10-06-2015	quarta-feira		$ 0,29	$ 101,05
11-06-2015	feriado		$ 0,29	$ 101,34
12-06-2015	sexta-feira	$ (3.300,00)	$ 9,78	$ 111,12
13-06-2015	sábado	$ (3.300,00)	$ 9,81	$ 120,94
14-06-2015	domingo	$ (3.300,00)	$ 9,84	$ 130,78
15-06-2015	segunda-feira		$ 0,38	$ 131,15
16-06-2015	terça-feira	$ (8.000,00)	$ 23,39	$ 154,55
17-06-2015	quarta-feira	$ (5.500,00)	$ 16,27	$ 170,81
18-06-2015	quinta-feira	$ (4.000,00)	$ 12,00	$ 182,81
19-06-2015	sexta-feira	$ (4.000,00)	$ 12,03	$ 194,84
20-06-2015	sábado	$ (4.000,00)	$ 12,07	$ 206,91
21-06-2015	domingo	$ (4.000,00)	$ 12,10	$ 219,01
22-06-2015	segunda-feira		$ 0,63	$ 219,64
23-06-2015	terça-feira	$ (2.300,00)	$ 7,25	$ 226,89
24-06-2015	quarta-feira	$ (4.000,00)	$ 12,16	$ 239,05
25-06-2015	quinta-feira	$ (4.500,00)	$ 13,63	$ 252,68
26-06-2015	sexta-feira	$ (4.500,00)	$ 13,67	$ 266,36
27-06-2015	sábado	$ (4.500,00)	$ 13,71	$ 280,07
28-06-2015	domingo	$ (4.500,00)	$ 13,75	$ 293,82
29-06-2015	segunda-feira	$ (3.700,00)	$ 11,49	$ 305,31
30-06-2015	terça-feira		$ 0,88	$ 306,19

🖫 O valor dos juros do dia 02-06-2015 foi obtido da seguinte forma:

Juros do dia = $ 2.000,00 × $\dfrac{0,28767}{100}$

Juros do dia = $ 5,75

🖫 O valor dos juros do dia 03-06-2015 foi obtido da seguinte forma:

Juros do dia = ($ 2.000,00 + $ 5,75) × $\dfrac{0,28767}{100}$

Juros do dia = $ 5,77

🖫 O valor dos juros acumulados no dia 03-06-2015 foi obtido da seguinte forma:

Juros acumulados até o dia anterior + juros do dia
Juros acumulados em 03-06-2015 = $ 5,75 + $ 5,77
Juros acumulados em 03-06-2015 = $ 11,52

🖫 O valor dos juros do dia 04-06-2015 foi obtido da seguinte forma:

Juros do dia = ($ 5.600,00 + $ 11,52) × $\dfrac{0,28767}{100}$

Juros do dia = $ 16,14

🖫 O valor dos juros acumulados no dia 04-06-2015 foi obtido da seguinte forma:

Juros acumulados até o dia anterior + juros do dia
Juros acumulados em 04-06-2015 = $ 11,52 + $ 16,14
Juros acumulados em 04-06-2015 = $ 27,67

🖫 O valor dos juros do dia 05-06-2015 foi obtido da seguinte forma:

Juros do dia = ($ 5.600,00 + $ 27,67) × $\dfrac{0,28767}{100}$

Juros do dia = $ 16,19

🖫 O valor dos juros acumulados no dia 05-06-2015 foi obtido da seguinte forma:

Juros acumulados até o dia anterior + juros do dia
Juros acumulados em 05-06-2015 = $ 27,67 + $ 16,19
Juros acumulados em 05-06-2015 = $ 43,86

E assim sucessivamente, até encontrar o valor total de $ 306,19.

14.3.2.4 Método 4 – Capitalização composta dos juros diários (dias úteis)

O cálculo dos juros será feito com base nos dias úteis de utilização, capitalizados diariamente a uma taxa de 9% ao mês (taxa exponencial por dias úteis).

No exemplo será utilizada uma taxa diária de 0,4112% por dia útil, que foi obtida da seguinte forma:

Taxa por dia útil = $[(1 + 0,09)^{1/21} - 1] \times 100$

Planilha de resultados MS-Excel:

Data	Dia da semana	Saldo Devedor (dia útil)	Juros do Dia	Juros Acumulados
01-06-2015	segunda-feira			
02-06-2015	terça-feira	$ (2.000,00)	$ 8,22	$ 8,22
03-06-2015	quarta-feira	$ (2.000,00)	$ 8,26	$ 16,48
04-06-2015	quinta-feira	$ (5.600,00)	$ 23,09	$ 39,58
05-06-2015	sexta-feira	$ (5.600,00)	$ 23,19	$ 62,77
06-06-2015	sábado			
07-06-2015	domingo			
08-06-2015	segunda-feira	$ (8.300,00)	$ 34,39	$ 97,15
09-06-2015	terça-feira		$ 0,40	$ 97,55
10-06-2015	quarta-feira		$ 0,40	$ 97,96
11-06-2015	feriado			
12-06-2015	sexta-feira	$ (3.300,00)	$ 13,97	$ 111,93
13-06-2015	sábado			
14-06-2015	domingo			
15-06-2015	segunda-feira		$ 0,46	$ 112,39
16-06-2015	terça-feira	$ (8.000,00)	$ 33,36	$ 145,75
17-06-2015	quarta-feira	$ (5.500,00)	$ 23,22	$ 168,96
18-06-2015	quinta-feira	$ (4.000,00)	$ 17,14	$ 186,10
19-06-2015	sexta-feira	$ (4.000,00)	$ 17,21	$ 203,32
20-06-2015	sábado			
21-06-2015	domingo			
22-06-2015	segunda-feira		$ 0,84	$ 204,15
23-06-2015	terça-feira	$ (2.300,00)	$ 10,30	$ 214,45
24-06-2015	quarta-feira	$ (4.000,00)	$ 17,33	$ 231,78
25-06-2015	quinta-feira	$ (4.500,00)	$ 19,46	$ 251,24
26-06-2015	sexta-feira	$ (4.500,00)	$ 19,54	$ 270,77
27-06-2015	sábado			
28-06-2015	domingo			
29-06-2015	segunda-feira	$ (3.700,00)	$ 16,33	$ 287,10
30-06-2015	terça-feira		$ 1,18	$ 288,28

O valor dos juros a ser cobrado nesse caso será de $ 288,28.

O valor do Imposto sobre Operações Financeiras será cobrado da seguinte forma:

- 0,0082% ao dia (PF) calculado sobre o somatório dos saldos devedores diários apurado no último dia do mês;
- IOF adicional de 0,38% que incidirá sobre o somatório mensal dos acréscimos diários dos saldos devedores.

Nos exemplos, o valor do IOF será calculado da seguinte forma:

IOF tradicional:

Soma do saldo devedor por dias corridos: $ 102.000,00

$IOF = \$ 102.000,00 \ \text{ENTER} \ 0.0082\%$

$IOF = \$ 8,39$

IOF Adicional:

Acréscimos diários de saldos devedores

Data	Dia da semana	Saldo	Acréscimos Diários de Saldos Devedores
01-06-2015	segunda-feira	$ 1.000,00	
02-06-2015	terça-feira	$ (2.000,00)	$ 2.000,00
03-06-2015	quarta-feira	$ (2.000,00)	
04-06-2015	quinta-feira	$ (5.600,00)	$ 3.600,00
05-06-2015	sexta-feira	$ (5.600,00)	
06-06-2015	sábado	$ (5.600,00)	
07-06-2015	domingo	$ (5.600,00)	
08-06-2015	segunda-feira	$ (8.300,00)	$ 2.700,00
09-06-2015	terça-feira	$ 2.000,00	
10-06-2015	quarta-feira	$ 2.000,00	
11-06-2015	feriado	$ 2.000,00	
12-06-2015	sexta-feira	$ (3.300,00)	$ 3.300,00
13-06-2015	sábado	$ (3.300,00)	
14-06-2015	domingo	$ (3.300,00)	
15-06-2015	segunda-feira	$ 2.350,00	
16-06-2015	terça-feira	$ (8.000,00)	$ 8.000,00
17-06-2015	quarta-feira	$ (5.500,00)	
18-06-2015	quinta-feira	$ (4.000,00)	
19-06-2015	sexta-feira	$ (4.000,00)	
20-06-2015	sábado	$ (4.000,00)	
21-06-2015	domingo	$ (4.000,00)	
22-06-2015	segunda-feira	$ 7.350,00	
23-06-2015	terça-feira	$ (2.300,00)	$ 2.300,00
24-06-2015	quarta-feira	$ (4.000,00)	$ 1.700,00
25-06-2015	quinta-feira	$ (4.500,00)	$ 500,00
26-06-2015	sexta-feira	$ (4.500,00)	
27-06-2015	sábado	$ (4.500,00)	
28-06-2015	domingo	$ (4.500,00)	
29-06-2015	segunda-feira	$ (3.700,00)	
30-06-2015	terça-feira	$ 1.200,00	
Total			$ 24.100,00

Soma dos acréscimos diários de saldos devedores no mês: $ 24.100,00

IOF Adicional = $ 24.100,00 ENTER 0.38%

IOF Adicional = $ 91,58

Total do IOF = $ 4,18 + $ 91,58

Total do IOF = $ 95,76, a ser debitado na conta-corrente do financiado no primeiro dia útil do mês subsequente ao da utilização do cheque especial.

Quando as utilizações ultrapassam o limite contratual do Cheque Especial, configura-se uma operação de adiantamento a depositantes, na qual os bancos exigirão do cliente a rápida cobertura do excedente.

Sobre o valor dos saques acima do limite de utilização, os bancos cobram tarifas e juros bem superiores às taxas normais do Cheque Especial.

14.3.3 Contas garantidas

O produto Conta Garantida é uma linha de crédito rotativa, utilizada pelos clientes pessoa jurídica, mediante solicitação de transferência dos recursos da conta empréstimo para conta-corrente, de acordo com a necessidade de seu fluxo de caixa.

Os juros são pagos periodicamente e, geralmente, debitados na conta-corrente na data de aniversário contratada. As amortizações de principal são feitas por transferências, em qualquer data, da conta-corrente para a conta empréstimo. No caso de cobrança de juros prefixados as metodologias de cálculo acompanham as demonstradas para o produto cheque especial.

Atualmente, no mercado são comuns as contas garantidas corrigidas pelo CDI-CETIP diário cujos critérios de cálculo variam de banco para banco e acompanham basicamente as formas apresentadas quando do desenvolvimento dos produtos *Hot Money* e Capital de Giro.

A seguir apresentaremos um exemplo de conta garantida contratada ao custo de cem por cento da taxa diária do CDI-CETIP mais juros de 10,6033% ao ano (base 252 dias úteis):

Data	Valor total dos depósitos ou retiradas do dia ($)	Saldo base para o cálculo dos juros diários ($)	Base de atualização 100% do CDI (% ao ano)	Base de atualização 100% do CDI (% ao dia)	Valor dos encargos diários (CDI + 0,04% por dia útil)	Saldo devedor atualizado
16-04-2007	– o –	R$ (100.000,00)	12,64%	0,0472%	R$ 87,22	(R$ 100.087,22)
17-04-2007	R$ (20.000,00)	R$ (120.087,22)	12,62%	0,0472%	R$ 104,74	(R$ 120.191,96)
18-04-2007	R$ 40.000,00	R$ (80.191,96)	12,60%	0,0471%	R$ 69,86	(R$ 80.261,82)
19-04-2007	R$ 30.000,00	R$ (50.261,82)	12,37%	0,0463%	R$ 43,39	(R$ 50.305,21)
20-04-2007	R$ (100.000,00)	R$ (150.305,21)	12,37%	0,0463%	R$ 129,74	(R$ 150.434,95)
23-04-2007	R$ 150.000,00	R$ (434,95)	12,36%	0,0463%	R$ 0,38	(R$ 435,33)

Os valores da planilha relativos ao dia 16-04-2007 foram obtidos da seguinte forma:

Base de atualização 100% do CDI (% ao dia):

$$100\% \text{ do CDI (\% ao dia)} = \left[\left(\frac{12,64}{100} + 1 \right)^{\frac{1}{252}} - 1 \right] \times 100$$

100% do CDI (% ao dia) = 0,0472% ao dia

Valor dos encargos diários (CDI + 0,04% por dia útil)

$$\% \text{ de juros por dia útil} = \left[\left(\frac{10,6033}{100} + 1 \right)^{\frac{1}{252}} - 1 \right] \times 100$$

% de juros por dia útil = 0,04%

Valor dos encargos diários (CDI + 0,04% por dia útil)

$$\text{Encargos do dia 16-04-2007} = 100.000,00 \times \left[\left(1 + \frac{0,0472}{100} \right) \times \left(1 + \frac{0,04}{100} \right) - 1 \right]$$

Encargos do dia 16-04-2007 = $ 87,22

Saldo Devedor Atualizado do dia 16-04-2007

$ 100.000,00 + $ 87,22 = $ 100.087,22

14.4 Crédito Direto ao Consumidor (CDC)

14.4.1 Conceito e principais características

O Crédito Direto ao Consumidor (CDC) é uma modalidade de financiamento destinada para pessoas físicas ou jurídicas, em que os recursos são utilizados para a aquisição de bens duráveis novos ou usados, os quais serão alienados fiduciariamente em nome da instituição financeira até a liquidação da dívida.

Os prazos para concessão desse tipo de financiamento variam de acordo com a política de crédito de cada instituição financeira, tipos de bens e condições da conjuntura econômica à época da concessão do crédito.

Atualmente, a grande demanda para esse tipo de operação está direcionada para o financiamento de veículos, tanto novos como usados. Dependendo da política de crédito da instituição financiadora, para veículos novos o financiamento pode ser de até 100% de seu valor e, para veículos usados, até 80%.

Nas operações de Crédito Direto ao Consumidor (CDC), normalmente, as taxas de juros são prefixadas; contudo, em períodos de inflação, os bancos utilizam um indexador econômico-financeiro para atualização das parcelas.

As operações de CDC são liquidadas por meio do pagamento de prestações mensais e sucessivas, sendo que cada uma contém uma parcela de amortização do principal e outra de juros pactuados (Tabela Sistema Price).

As operações de Crédito Direto ao Consumidor e Crédito Pessoal permitem a liquidação total ou parcial antecipada do débito, mediante redução proporcional dos juros, conforme determina a Resolução nº 2.892 do Conselho Nacional de 27 de setembro de 2001, Resolução nº 3.516 do Conselho Monetário Nacional de 6 de dezembro de 2007 e Lei nº 8.078, de 11 de setembro de 1990, em seu art. 52, § 2º.

A Resolução nº 3.516 do Conselho Monetário Nacional de 6 de dezembro de 2007 em seu artigo 1º diz: Fica vedada às instituições financeiras e sociedades de arrendamento mercantil a cobrança de tarifa em decorrência de liquidação antecipada nos contratos de concessão de crédito e de arrendamento mercantil financeiro, firmados a partir da data da entrada em vigor desta resolução com pessoas físicas e com microempresas e empresas de pequeno porte de que trata a Lei Complementar nº 123, de 14 de dezembro de 2006.

No ato da contratação da operação o financiado deve arcar com o pagamento do IOF cobrado à alíquota de 0,0041% ao dia (PJ) e 0,0082% ao dia (PF), calculado sobre o valor do principal amortizado em cada prestação (limitado a 1,5% ao ano para PJ e 3,0% ao ano PF) e um adicional fixo de 0,38% cobrado sobre o valor total financiado (Decreto nº 6.306, de 14 de dezembro de 2007 e Instrução Normativa RFB nº 907, de 9 de janeiro de 2009).

As empresas sujeitas ao regime tributário do Simples tem alíquota de IOF reduzida para 0,00137% ao dia em operações de empréstimo cujo valor seja igual ou inferior a R$ 30.000,00, desde que entreguem para a instituição financeira declaração em formulário específico (vide Portaria MF nº 377, de 4 de abril de 1999 e Decreto nº 6.306, de 14 de dezembro de 2007).

O coeficiente para o cálculo das prestações utilizado pelos bancos inclui o custo do financiamento e pode embutir o Imposto de Operações Financeiras (IOF financiado).

A partir de 30-04-2009 ficou proibida a cobrança da Tarifa de Contratação ou Taxa de Abertura de Crédito em operações celebradas pelos bancos com pessoas físicas (Resolução nº 3.518 do Conselho Monetário Nacional e Circular BACEN nº 3.371, ambas de 6 de dezembro de 2007.

14.4.2 Cálculo da operação de Crédito Direto ao Consumidor (CDC)

EXEMPLO 1:

O Sr. Predatado adquiriu uma geladeira no valor de $ 1.000,00, no dia 02-01-2014, por meio de um financiamento pelo Crédito Direto ao Consumidor (CDC), pagando três prestações iguais e mensais, vencendo cada uma delas todo dia dois de cada mês. Sabendo que a financeira cobrou uma taxa de juros compostos de 5% ao mês, mais IOF à alíquota de 0,0041% ao dia (alíquota vigente à época) e adicional fixo de 0,38%, calcule o valor das parcelas, considerando duas hipóteses: com IOF não financiado e financiado.

Hipótese 1: valor das prestações sem IOF financiado:

Pressione	Visor	Significado
f CLX	0,00	Limpa todos os registradores.
g END	0,00	Posiciona no modo "END".
1000 CHS PV	– 1.000,00	Introduz o valor do principal financiado.
5 i	5,00	Introduz a taxa de juros mensal.
3 n	3,00	Introduz o número de prestações.
PMT	367,21	Calcula o valor das prestações.

- **Valor do IOF**

Para o cálculo do valor do IOF, devemos decompor uma tabela demonstrando o estado da dívida após o pagamento de cada prestação (Tabela Sistema Price).

Forma de Construção da Tabela Sistema Price pelo MS-Excel:

	A	B	C	D	E	F	G
1							
2		Data	Qtd. de dias	Prestação	Juros	Principal	Saldo devedor
3		02-01-2014	0	– o –	– o –	– o –	$ 1.000,00
4		02-02-2014	31	$ 367,21	= G3*5%	= D4-E4	= G3-F4
5		02-03-2014	59	$ 367,21	= G4*5%	= D5-E5	= G4-F5
6		02-04-2014	90	$ 367,21	= G5*5%	= D6-E6	= G5-F6
8							

Confira agora as respostas da Tabela Sistema Price:

	A	B	C	D	E	F	G
1							
2		Data	Qtd. de dias	Prestação	Juros	Principal	Saldo devedor
3		02-01-2014	0	– o –	– o –	– o –	$ 1.000,00
4		02-02-2014	31	$ 367,21	$ 50,00	$ 317,21	$ 682,79
5		02-03-2014	59	$ 367,21	$ 34,14	$ 333,07	$ 349,72
6		02-04-2014	90	$ 367,21	$ 17,49	$ 349,72	$ 0,00

O IOF dessa operação será calculado da seguinte forma:

- será calculado o IOF correspondente a cada parcela, por meio da multiplicação da amortização do principal contido em cada prestação pela alíquota de 0,0041% ao dia, proporcional à quantidade de dias entre a data de contratação e o respectivo dia de vencimento da prestação;
- logo após será calculado o IOF adicional à alíquota fixa de 0,38% sobre o valor original do empréstimo;
- o IOF total a ser pago na operação será obtido por meio da soma dos valores do IOF encontrado em cada parcela e o valor do IOF adicional.

Por questões práticas, o cálculo do IOF será realizado com o auxílio da planilha de cálculo MS-Excel.

Observe a construção da planilha:

	A	B	C	D	E	F	G	H
1								
2		Data	Qtd. de dias	Prestação	Juros	Principal	Saldo devedor	IOF
3		02-01-2014	0	– o –	– o –	– o –	$ 1.000,00	– o –
4		02-02-2014	31	$ 367,21	$ 50,00	$ 317,21	$ 682,79	= F4*0,0041%*C4
5		02-03-2014	59	$ 367,21	$ 34,14	$ 333,07	$ 349,72	= F5*0,0041%*C5
6		02-04-2014	90	$ 367,21	$ 17,49	$ 349,72	$ 0,00	= F6*0,0041%*C6
7		TOTAL		$ 1.101,63	$ 101,63	$ 1.000,00		= SOMA (H4:H6)

Confira agora as respostas:

	A	B	C	D	E	F	G	H
1								
2		Data	Qtd. de dias	Prestação	Juros	Principal	Saldo devedor	IOF
3		02-01-2014	0	– o –	– o –	– o –	$ 1.000,00	– o –
4		02-02-2014	31	$ 367,21	$ 50,00	$ 317,21	$ 682,79	$ 0,40
5		02-03-2014	59	$ 367,21	$ 34,14	$ 333,07	$ 349,72	$ 0,81
6		02-04-2014	90	$ 367,21	$ 17,49	$ 349,72	$ 0,00	$ 1,29
7		TOTAL		$ 1.101,63	$ 101,63	$ 1.000,00		$ 2,50

Valor do IOF adicional:

IOF adicional = $ 1.000,00 $\times \dfrac{0,38}{100}$

IOF adicional = $ 3,80

O valor do IOF a ser cobrado do cliente no ato da contratação será de $ 6,30.

Hipótese 2: valor das prestações com IOF financiado:

Para calcularmos o valor a ser financiado para o cliente, de forma que descontado o valor do IOF produza um valor líquido de $ 1.000,00, trabalharemos com uma regra de três simples, usando o raciocínio a seguir:

O IOF da operação anterior representou 0,63% do valor do principal, ou seja, o valor líquido creditado para o financiado foi de 99,37% (100% − 0,63%) do valor do principal inicial. Utilizando uma regra de três simples, encontraremos o valor necessário a ser financiado para que seja creditado para o cliente um valor líquido de $ 1.000,00 (principal − IOF).

Regra de três simples:

$$100 \Rightarrow 99,37$$
$$x \Leftarrow 1.000,00$$

$$x = \frac{(100 \times 1.000)}{99,37}$$

$$x = \$\ 1.006,34$$

Valor das prestações a serem pagas:

Pressione	Visor	Significado
f CLX	0,00	Limpa todos os registradores.
g END	0,00	Posiciona no modo "END".
1006.34 CHS PV	− 1.006,34	Introduz o valor do principal + IOF.
5 i	5,00	Introduz a taxa de juros mensal.
3 n	3,00	Introduz o número de prestações.
PMT	369,54	Calcula o valor das prestações.

O valor de cada prestação a ser paga será de $ 369,54.

Vejamos, por meio da Tabela Sistema Price, se está correto.

	A	B	C	D	E	F	G	H
1								
2		Data	Qtd. de dias	Prestação	Juros	Principal	Saldo devedor	IOF
3		02-01-2014	0	− o −	− o −	− o −	$ 1.006,34	− o −
4		02-02-2014	31	$ 369,54	$ 50,32	$ 319,22	$ 687,12	$ 0,41
5		02-03-2014	59	$ 369,54	$ 34,36	$ 335,18	$ 351,94	$ 0,81
6		02-04-2014	90	$ 369,54	$ 17,60	$ 351,94	$ 0,00	$ 1,30
7		TOTAL		$ 1.108,62	$ 102,28	$ 1.006,34		$ 2,52

IOF Adicional = 1.006,34 [ENTER] 0.38 [%]

IOF Adicional = $ 3,82

Total do IOF = $ 2,52 + $ 3,82 = $ 6,34

EXEMPLO 2:

Com base nos dados do exemplo anterior, calcule o valor de um coeficiente que, multiplicado pelo valor do principal, fornece o valor da prestação a ser paga pelo financiado. Considere as duas hipóteses: com IOF financiado e não financiado.

Com base nos dados do exemplo 1, os coeficientes multiplicadores para as situações de IOF financiado e não financiado podem ser obtidos da seguinte forma:

Coeficiente de IOF financiado = (Valor da prestação ÷ Valor financiado)

Coeficiente de IOF financiado = (369,54 ÷ 1.000,00) = 0,36954

Coeficiente de IOF não financiado = (Valor da prestação ÷ Valor financiado)

Coeficiente de IOF não financiado = (367,21 ÷ 1.000,00) = 0,36721

EXEMPLO 3:

Considerando os dados do exemplo 2, caso existisse a cobrança de uma tarifa de abertura de crédito no valor de $ 40,00 no ato da contratação, qual seria o valor da parcela a ser paga pelo financiado para que ele pudesse ter um valor líquido liberado de $ 1.000,00 (tarifa e IOF financiados)?

Solução:

Utilizando o coeficiente para IOF financiado calculado no exemplo 2, temos:

Valor da parcela = (Valor líquido desejado + Tarifa) × coeficiente de IOF financiado

Valor da parcela = $ 1.040,00 × 0,36954

Valor da parcela = $ 384,32

14.4.3 Crédito Direto ao Consumidor com Interveniência (CDC-I)

Trata-se de uma modalidade de crédito que tem por objetivo financiar os usuários ou consumidores finais (pessoas físicas ou jurídicas) de bens, serviços e mercadorias vendidas a prazo por empresas comerciais ou industriais.

A empresa participa da operação como interveniente vendedora e principal garantidora e pagadora, no caso de inadimplência do consumidor ou usuário final financiado.

As principais fases dessa operação são:

- a instituição financeira abre uma linha de crédito para a empresa vendedora financiar suas vendas segundo as regras do CDC-I;

- os financiamentos de vendas a prazo, amparados pelo CDC-I, são analisados pela empresa vendedora segundo seus critérios de concessão de crédito;
- uma vez aprovado o financiamento para os usuários compradores finais, os mesmos devem formalizar a operação assinando, com a instituição financeira, contratos individuais de adesão ao sistema de financiamento pelo Crédito Direto ao Consumidor e uma Nota Promissória ou Cédula de Crédito Bancária dada em garantia;
- a empresa vendedora manterá sob sua guarda, na figura de fiel depositária, os documentos que originaram a operação, remetendo à instituição financeira apenas uma relação das operações de CDC-I efetuadas;
- a instituição financeira, com base na relação de operações realizadas pela vendedora, irá creditar na conta-corrente da mesma o valor de venda a vista correspondente;
- a instituição financeira irá cobrar dos usuários finais o valor da dívida. Cabe destacar que o pagamento das prestações assumidas pelos financiados (compradores) pode ser feito no próprio estabelecimento da empresa vendedora, como forma de criar novas oportunidades de vendas;
- caso o comprador financiado não honre seus compromissos com a instituição financeira, esta cobrará da empresa vendedora as importâncias devidas, sub-rogando à mesma os direitos estabelecidos no contrato de adesão.

As operações de Crédito Direto ao Consumidor com Interveniência (CDC-I) apresentam algumas vantagens para as empresas vendedoras, a saber:

- reforço do capital de giro, por meio do recebimento a vista das vendas;
- flexibilidade nos prazos de financiamentos;
- instrumento de financiamento para empresas que não possuem suficiente capital próprio para o giro de suas atividades, favorecendo o crescimento no volume de vendas;
- existe a possibilidade de a empresa vendedora cobrar de seus clientes taxas de financiamento superiores às contratadas com a instituição financeira, recebendo a diferença a título de retorno financeiro;
- o gerenciamento do processo de concessão de crédito, controle de recebimentos e cobrança dos devedores continua a cargo da empresa vendedora.

14.5 Crédito pessoal

14.5.1 Conceito

É uma modalidade de empréstimo destinada às pessoas físicas em que não há a necessidade de comprovação do direcionamento dos recursos obtidos.

Nesse tipo de operação, a dívida é liquidada por meio de parcelas iguais e mensais, calculadas segundo o Sistema Francês de Amortização (Tabela Sistema Price).

As operações de Crédito Pessoal são contratadas, atualmente, a taxas prefixadas; contudo, em períodos de inflação, os valores das prestações podem ser corrigidos por algum indexador vigente à época.

No ato da liberação do empréstimo, há a cobrança do Imposto sobre Operações Financeiras (IOF), à alíquota de 0,0082(PF)% ao dia e adicional fixo de 0,38%, calculado seguindo os mesmos critérios utilizados no cálculo do Crédito Direto ao Consumidor.

O IOF e a tarifa de cadastro (se houver), geralmente, são financiados com o principal, para serem amortizados quando do pagamento das prestações.

As instituições financeiras criaram alguns diferenciais para esse produto com o objetivo de torná-lo mais competitivo perante os tradicionais crediários oferecidos pelo comércio. Vejamos:

- crédito pré-aprovado: o cliente recebe um limite de crédito pré-aprovado que pode utilizá-lo de acordo com suas necessidades e condições contratuais. As formas para a contratação da operação são das mais variadas (agências bancárias, terminais eletrônicos de caixa, banco 24 horas, ligações telefônicas para centrais de atendimento, folhas específicas do talão de cheque etc.);
- convênio empregador: o banco concede uma linha de crédito para empresas públicas ou privadas com o objetivo de financiar os empregados por ela indicados. A amortização da dívida é feita por meio do pagamento de parcelas mensais que serão debitadas do funcionário financiado quando do recebimento de seu salário. Nesse tipo de empréstimo, a empresa contratante pode ser fiadora do processo, agindo como principal pagadora da dívida, nos casos de inadimplência dos empregados financiados;
- crédito para pensionistas do INSS: nesse tipo de empréstimo, a dívida é amortizada por meio de parcelas mensais e iguais que coincidem com a data do pagamento do benefício ao pensionista.

14.5.2 Cálculo da operação de Crédito Pessoal

EXEMPLO 1:

O Sr. Devo Não Nego contraiu um empréstimo pessoal na Financeira do Povo no valor de $ 10.000,00, no dia 26-06-2013, comprometendo-se a pagar quatro prestações iguais e consecutivas vencíveis em 12-08-2013, 12-09-2013, 13-10-2013 e 12-11-2013.

Sabendo que a financeira cobra uma taxa de juros compostos de 5% ao mês, IOF à alíquota de 0,0041% ao dia (alíquota vigente à época) e tarifa de cadastro de $ 60,00, calcule o valor das parcelas a serem pagas. Considere que todos os encargos foram financiados e amortizados com o principal quando do pagamento das prestações.

Para solução desse exemplo, primeiramente iremos calcular o percentual de IOF total que incidirá nessa operação utilizando um valor hipotético financiado de $ 100,00. Para isso devemos calcular o valor da prestação, com base na taxa contratual de 5% ao mês e, em seguida, decompor a dívida por meio de uma Tabela Sistema Price.

⇨ Cálculo do valor das prestações com base num valor financiado hipotético de $ 100,00

Observe que o vencimento da primeira parcela ocorre 47 dias corridos após a liberação do crédito, ou seja, há um período de carência.

O valor da parcela será calculado após a atualização da dívida pelo período de carência, conforme demonstrado no quadro a seguir:

- **Valor das prestações sem IOF financiado:**

Pressione	Visor	Significado
f CLX	0,00	Limpa todos os registradores.
g END	0,00	Posiciona no modo "END".
100 CHS PV	– 100,00	Introduz o valor do principal hipotético.
5 i	5,00	Introduz a taxa de juros mensal.
17 ENTER 30 ÷ n	0,57	Introduz o prazo da carência em dias.
FV	102,80	Calcula o valor atualizado da dívida.
CHS PV	– 102,80	Introduz o valor atualizado da dívida no PV.
0 FV	0,00	Limpa o registrador FV.
4 n	4,00	Introduz o número de prestações iguais.
PMT	28,99	Valor da parcela para cada $ 100 financiado.

⇨ Valor do IOF:

Para o cálculo do valor do IOF, devemos decompor uma tabela demonstrando o estado da dívida após o pagamento de cada prestação (Tabela Sistema Price).

Forma de Construção da Tabela Sistema Price pelo MS-Excel:

	A	B	C	D	E	F	G
1	Data	Qtd. de dias	Prestação	Juros	Principal	Saldo Devedor	IOF
2	26-06-2013	0	– 0 –	– 0 –	– 0 –	$ 100,00	– 0 –
3	12-08-2013	47	$ 28,99	= F2*((1 + 5%) ^ (47/30)– 1)	= C3-D3	= F2-E3	= E3*0,0041%*B3
4	12-09-2013	78	$ 28,99	= F3*5%	= C4-D4	= F3-E4	= E4*0,0041%*B4
5	13-10-2013	110	$ 28,99	= F4*5%	= C5-D5	= F4-E5	= E5*0,0041%*B5
6	12-11-2013	139	$ 28,99	= F5*5%	= C6-D6	= F5-E6	= E6*0,0041%*B6
7	TOTAL				= SOMA (E3:E6)		= SOMA (G3:G6)

Confira agora as respostas da Tabela Sistema Price:

	A	B	C	D	E	F	G
1	Data	Qtd. de Dias	Prestação	Juros	Principal	Saldo devedor	IOF
2	26-06-2013	0	– 0 –	– 0 –	– 0 –	$ 100,00	– 0 –
3	12-08-2013	47	$ 28,99	$ 7,94	$ 21,05	$ 78,95	$ 0,0406
4	12-09-2013	78	$ 28,99	$ 3,95	$ 25,04	$ 53,91	$ 0,0801
5	13-10-2013	110	$ 28,99	$ 2,70	$ 26,30	$ 27,61	$ 0,1186
6	12-11-2013	139	$ 28,99	$ 1,38	$ 27,61	$ 0,00	$ 0,1574
7	TOTAL				$ 100,00		$ 0,3967

IOF adicional: 0,38%

Ou seja, o valor do IOF dessa operação representa 0,7767% (0,3967 + 0,38) do valor inicial da dívida.

Para calcularmos o valor a ser financiado, de forma que descontado o valor do IOF produza um valor líquido de $ 10.060,00 ($ 10.000,00 liberado para o cliente e $ 60,00 para o pagamento da tarifa), trabalharemos com uma regra de três simples, usando o raciocínio a seguir.

O valor do IOF da operação anterior representou 0,7767% do valor do principal, ou seja, o valor líquido foi de 99,2233% do valor do principal inicial. Utilizando uma regra de três simples, encontraremos o valor necessário a ser financiado para que seja liberada para o cliente a quantia líquida de $ 10.000,00.

Regra de três simples:

$100 \Rightarrow 99,2233$

$x \Leftarrow 10.060,00$

$$x = \frac{(100 \times 10.060,00)}{99,2233}$$

$x = \$ \ 10.138,75$

Valor das prestações com IOF e tarifa financiados:

Pressione	Visor	Significado
f CLX	0,00	Limpa todos os registradores.
g END	0,00	Posiciona no modo "END".
10138,75 CHS PV	– 10.138,75	Introduz o valor do principal financiado.
5 i	5,00	Introduz a taxa de juros mensal.
17 ENTER 30 ÷ n	0,57	Introduz o prazo da carência em dias.
FV	10.422,97	Calcula o valor atualizado da dívida.
CHS PV	– 10.422,97	Introduz o valor atualizado da dívida no PV.
0 FV	0,00	Limpa o registrador FV.
4 n	4,00	Introduz o número de prestações iguais.
PMT	2.939,40	Valor das prestações a serem pagas.

Vejamos, por meio da Tabela Sistema Price, se está correto.

Data	Qtd. de Dias	Prestação	Juros	Principal	Saldo devedor	IOF
26-06-2013	0	– 0 –	– 0 –	– 0 –	$ 10.138,75	– 0 –
12-08-2013	47	$ 2.939,40	$ 805,37	$ 2.134,03	$ 8.004,72	$ 4,11
12-09-2013	78	$ 2.939,40	$ 400,24	$ 2.539,16	$ 5.465,56	$ 8,12
13-10-2013	110	$ 2.939,40	$ 273,28	$ 2.666,12	$ 2.799,44	$ 12,03
12-11-2013	139	$ 2.939,40	$ 139,97	$ 2.799,44	– 0 –	$ 15,96
TOTAL		$ 11.757,60	$ 1.618,86	$ 10.138,75		$ 40,22

IOF Adicional = 10.138,75 ENTER 0.38%

IOF Adicional = $ 38,53

Total do IOF = $ 40,22 + $ 38,53 = $ 78,75

A resposta encontrada está correta, observe:

Valor total a ser financiado	$ 10.138,75
(–) Tarifa de cadastro	$ 60,00
(–) IOF	$ 78,75
Valor líquido	$ 10.000,00

14.6 Operações de *leasing* financeiro

14.6.1 Definição

Leasing ou arrendamento mercantil, conforme a Lei nº 7.132, de 26 de outubro de 1983, é o negócio jurídico realizado entre pessoa jurídica, na qualidade de arrendadora, e pessoa física ou jurídica, na qualidade de arrendatário, e que tenha por objeto o arrendamento de bens adquiridos pela arrendadora, segundo especificações do arrendatário e para uso próprio deste.

Em uma operação de *leasing*, participam basicamente os seguintes agentes:

- **arrendatário:** é a empresa ou pessoa física que, após tomar a decisão de investir e/ou adquirir determinado bem, optou pelo *leasing* como alternativa de financiamento, tendo o direito de usar o bem-objeto durante o prazo contratual;
- **fornecedor:** é o vendedor do bem-objeto de *leasing*;
- **empresa de *leasing*:** é a empresa que adquirirá o bem-objeto do fornecedor e o arrendará ao arrendatário.

14.6.2 Leasing financeiro

É a forma de *leasing* mais utilizada no Brasil, que consiste na aquisição do bem pela empresa de *leasing*, a pedido do arrendatário, conferindo a ela o direito de usá-lo por determinado período de tempo, mediante o pagamento de parcelas periódicas.

Ao término do contrato, o arrendatário poderá adquirir o bem mediante o pagamento de um valor residual pactuado entre as partes.

14.6.3 Etapas de uma operação de leasing:

- escolha do bem-objeto pelo arrendatário;
- assinatura do contrato de *leasing*;

- compra do bem pela empresa de *leasing*;
- recebimento e aceitação do bem pelo arrendatário;
- seguro do bem, tendo como favorecida a empresa de *leasing*;
- pagamento das contraprestações pelo arrendatário;
- liquidação do contrato de *leasing*, em que o arrendatário deverá exercer uma das opções a seguir:
    ⇨ prorrogação do contrato por mais um período;
    ⇨ devolução do bem-objeto à empresa de *leasing*;
    ⇨ compra do bem-objeto pelo valor residual pactuado (o mais comum no Brasil).

14.6.4 Prazos de uma operação de leasing

O prazo mínimo legal de contratação de uma operação de *leasing* é variável de acordo com a vida útil do bem-objeto de arrendamento.

Entende-se por vida útil do bem seu prazo de depreciação normal estabelecido conforme publicações da Secretaria da Receita Federal. Exemplos: um automóvel de passeio tem vida útil de cinco anos, ou seja, gera despesas de depreciação de 20% ao ano, enquanto uma máquina para panificação tem 10 anos de vida útil, produzindo 10% de depreciação anual.

Os prazos mínimos legais (Resolução CMN de 28 de agosto de 1996) para operações de *leasing* são os seguintes:

- dois anos, para bens com vida útil de até cinco anos;
- três anos, para bens com vida útil superior a cinco anos.

A legislação estabelece apenas os prazos mínimos para as operações de *leasing*. Quanto ao prazo máximo, fica a critério da arrendadora determinar, em função de sua política de crédito, fontes de captação, tipo de bem etc.

Uma vez que as operações de *leasing* têm prazo mínimo estabelecido por lei, não é possível a liquidação antecipada da operação antes desse prazo. Dessa forma, não é aplicável ao contrato de arrendamento mercantil a faculdade de o cliente quitar e adquirir o bem antecipadamente. No entanto, existe a possibilidade, desde que esteja previsto no contrato, da cessão dos direitos e obrigações a terceiros, mediante acordo com a empresa arrendadora.

14.6.5 Bens-objeto de uma operação de leasing

Podem ser objeto de operações de *leasing* quaisquer bens móveis e imóveis, novos ou usados, nacionais ou importados, que sejam destinados ao uso próprio do arrendatário, tais como veículos, máquinas, equipamentos, imóveis, embarcações, aeronaves etc.

Durante a vigência do contrato de *leasing* o arrendatário pode solicitar a substituição do bem por outro de igual natureza, visando melhor adequar-se às suas necessidades. As condições financeiras para isso serão discutidas entre arrendadora e arrendatário.

Nas operações de *leasing*, a devolução do bem arrendado não encerra o contrato financeiramente. Nesses casos, o bem será vendido pela empresa de arrendamento e o valor obtido será utilizado para pagamento do saldo devedor. Se o valor da venda for insuficiente para liquidação do saldo devedor, será exigido do arrendatário o pagamento da diferença; em contrapartida, caso haja sobra de recursos, serão creditados ao cliente.

Nos casos onde se configura a efetiva inadimplência do arrendatário, a empresa de arrendamento mercantil iniciará o processo jurídico a fim de reintegrar a posse do bem arrendado.

14.6.6 Pagamentos efetuados pelo arrendatário

Nas operações de *leasing* financeiro, o arrendatário arca com os seguintes pagamentos:

- contraprestações: são as importâncias pagas periodicamente pelo arrendatário em cumprimento das obrigações do contrato de arrendamento, ou seja, pela utilização do bem arrendado;
- Fundo de Resgate do Valor Residual Garantido, mais conhecido como Valor Residual Garantido (VRG): trata-se de um valor, estabelecido quando da assinatura do contrato, pago pelo arrendatário para que possa ter direito de exercer uma das seguintes opções ao final do contrato: (a) comprar o bem pelo valor residual garantido, (b) renovar o contrato, e (c) devolver o bem.

Nas operações de *leasing*, o Valor Residual Garantido (VRG), geralmente, é representado por um percentual do valor do bem-objeto arrendado.

Dependendo da política de cada instituição e condições do mercado à época da concessão do crédito, o VRG poderá ser pago da seguinte forma:

- a vista, ou seja, pago no ato da contratação. No mercado financeiro, esse tipo de pagamento é mais conhecido por "residual antecipado";
- parcelado ou "diluído", ou seja, pago periodicamente junto com as contraprestações;
- "final", ou seja, pago ao término do contrato, junto com a última contraprestação;
- "misto", ou seja, uma combinação das formas anteriores.

Os valores pagos a título de Valor Residual Garantido, no âmbito normal de uma operação de *leasing*, não são dedutíveis para efeitos de Imposto de Renda, tanto para pessoas jurídicas como físicas.

14.6.7 Seguro

De acordo com a boa técnica de concessão de créditos, é recomendado que o arrendatário mantenha os bens segurados, tendo como beneficiária a empresa de arrendamento. O seguro deve cobrir situações de roubo, furto, incêndio, danos materiais e responsabilidade civil contra terceiros.

No caso de ocorrência de sinistro, configurando-se perda total do bem arrendado, o saldo devedor contratual deverá ser coberto pelo valor liberado pela seguradora. Caso o valor liberado seja insuficiente para a cobertura do saldo devedor, o arrendatário deve cobrir a diferença; em contrapartida, se houver sobra de dinheiro, este será devolvido para o arrendatário.

14.6.8 Contraprestações do leasing

Entre as várias formas existentes para amortizar-se o valor principal de uma operação de crédito, o mercado de *leasing* usa, normalmente, o Sistema Francês de Amortização (Sistema Price), em que a dívida será amortizada por meio do pagamento de parcelas iguais e com periodicidade constante.

Para o cálculo do valor das parcelas, a empresa de *leasing* leva em consideração uma série de fatores, como: custo do dinheiro captado para fazer a operação, margem de lucro, impostos e impactos fiscais.

Atualmente as contraprestações podem ser fixas (o mais comum) ou corrigidas por algum indexador estipulado em contrato (Taxa Referencial, Dólar e CDI etc.).

Sobre as operações de *leasing* não incide Imposto sobre Operações Financeiras (IOF), haja vista não serem caracterizadas como operações financeiras.

A operação de *leasing* é caracterizada como prestação de serviços; dessa forma, é passível de cobrança dos seguintes impostos:

- Imposto sobre Serviços (ISS): trata-se de um imposto cobrado na esfera municipal, cuja alíquota varia de acordo com a cidade onde está instalada a sede da empresa de arrendamento mercantil. Na prática, o ISS incide somente sobre o valor das contraprestações, ou seja, não é aplicado sobre os valores pagos a título de Valor Residual Garantido (VRG);
- Programa de Integração Social (PIS) e COFINS: incidem sobre o *spread* da operação de *leasing*, ou seja, sobre a receita bruta da operação menos as despesas para captação de recursos no mercado interfinanceiro (artigo 1º da Lei nº 9.701/98).

14.6.9 Principais cálculos envolvidos nas operações de leasing

✎ **Exercício 1:** Calcular o valor das contraprestações a serem pagas nas operações de *leasing* a seguir.

⇨ **Operação 1:**

Dados da operação:

- valor do bem-objeto do contrato de *leasing*: $ 50.000,00;
- taxa: 2% ao mês (já inclui todos os custos, impostos e margem de lucro);
- prazo: 24 meses (primeira parcela igual às demais será paga 30 dias após a contratação);
- valor residual garantido: 20% do valor do bem-objeto, a ser pago no ato da contratação.

Solução pela HP-12C:

Pressione	Visor	Significado
f CLX	0,00	Limpa todos os registradores.
g END	0,00	Posiciona no modo "END".
40000 CHS PV	– 40.000,00	Introduz o valor do principal financiado.
2 i	2,00	Introduz a taxa de juros mensal.
24 n	24,00	Introduz o número de parcelas.
PMT	2.114,84	Calcula o valor das contraprestações.

⇨ **Operação 2:**

Dados da operação:

- valor do bem-objeto do contrato de *leasing*: $ 30.000,00;
- taxa: 2% ao mês (já inclui todos os custos, impostos e margem de lucro);
- prazo: 36 meses (primeira parcela igual às demais será paga 30 dias após a contratação);
- valor residual garantido: 10% do valor do bem-objeto, a ser pago no final do contrato (junto com a 36ª parcela).

Solução pela HP-12C:

Pressione	Visor	Significado
f CLX	0,00	Limpa todos os registradores.
g END	0,00	Posiciona no modo "END".
30000 CHS PV	– 30.000,00	Introduz o valor do principal financiado.
2 i	2,00	Introduz a taxa de juros mensal.
36 n	36,00	Introduz o número de parcelas.
3000 FV	3.000,00	Introduz o valor residual final.
PMT	1.119,29	Calcula o valor das contraprestações.

Observe que o valor residual final de 10% do valor do bem-objeto foi introduzido como FV (valor futuro), uma vez que será pago no final do contrato junto com a 36ª parcela.

⇨ **Operação 3**:

Dados da operação:

- valor do bem-objeto do contrato de *leasing*: $ 100.000,00;
- taxa: 2,80% ao mês (já inclui todos os custos, impostos e margem de lucro);
- prazo: 24 meses (primeira parcela igual às demais será paga 30 dias após a contratação);
- valor residual garantido: 24% do valor do bem-objeto, a ser pago junto com as contraprestações, ou seja, diluído no decorrer do contrato.

Solução pela HP-12C:

Pressione	Visor	Significado
f CLX	0,00	Limpa todos os registradores.
g END	0,00	Posiciona no modo "END".
100000 CHS PV	– 100.000,00	Introduz o valor do principal financiado.
2.80 i	2,80	Introduz a taxa de juros mensal.
24 n	24,00	Introduz o número de parcelas.
PMT	5.778,26	Calcula o valor das parcelas.

Observe que o valor da parcela calculada já inclui o valor residual garantido diluído de $ 1.000,00 (24% de $ 100.000,00, dividido em 24 parcelas). Na prática o arrendatário receberá um aviso de cobrança bancária para pagamento de $ 5.778,26, e nele será discriminado que $ 4.778,26 se refere à contraprestação e $ 1.000,00 é relativo ao residual garantido.

📎 **Exercício 2:** Qual a taxa mensal cobrada na seguinte operação de *leasing*?

Dados da operação:

- valor do bem-objeto de *leasing*: US$ 50.000,00;
- prazo: 24 parcelas mensais e iguais, vencendo a primeira 30 dias após a contratação;
- valor residual garantido: 20% do valor do bem-objeto pago no ato da contratação ("antecipado") e 10% pagos no final do contrato (junto com a 24ª prestação);
- valor das parcelas: US$ 1.697,57.

Solução pela HP-12C:

Pressione	Visor	Significado
f CLX	0,00	Limpa todos os registradores.
g END	0,00	Posiciona no modo "END".
40000 CHS PV	– 40.000,00	Introduz o valor do principal financiado.
24 n	24,00	Introduz o número de parcelas.
1697.57 PMT	1.697,57	Introduz o valor das parcelas.
5000 FV	5.000,00	Introduz o valor residual final.
i	1,00	Calcula a taxa de juros mensal.

Observe que o valor a ser financiado é de US$ 40.000 (US$ 50.000 – 20% de entrada) e que o valor futuro (FV) representa o saldo residual a ser pago no final do contrato (10% de US$ 50.000,00).

Nesse caso, a taxa cobrada foi de 1% ao mês, mais variação cambial, ou seja, os valores das prestações e do residual final serão corrigidos pelo valor do dólar da data do vencimento da obrigação.

EXEMPLO 3:

Uma empresa de *leasing* deseja confeccionar uma tabela de coeficientes para ser utilizada por seus gerentes comerciais, de forma que, multiplicando o valor do bem-objeto pelo coeficiente, encontre-se o valor da prestação total a ser paga pelo arrendatário. Sabe-se que a empresa trabalha com uma taxa de juros compostos de 3% ao mês em suas operações de *leasing*. Elabore os coeficientes para as seguintes situações de arrendamento:

⇨ Operação 1:

- prazo: 24 meses (primeira parcela igual às demais será paga 30 dias após a contratação);
- valor residual garantido: 20% do valor do bem-objeto, a ser pago no ato da contratação.

⇨ Operação 2:

- prazo: 36 meses (primeira parcela igual às demais será paga 30 dias após a contratação);
- valor residual garantido: 10% do valor do bem-objeto, a ser pago no final do contrato (junto com a 36ª prestação).

⇨ Operação 3:

- prazo: 24 meses (primeira parcela igual às demais será paga 30 dias após a contratação);
- valor residual final: 24% do valor do bem-objeto, a ser pago junto com as parcelas (diluído).

Critério para solução: para o cálculo do coeficiente multiplicador iremos trabalhar com um valor base para o bem-objeto de $ 1,00, ou seja, iremos encontrar um valor de prestação para cada $ 1,00 de valor de bem-objeto. Obs.: Trabalharemos com o resultado final com seis casas decimais após a vírgula.

Solução da operação 1 pela HP-12C:

Pressione	Visor	Significado
f CLX	0,00	Limpa todos os registradores.
g END	0,00	Posiciona no modo "END".
0.80 CHS PV	– 0,80	Introduz o valor presente para cada $ 1,00 de valor de bem ($ 1,00 menos a entrada de 20%).
3 i	3,00	Introduz a taxa de juros mensal.
24 n	24,00	Introduz o número de parcelas.
PMT	0,047238	Calcula o valor do coeficiente.

Vamos comprovar a sua utilização:

Supondo-se um financiamento onde o valor do bem-objeto seja de $ 30.000,00, qual o valor da prestação a ser paga pelo arrendatário?

Solução:

PMT = $ 30.000,00 × 0,047238

PMT = $ 1.417,14

Vejamos se confere:

Pressione	Visor	Significado
f CLX	0,00	Limpa todos os registradores.
g END	0,00	Posiciona no modo "END".
24000 CHS PV	– 24.000,00	Introduz o valor do bem-objeto menos a entrada.
3 i	3,00	Introduz a taxa de juros mensal.
24 n	24,00	Introduz o número de prestações.
PMT	1.417,14	Calcula o valor da prestação.

Os valores encontrados por meio do coeficiente e do teclado financeiro são perfeitamente iguais.

Solução da operação 2 pela HP-12C:

Pressione	Visor	Significado
f CLX	0,00	Limpa todos os registradores.
g END	0,00	Posiciona no modo "END".
1 CHS PV	– 1,00	Valor financiado para cada $ 1,00 de valor de bem.
36 n	36,00	Introduz o número de parcelas.
3 i	3,00	Introduz a taxa de juros mensal.
0.10 FV	0,10	Introduz o valor residual final (10% de $ 1,00).
PMT	0,044223	Calcula o coeficiente multiplicador.

Solução da operação 3 pela HP-12C:

Pressione	Visor	Significado
f CLX	0,00	Limpa todos os registradores.
g END	0,00	Posiciona no modo "END".
1 CHS PV	– 1,00	Valor financiado para cada $ 1,00 de valor de bem.
24 n	24,00	Introduz o número de parcelas.
3 i	3,00	Introduz a taxa de juros mensal.
PMT	0,059047	Calcula o coeficiente multiplicador.

Observação: O coeficiente total de 0,059047 é composto por duas partes: 0,049047 relativo à contraprestação e 0,01 relativo ao residual garantido (24% de $ 1,00, dividido em 24 parcelas).

14.7 Operações de *Vendor*

14.7.1 *Conceito*

Nessa modalidade de empréstimo, a instituição financeira concede um limite global de crédito para uma empresa vendedora de bens ou serviços, sob o qual, segundo avaliação e indicação dessa, serão concedidas sublinhas ou limites individuais de crédito para os clientes compradores a prazo de seus produtos ou serviços.

Os valores das vendas ou serviços realizados dentro do programa de *Vendor* serão recebidos a vista pela empresa vendedora, mediante crédito a ser efetuado pelo banco em sua conta-corrente. Por outro lado, a empresa compradora assume a obrigação com o banco pelo financiamento concedido para a aquisição dos produtos ou serviços adquiridos, a prazo, da empresa vendedora.

Nesse tipo de operação, a empresa vendedora é fiadora dos contratos de financiamento firmados entre o banco e compradores, sendo a principal pagadora das obrigações, no caso de seus clientes não honrarem os compromissos nas datas de vencimento.

Essa garantia de fiança poderá ser formalizada com carta de fiança apartada, ou por meio de cláusula específica no contrato de abertura do limite global de crédito.

Uma das principais vantagens das operações de *Vendor* para as empresas vendedoras, se comparadas ao sistema tradicional de venda a prazo, é a economia tributária. Isso pode ser explicado por meio da análise da base de cálculo dos impostos (ICMS, PIS, Cofins, ISS etc.), conforme esquema a seguir:

VENDA A PRAZO NORMAL

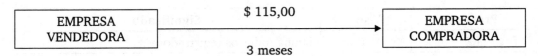

- Preço a vista = $ 100,00
- Encargos financeiros embutidos na venda a prazo = $ 15,00
- Total da fatura = $ 115,00
- Base de cálculo dos impostos = $ 115,00

VENDA COM O *VENDOR*

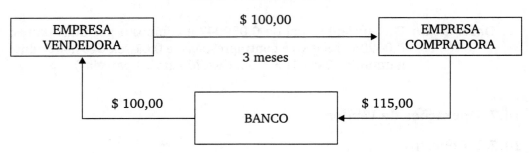

- Preço a vista = $ 100,00
- Total da fatura = $ 100,00
- Base de cálculo dos impostos = $ 100,00

Nas vendas normais a prazo, o vendedor costuma embutir no preço os encargos financeiros relativos aos prazos de venda, aumentando a base de cálculo dos tributos.

No *Vendor*, a venda é faturada pelo preço a vista; portanto a base de cálculo dos tributos é menor do que na venda normal a prazo.

14.7.2 Fluxo operacional e financeiro de uma operação de Vendor

A seguir serão destacados os principais passos envolvidos para a contratação e liquidação de uma operação de *Vendor*:

1. um contrato de abertura de crédito (contrato-mãe) é assinado entre empresa vendedora e banco. Nesse contrato serão estabelecidas todas as condições do negócio, desde o prazo de início e término do convênio, limite, formas de utilização e liquidação, encargos, garantias etc.;
2. a empresa vendedora indicará, formalmente, para o banco, quem são seus clientes que participarão do programa de *Vendor*, bem como o

respectivo limite de crédito que cada um terá. A empresa poderá, a seu critério, mudar tais limites a qualquer momento, bastando informar o banco. A somatória de todos os limites concedidos a seus clientes não pode ser superior ao limite global concedido pelo banco;

3. as empresas compradoras devem assinar contratos individuais de crédito rotativo (filhotes) aderindo ao programa de *Vendor*. Nesse contrato, o comprador concorda com que os valores dos empréstimos sejam creditados diretamente na conta-corrente da empresa vendedora;

4. a empresa vendedora irá cotar periodicamente as taxas praticadas pelo banco para operações de *Vendor*. De posse das taxas, a empresa vendedora decidirá se irá repassar para seus clientes o mesmo custo financeiro cobrado pelo banco ou uma taxa diferenciada. Caso a empresa vendedora repasse uma taxa superior à cobrada pelo banco, a mesma irá registrar um ganho financeiro que será equalizado pelo banco e creditado em sua conta-corrente. Por outro lado, se a empresa vendedora decidir subsidiar a venda, cobrando de seu cliente uma taxa menor do que a informada pelo banco, isso provocará uma perda que será equalizada por meio de um débito em sua conta-corrente;

5. a cada lote de transações de vendas efetuadas segundo as regras do *Vendor*, a empresa vendedora encaminhará para o banco, via fax ou por meio eletrônico, uma planilha contendo todas as informações das operações efetuadas (clientes, prazos, volumes e taxas praticadas);

6. o banco realizará os cálculos necessários e creditará o valor atual das vendas, já procedidas as eventuais equalizações, se houver, na conta-corrente da empresa vendedora;

7. a instituição financeira emitirá o aviso de cobrança para o comprador que, por sua vez, deverá liquidar a operação por meio do pagamento na rede de agências bancárias.

A empresa vendedora definirá, em conjunto com o banco, o prazo de atraso permitido de seus compradores. Decorrido esse prazo, o banco irá cobrar a dívida diretamente da empresa vendedora, por meio de um débito na conta-corrente.

Caso o financiamento seja liquidado pela empresa vendedora, em vez da compradora, o banco sub-roga os direitos de execução e cobrança para a empresa vendedora.

14.7.3 Encargos e formas de pagamento

As operações de *Vendor* assemelham-se aos tradicionais empréstimos para capital de giro; sendo assim, as taxas a serem cobradas podem ser tanto prefixadas como pós-fixadas.

O principal e encargos poderão ser pagos no final da operação ou por meio de parcelas mensais.

No ato da liberação do crédito, haverá a cobrança do IOF, à alíquota de 0,0041% ao dia e adicional fixo de 0,38% e que poderá ser pago tanto pela empresa vendedora como pela empresa compradora (IOF financiado).

Uma vez que a taxa cobrada pelo banco poderá ser igual, maior ou menor do que a cobrada pela empresa vendedora de seus clientes, o banco, geralmente, efetua a equalização das taxas no ato da liberação do crédito.

Os valores relativos aos ajustes decorrentes das equalizações, se existirem, são debitados ou creditados diretamente na conta-corrente da empresa vendedora.

14.7.4 *Algumas vantagens das operações de Vendor*

14.7.4.1 Vantagens para a empresa vendedora

- uma vez que as vendas serão recebidas a vista, haverá um reforço de capital para o giro das atividades, melhorando a liquidez;
- redução da carga tributária em virtude de as vendas serem faturadas pelo preço a vista, ou seja, não haverá cobrança de impostos sobre encargos financeiros;
- as despesas com possíveis pagamentos de comissões e *royalties* serão reduzidas, uma vez que sua base de cálculo será o preço a vista;
- o *Vendor* propicia prazos de venda mais flexíveis e mais bem adequados às necessidades dos compradores;
- as atividades de processamento e administração dos serviços de cobrança tendem a ser racionalizadas.

14.7.4.2 Vantagens para a empresa compradora

- obtém prazos de financiamento mais flexíveis e adequados às suas necessidades;
- pode negociar um desconto sobre o preço do produto com a empresa vendedora para compensar a perda de crédito fiscal sobre o diferencial existente entre o preço a vista e o preço a prazo;
- dependendo do volume transacionado e porte da empresa compradora, esta poderá negociar com a empresa vendedora um subsídio de parte dos encargos financeiros cobrados pelo banco;
- a empresa compradora de pequeno e médio porte poderá beneficiar-se de condições mais favoráveis de financiamento, uma vez que o banco estará avaliando o risco de crédito em relação à empresa vendedora, que, geralmente, é de grande porte e negocia volumes elevados de financiamentos.

14.7.5 Cálculos envolvidos nas operações de Vendor

As vendas a prazo a seguir foram realizadas segundo o convênio de operações de *Vendor* que a empresa Alfa possui no Banco Beta no valor de $ 5 milhões. Calcule os valores líquidos a serem creditados pelo banco na conta-corrente da empresa Alfa relativos a cada transação. Observação: caso haja equalização de taxas, os ajustes deverão ser debitados ou creditados no ato da contratação.

⇨ **Transação 1:**

Valor da venda a vista: $ 100.000,00

Prazo do financiamento: 60 dias corridos

Taxa cobrada pela empresa vendedora da compradora: 4% ao mês (juros compostos)

Taxa cobrada pelo banco da empresa compradora: 4% ao mês (juros compostos)

IOF: 0,0041% ao dia e adicional fixo de 0,38% (a ser pago pela empresa vendedora).

Solução pela HP-12C:

Pressione	Visor	Significado
f CLX	0,00	Limpa todos os registradores.
100000 CHS PV	– 100.000,00	Introduz o valor do principal.
4 i	4,00	Introduz a taxa de juros mensal.
60 ENTER 30 ÷ n	2,00	Introduz o prazo da operação.
FV	108.160,00	Valor final a ser pago pela empresa compradora.
RCL PV CHS	100.000,00	Recupera o valor do principal emprestado.
0.0041 ENTER 60 × 0.38 + %	626,00	IOF a ser pago pela empresa vendedora.
–	99.374,00	Valor financeiro líquido a favor da empresa vendedora.

Nesse caso, não haverá equalização de taxas, pois a taxa cobrada pelo banco é a mesma que a cobrada pela empresa vendedora.

⇨ **Transação 2:**

Valor da venda a vista: $ 100.000,00

Prazo do financiamento: 60 dias corridos

Taxa cobrada pela empresa vendedora da compradora: 4% ao mês + IOF (juros compostos)

Taxa cobrada pelo banco na operação de *Vendor*: 4% ao mês (juros compostos)

IOF: 0,0041% ao dia e adicional fixo de 0,38% (a ser financiado, ou seja, será pago junto com o principal pela empresa compradora)

Solução pela HP-12C:

Pressione	Visor	Significado
f CLX	0,00	Limpa todos os registradores.
100000 ENTER	100.000,00	Introduz o valor do financiamento.
0.0041 ENTER 60 × 0.38 + %	626,00	Valor total do IOF a ser pago no ato da liberação pela empresa vendedora.
+ CHS PV	– 100.626,00	Introduz o valor do financiamento.
4 i	4,00	Introduz a taxa de juros cobrada pelo banco.
60 ENTER 30 ÷ n	2,00	Introduz o prazo da operação em meses.
FV	108.837,08	Valor final a ser pago pela empresa compradora.

Nesse caso a taxa a ser divulgada pela empresa vendedora à compradora deverá ser superior a 4% para que ela possa receber após a equalização de taxas um valor total de $ 100.626,00 ($ 100.000,00 do valor da venda e $ 626,00 de equalização que servirá para cobrir o valor do IOF pago).

Vejamos como encontrar a taxa a ser cobrada pela vendedora da compradora:

Solução pela HP-12C:

Pressione	Visor	Significado
f CLX	0,00	Limpa todos os registradores.
100000 CHS PV	– 100.000,00	Introduz o valor do financiamento.
60 ENTER 30 ÷ n	2,00	Introduz o prazo da operação em meses.
108837.08 FV	108.837,08	Valor final a ser pago pela empresa compradora.
i	4,3250	Taxa mensal efetiva a ser cobrada pela vendedora para financiar inclusive o IOF.

Com a fórmula a seguir a empresa vendedora poderia ajustar a taxa a ser cobrada da compradora sem a necessidade de fazer os cálculos anteriores.

Vejamos:

$$\text{Taxa mensal final} = \left[\left(1,0038 + \frac{\text{IOF \% ao dia}}{100} \times n\right)^{\frac{30}{n}} \times (1+i) - 1\right] \times 100$$

onde:

Taxa mensal final = taxa mensal final a ser cobrada pela vendedora da compradora a qual inclui o efeito do IOF pelo prazo da operação

IOF % ao dia = atualmente 0,0041%

n = prazo da operação em dias corridos

i = taxa de juros compostos sem o impacto do IOF.

Vejamos a solução do exemplo anterior pela fórmula:

$$\text{Taxa mensal final} = \left[\left(1,0038 + \frac{0,0041}{100} \times 60\right)^{\frac{30}{60}} \times (1+0,04) - 1\right] \times 100$$

Taxa mensal final: 4,3250% ao mês

Cabe destacar que essa fórmula só é válida para operações de *Vendor* contratadas a taxas de juros compostos com prazos iguais ou inferiores a 365 dias e com pagamento de principal e juros no final da operação.

⇨ **Transação 3**:

Valor da venda a vista: $ 100.000,00

Prazo do financiamento: 60 dias corridos

Taxa cobrada pela empresa vendedora da compradora: 5% ao mês (juros compostos)

Taxa cobrada pelo banco na operação de *Vendor*: 4% ao mês (juros compostos)

IOF: 0,0041% ao dia e adicional fixo de 0,38% (a ser pago pela empresa vendedora).

Solução pela HP-12C:

Pressione	Visor	Significado
f CLX	0,00	Limpa todos os registradores.
100000 CHS PV	– 100.000,00	Introduz o valor do principal emprestado.
5 i	5,00	Taxa de juros cobrada pela empresa vendedora.
60 ENTER 30 ÷ n	2,00	Introduz o prazo da operação em meses.
FV	110.250,00	Valor final a ser pago pela empresa compradora.
4 i	4,00	Introduz a taxa de juros cobrada pelo banco.
PV CHS	101.932,32	Valor presente do financiamento.
100000 –	1.932,32	Valor da equalização de taxas a favor da empresa vendedora.
100000 ENTER	100.000,00	Introduz o valor do principal inicial.
0.0041 ENTER 60 × 0.38 + %	626,00	IOF a ser pago pela empresa vendedora.
–	99.374,00	Valor creditado para a empresa vendedora.

Essa transação acarretará as seguintes movimentações financeiras na empresa vendedora e compradora:

- a empresa vendedora receberá um crédito no valor de $ 100.000,00 relativo à operação normal de *Vendor*;
- a empresa vendedora pagará o IOF no valor de $ 626,00;
- a empresa vendedora receberá um crédito em sua conta-corrente no valor de $ 1.932,32 relativo ao ganho financeiro obtido na equalização de taxas;
- a empresa compradora deverá liquidar no banco em 60 dias corridos a dívida de $ 110.250,00.

⇨ **Transação 4:**

Valor da venda a vista: $ 100.000,00

Prazo do financiamento: 60 dias corridos

Taxa cobrada pela empresa vendedora da compradora: 3% ao mês (juros compostos)

Taxa cobrada pelo banco na operação de *Vendor*: 4% ao mês (juros compostos)

IOF: 0,0041% ao dia e adicional fixo de 0,38% (a ser pago pela empresa vendedora).

Solução pela HP-12C:

Pressione	Visor	Significado
f CLX	0,00	Limpa todos os registradores.
100000 CHS PV	– 100.000,00	Introduz o valor do principal emprestado.
3 i	3,00	Taxa de juros cobrada pela empresa vendedora.
60 ENTER 30 ÷ n	2,00	Introduz o prazo da operação em meses.
FV	106.090,00	Valor final a ser pago pela empresa compradora.
4 i	4,00	Introduz a taxa de juros cobrada pelo banco.
PV	– 98.086,17	Valor presente do financiamento.
100000 +	1.913,83	Valor da equalização de taxas a ser pago pela empresa vendedora.
100000 ENTER	100.000,00	Introduz o valor do principal inicial.
0.0041 ENTER 60 × 0.38 + %	626,00	IOF a ser pago pela empresa vendedora.
–	99.374,00	Valor creditado para a empresa vendedora.

Essa transação acarretará as seguintes movimentações financeiras na empresa vendedora e compradora:

- a empresa vendedora receberá um crédito no valor de $ 100.000,00 relativo à operação normal de *Vendor*;
- a empresa vendedora pagará o IOF no valor de $ 626,00;
- a empresa vendedora arcará com um débito em sua conta-corrente no valor de $ 1.913,83 relativo à perda financeira obtida na equalização de taxas;
- a empresa compradora deverá liquidar junto ao banco em 60 dias corridos a dívida de $ 106.090,00.

Apêndice

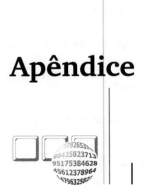

GABARITO DAS PRINCIPAIS FÓRMULAS DE MATEMÁTICA FINANCEIRA

JUROS SIMPLES

$$J = P \times i \times n \Rightarrow \quad P = \frac{J}{i \times n} \qquad n = \frac{J}{P \times i} \qquad i = \frac{J}{P \times n} \times 100$$

$$FV = P \times (1 + i \times n) \Rightarrow \quad P = \frac{FV}{(1 + i \times n)} \qquad J = FV \times \left[1 - \frac{1}{(1 + i \times n)} \right]$$

JUROS COMPOSTOS

$$FV = P \times (1 + i)^n \Rightarrow \quad P = \frac{FV}{(1 + i)^n} \qquad i = \left[\left(\frac{FV}{P} \right)^{\frac{1}{n}} - 1 \right] \times 100 \qquad n = \left[\frac{LN\left(\frac{FV}{P}\right)}{LN(1 + i)} \right]$$

$$J = FV \times \left[\frac{(1+\ )\ -1}{(1\ \ )} \right] \Rightarrow \quad J = P \times [(1 + i)^n - 1]$$

DESCONTO DE TÍTULOS

Desconto simples comercial ou bancário ("por fora")

$D = VN \times id \times n \Rightarrow \qquad VA = VN \times (1 - id \times n)$

Desconto racional composto ("por dentro" ou real)

$VN = VA \times (1 + i)^n \Rightarrow VA = \dfrac{VN}{(1 + i)^n} \quad D = VA \times [(1 + i)^n - 1] \quad D = VN \times \left[1 - \dfrac{1}{(1 + i)^n}\right]$

Desconto composto comercial ou bancário ("por fora")

$VA = VN \times (1 - id)^n \qquad VN = \dfrac{VA}{(1 - id)^n} \qquad D = VA \times \left[\dfrac{1}{(1 - id)^n} - 1\right]$

TAXAS EQUIVALENTES

$$ieq. = \left[\left(1 + \dfrac{taxa}{100}\right)^{\frac{\text{prazo em dias da taxa desejada (QUERO)}}{\text{prazo em dias da taxa fornecida (TENHO)}}} - 1\right] \times 100$$

SÉRIES UNIFORMES

Termos postecipados (*End*)

$PMT = PV \times \left[\dfrac{(1 + i)^n - 1}{(1 + i)^n \times i}\right] \qquad PV = PMT \times \left[\dfrac{(1 + i)^n - 1}{(1 + i)^n \times i}\right]$

$FV = PMT \times \left[\dfrac{(1 + i)^n - 1}{i}\right] \qquad PMT = FV \times \left[\dfrac{i}{(1 + i)^n - 1}\right]$

Termos antecipados (*Begin*)

$PMT = PV \times \left[\dfrac{(1 + i)^n \times i}{(1 + i)^n - 1}\right] \times \dfrac{1}{(1 + i)} \qquad PV = PMT \times \left[\dfrac{(1 + i)^n - 1}{(1 + i)^n \times i}\right] \times (1 + i)$

$FV = PMT \times \left[\dfrac{(1 + i)^n - 1}{i}\right] \times (1 + i) \qquad PMT = FV \times \left[\dfrac{i}{(1 + i)^n - 1}\right] \times \dfrac{1}{(1 + i)}$

TIPOS DE TAXA DE JUROS

$$\text{Taxa real} = \left[\left(\frac{1 + \text{taxa efetiva}}{1 + \text{taxa de atualização monetária}}\right) - 1\right] \times 100$$

$$\text{Taxa de atualização monetária} = \left[\left(\frac{1 + \text{taxa efetiva}}{1 + \text{taxa real}}\right) - 1\right] \times 100$$

Taxa efetiva = [(1 + taxa de atualização monetária) × (1 + taxa real) − 1] × 100

Onde:

- J = valor dos juros
- P ou PV = valor do principal ou capital
- i = taxa de juros na forma decimal
- n = prazo ou número de parcelas de uma série uniforme
- FV = montante (capital + juros)
- PMT = valor das prestações iguais de uma série uniforme
- i_{eq} = taxa de juros equivalente
- D = valor do desconto comercial ou bancário
- VN = valor nominal do título
- VA = valor atual do título
- id = taxa de desconto
- LN = logaritmo neperiano (base e)

Bibliografia

ASSAF NETO, Alexandre. *Matemática financeira e suas aplicações*. 7. ed. São Paulo: Atlas, 2002.

AYRES JR., Frank. *Matemática financeira*. Tradução de Gastão Q. Pinto de Moura. São Paulo: McGraw-Hill do Brasil, 1976.

BERCHIELLI, Francisco Osvaldo. *Economia monetária*. São Paulo: Saraiva, 2000.

COELHO, Silvio T. *Matemática financeira e análise de investimentos*. São Paulo: Edusp, 1979.

DAMODARAM, Aswath. *Avaliação de investimentos*. São Paulo: Qualitymark, 1999.

FARIA, Rogério Gomes de. *Matemática comercial e financeira*. 3. ed. São Paulo: McGraw-Hill do Brasil, 1983.

FORTUNA, Eduardo. *Mercado financeiro, produtos e serviços*. 15. ed. São Paulo: Qualitymark, 2002.

FRANCISCO, Walter de. *Matemática financeira*. 5. ed. São Paulo: Atlas, 1985.

GITMAN, Lawrence J. *Princípios de administração financeira*. 7. ed. São Paulo: Harbra, 1997.

HIRSCHFELD, Henrique. *Engenharia econômica*. 3. ed. São Paulo: Atlas, 1986.

MATHIAS, Washington Franco; GOMES, José Maria. *Matemática financeira*. São Paulo: Atlas, 1993.

MELLAGI FILHO, Armando. *Mercado financeiro e de capitais*: uma introdução. 3. ed. São Paulo: Atlas, 1998.

PUCCINI, Abelardo de Lima. *Matemática financeira*: objetiva e aplicada. 3. ed. Rio de Janeiro: LTC, 1984.

SHINODA, Carlos. *Matemática financeira para usuários do Excel*. 2. ed. São Paulo: Atlas, 1998.

SILVA NETO, Lauro Araújo. *Derivativos*. São Paulo: Atlas, 1997.

TOSI, Armando José. *Matemática financeira com utilização do MS-Excel 2000*. São Paulo: Atlas, 2000.

VERAS, Lilia Ladeira. *Matemática financeira*. 2. ed. São Paulo: Atlas, 1991.

VIEIRA SOBRINHO, José Dutra. *Matemática financeira*. 3. ed. São Paulo: Atlas, 1994.

ZENTGRAF, Walter. *Calculadora financeira HP-12C*. São Paulo: Atlas, 1995.

ZIMA, Petr; BROWN, Robert L. *Fundamentos de matemática financeira*. Tradução de Lauro Santos Blandy. São Paulo: McGraw-Hill do Brasil, 1985.

Formato	17 x 24 cm
Tipografia	Charter 11/13
Papel	Offset Sun Paper 75 g/m² (miolo)
	Supremo 250 g/m² (capa)
Número de páginas	368
Impressão	Lis Gráfica

Sim. Quero fazer parte do banco de dados seletivo da Editora Atlas para receber informações sobre lançamentos na(s) área(s) de meu interesse.

Nome: _____
_____ CPF: _____ Sexo: ○ Masc. ○ Fem.
Data de Nascimento: _____ Est. Civil: ○ Solteiro ○ Casado

End. Residencial: _____
Cidade: _____ CEP: _____
Tel. Res.: _____ Fax: _____ E-mail: _____

End. Comercial.: _____
Cidade: _____ CEP: _____
Tel. Com.: _____ Fax: _____ E-mail: _____

De que forma tomou conhecimento desse livro?
☐ Jornal   ☐ Revista   ☐ Internet   ☐ Rádio   ☐ TV   ☐ Mala Direta
☐ Indicação de Professores   ☐ Outros: _____

Remeter correspondência para o endereço: ○ Residencial   ○ Comercial

Indique sua(s) área(s) de interesse:

○ Administração Geral / Management
○ Produção / Logística / Materiais
○ Recursos Humanos
○ Estratégia Empresarial
○ Marketing / Vendas / Propaganda
○ Qualidade
○ Teoria das Organizações
○ Turismo
○ Contabilidade
○ Finanças

○ Economia
○ Comércio Exterior
○ Matemática / Estatística / P. O.
○ Informática / T. I.
○ Educação
○ Línguas / Literatura
○ Sociologia / Psicologia / Antropologia
○ Comunicação Empresarial
○ Direito
○ Segurança do Trabalho

Comentários

_____
_____
_____

ISR-40-2373/83

U.P.A.C Bom Retiro

DR / São Paulo

CARTA - RESPOSTA
Não é necessário selar

O selo será pago por:

01216-999 - São Paulo - SP

REMETENTE:
ENDEREÇO: